W9-AYS-377

BIBLIOTHECA
SCRIPTORVM GRAECORVM ET ROMANORVM
TEVBNERIANA

COMMENTVM CORNVTI
IN PERSIVM

RECOGNOVERVNT ET ADNOTATIONE
CRITICA INSTRVXERVNT

WENDELL V. CLAUSEN
ET
JAMES E. G. ZETZEL

MONACHII ET LIPSIAE
IN AEDIBVS K. G. SAUR MMIV

Bibliographic information published by Die Deutsche Bibliothek

Die Deutsche Bibliothek lists this publication in the
Deutsche Nationalbibliografie, detailed bibliographic date is available
in the Internet at **http://dnb.ddb.de**.

© 2004 by K. G. Saur Verlag GmbH, München und Leipzig
Printed in Germany
Alle Rechte vorbehalten. All rights Strictly Reserved.
Jede Art der Vervielfältigung ohne Erlaubnis des Verlags ist unzulässig.
Druck und Bindung: Druckhaus „Thomas Müntzer", Bad Langensalza
ISBN 3-598-71578-1

PRAEFATIO

De codicibus Commenti quod dicitur Cornuti et de aliis in Persium scholiis saeculo nono aut decimo scriptis quia in libro mox prodituro fusius disseret Zetzel, nihil est cur multa hoc loco dicamus.[1] Antiqui in Persii satiras commentarii qui Hieronymo (Ad. Rufinum I 16) notus erat ne minima quidem pars superest, neque in codicibus qui scholia uetustiora in Iuuenalis satiras tradunt scholia in Persium reperias: margines codicis Bobiensis rescripti (Vat. Lat. 5750) saec. VI qui aliquot Persii uersus continet sunt uacui, et in codice Pithoeano (Montepessulano bibl. med. 125) saec. IX paucissima scholia nullius momenti ad Persii satiras adiecit eadem manus quae foliorum codicis quae Iuuenalis satiras exhibent margines scholiis uetustioribus impleuit.

Et quamquam scholia antiquiora in Persium hodie non supersunt, in regno Francorum illa olim extitisse certum est. Medio saeculo nono aliquis non indoctus e scholiis antiquis in marginibus duorum uel trium codicum conscriptis, nec non ex Isidori Etymologiis e t Seruii i n V ergilium c ommentariis e t c onsimilibus fontibus, commentarium composuit in Persium cui nomen Cornuti adscriptum est. Rudem indigestamque molem scholiorum et glossarum undique contractam ordinauit et in capita diuisit quae lemmatis maioribus instruxit ita ut lemmata unumquodque uerbum Persii semel tantum continerent, atque his lemmatis signum SS praeposuit (in hac editione signo § expressum). Quis ille fuerit nescimus; ueri simile est eum in regione Autissiodorensi si non in coenobio Sancti Germani laborasse. Amico nostro J. P. Elder iamdudum p lacuit H eiricum i psum c omposuisse Commentum, a t pro certo affirmare neque ille poterat nec nos possumus.[2]

---

[1] Vide J. Zetzel, *Marginal scholarship and textual deviance: the Commentum Cornuti and the early scholia on Persius* Bulletin of the Institute of Classical Studies, Supplement 84 (2005).

[2] J. P. Elder, "A Medieval Cornutus on Persius" *Speculum* 22 (1947), 240-8. Vide O. Jahn, *Persius* (1843), cxxvii-viii.

In textu Commenti constituendo codices quorum potissimum habenda sit ratio sunt quattuor:

M   Monacensis 23577 saeculo XI scriptus. Continet foll. 96r—146r Commentum Cornuti sine titulo.

L   Leidensis bibl. pub. 78 saeculo XI scriptus. Continet foll. 2r—26v Commentum Cornuti una cum Persii satiris.

U   Monacensis 14482 saeculo XII in monasterio Sancti Emmerami Ratisponensi scriptus. Continet foll. 118r—150v Commentum Cornuti.

R   Londiniensis bibl. Brit. Regius 15 B XIX saeculo X scriptus, fortasse in coenobio Santi Remigii Remensis. Continet foll. 127v—195v Commentum Cornuti.

Horum codicum adfinitates sic depingere licet:

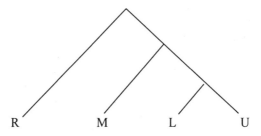

MLU arta coniunctione tenentur, LU artiore inter se quam uterque eorum cum M; et codex R, cum uetustior sit aliis, saepius ingenium scriptoris exhibet quam fidem exemplari. Multas praebet R lectiones optimas, multas suo Marte mutatas. Lemmata maiora quae 'Cornutus' interposuit paene semper curtauit et lemmatis signa omisit; uerba corrupta aut adnotationes obscuras non numquam omisit. Textum praebet R saepe meliorem, saepius faciliorem. In textu igitur recensendo inter R et MLU eligere saepissime difficile erat.

In apparatu critico lectiones codicum MLUR omnes enotauimus quas aut ad textum recte constituendum aut ad causas

errorum melius cognoscendas ualere credidimus, sed lectorem
omnibus librariorum erroribus onerare non placuit. Quamquam
recensio (si hoc uerbo uti licet) codicis R permultis locis a textu
Commenti discrepat, plerique codices recentioris aetatis ab hoc
codice uel a codice tam simili oriuntur ut nobis uideatur interdum
testes huius textus adhibere. Vsi sumus tribus:

T   Monacensis 19489 (Tegernseensis 1489) saeculo XII
          scriptus. Continet foll. 88-118 Commentum Cornuti ualde
          decurtatum.
B   Bernensis 223 saeculo XV scriptus. Continet foll. 180-
          206 Commentum Cornuti.
Vin   editio princeps Eliae Vineti Pictauis apud E. Marnefium
          anno 1563 prodita.

Codices TB lectiones paucissimas praebent genuinas, sed
plerumque fides illis non est habenda. Codex T summa incuria
manu foeda conscriptus permulta omisit, transposuit, mutauit;
codex B item multa omisit, sed liber accurate scriptus textum
praebet s i n on o ptimum, nihilominus u tilem. E ditio V ineti t ribus
nititur codicibus, quorum unus erat codex B, alius textum
similiorem codicibus MLU quam codici R praebuit. Lectiones
TBVin dedimus tantummodo ubi codices MLUR inter se
discrepant; ubi non citantur, nihil ex silentio de lectionibus eorum
concludas.
    Post Vinetum bis tantum Commenti editiones prodierunt. Anno
1601 Parisiis editio altera Vineti prodiit apud Claudium Morellum.
Quicumque hanc editionem curauit non solum a multis erroribus a
Vineto admissis purgauit sed etiam cum ueteri codice Ioannis
Roussati contulit et ueteribus glossis a Pithoeo editis auxit.
Lectiones et adnotationes huius editionis plerumque omisimus,
quia codex Roussati aut ipse est codex R aut gemellus eius, et
ueteres glossae Pithoei ex ipsa editione Vineti excerptae sunt.
Emendationes in glossis a Scaligero factas sub nomine ipsius in
apparatu inuenies. Anno 1843 editio Ottonis Jahnii prodiit, qui et
ipse glossas ueteres contulit et lectiones scholiorum in codice Par.
Lat. 8272 scriptorum addidit. Quia scholia huius codicis nihil

conferunt ad textum Commenti emendandum, hunc librum eis onerare supersedimus.

Quam breuissime exponere oportet qua ratione quoque consilio usi hanc editionem instituerimus. Quamquam initio sperauimus nos reliquias uetusti commenti in Persium eruere posse, iamdudum optimum Commentum Cornuti ipsum edere uisum est et imaginem quam fidelissimam dare libri saeculo nono scripti. In textu codicum Cornuti seruando fortasse cautius egimus: duplicem recensionem Commenti ad Sat. 1.10-23 non turbauimus; ordinem scholiorum perturbatum (ut ad 2.53-54, 2.61-64, 4.28-30) ut traditum est ita reliquimus. Hic illic lectiones codicum emendauimus, sed Commentum ipsum emendare noluimus. Lectiones ex aliis fontibus notas quae antiquitatem fortasse redolent in hac editione rarissime inuenies; adnotationes in scholiis saeculi noni uel decimi conseruatas quae fortasse ad aeuum Carolinum alia uia ex antiquitate migrauerunt in appendice libri sui posuit Zetzel. In lemmatis et signis lemmatum referendis lectiones et compendia codicum MLU plene dedimus; quia codex R lemmatis signa omisit, in hac re de eius testimonio nihil dicimus. Lectiones testium minorum in lemmatis nusquam dedimus. Vitam Persii in eisdem codicibus seruatam omisimus, quia Clausen iam bis eam edidit.[3]

Cum codices interdum orthographiam antiquam, interdum medii aeui secuti sint, plerumque consuetudinem antiquam ('aeger', 'abundantia' potius quam 'eger' 'habundantia') secuti sumus. Orthographiam autem nominum propriorum non mutauimus; at si codices inter se dissident, lectionem normae antiquae propiorem elegimus. Graeca, si credidimus aut auctorem aut scribas litteris usos esse Graecis, litteris Graecis reddidimus; aliter (praesertim in terminis rhetoricis, ut 'antipophora') litteris Romanis scripsimus. Quocumque variatio orthographica ad sensum restituendum uel ad textum constituendum pertinebat, in apparatu critico plene testimonium dedimus, et in compendia lemmatum orthographiam numquam mutauimus (ut 'E.' pro

---

[3] W. V. Clausen, *A. Persi Flacci Saturarum Liber* (1956), *A. Persi Flacci et D. Iuni Iuuenalis Saturae* (1959).

'AE<GER>'). Plerasque quisquilias orthographicas omisimus, sed ne quis talium rerum cultor se plane destitutum queratur, indicem orthographicum uideat.

Superest ut gratias agamus eis qui nobis multos per annos aut auxilium aut consilium praestiterunt, praesertim custodibus bibliothecarum qui imagines codicum Persianorum commodauerunt et Instituto quod uulgo uocatur *Institut de Recherche et d'Histoire des Textes*. Iamdudum in editione Satirarum Persii (1956) gratias egit Clausen illis quorum auxilio codices contulit; nunc gratias agit Zetzel curatoribus societatis quae uulgo uocatur *American Council of Learned Societies* cuius beneuolentia codices Londinii et Parisiis inspicere potuit.

Cantabrigiae   W.V.C.
Noui Eboraci   J.E.G.Z.

Id. April. MMIV

SIGLA

M = Monacensis 23577
L = Leidensis bibl. pub. 78
U = Monacensis 14482
R = Londiniensis bibl. Brit. Regius 15 B XIX

T = Monacensis 19489
B = Bernensis 223
Vin = editio Eliae Vineti Pictauis 1563

ed. 1601 = editio altera, Parisiis 1601

Emendationes eruditorum ex editione Jahnii (1843) citauimus praeter hos duo:

emendationes **Scaligeri** e codice manu ipsius scripto, nunc Parisino, bibliothecae nationalis Dupuy 394 (ter).
emendationes **Wessneri** e schedis eius in bibliotheca Vniuersitatis Ienensis seruatis, Nachlaß Wessner, Mappe 6.

ADNOTATIO

Satirae proprium est ut uera humiliter dicat et omnia cum sanna faciat, quam Sisenna protulit poeta. (2) item satira dicitur quae uariis rebus continetur. (3) satira item dicitur lex apud Romanos lata quae fucatis uerbis fallit audientes, ut aliud dicat, aliud uero significet.

(4) In hac praefatione dicit se non poetam sed ἡμιποιήτην esse et dicit fame se coactum sicut et ceteros ad scribendi adspirasse conatum. (5) quod cum de se dicit, non dubium quin de omnibus dicat.

tit. INCIPIT ADNOTATIO INCIPIT PROLOGVS PERSII L : INCIPIT ANNOTATIO R : INCIPIT COMMENTVM CORNVTI IN PERSIVM U : *om.* M *spat. rel.* *adn. (1)* uerba L | cum sanna BVin : sanna UR : sannam T : sana ML; *cf. 56(6), 58(2), 59(2), 62(4,5)* | sicsenna MB *adn. (3)* item] autem L | fallat L *adn. (4)* ἡμιποιήτην *nos* : ϵΜΙΠШϵΝ R (*s.l.* id est semipoetam uel semipaganum R²) : emipoen T : epopoen MLU : semipoetam BVin | scribendi *Clausen* : scribendum MLURTBVin | aspirasse conatum *om.* RTBVin

IN PROLOGVM

1 § NEC FONTE LABRA PROLVI CABALLINO
ἱπποκρήνην, quod Esiodus dicit. (2) dicitur enim Pegasus errando
ad Eliconem peruenisse, ibique siti oppressus ungula fodisse, ex
quo loco fons editus Musis sit consecratus. (3) dicit autem se non
de illis esse qui sunt egregii Musarum amici. (4) *caballino* autem
dicit, non equino, quod satirae humiliora uerba conueniant.

2 § NEC IN BICIPITI SOMNIASSE PARNASO *Parnason*
Delphorum montem dicit, qui habet cacumina duo: Nison Libero
sacrum, Cyrram Apollini. (2) unde Lucanus: 'cardine Parnasos
gemino petit aethera colle, mons Phoebo Bromioque sacer' (*5,
72sq.*). (3) tangit autem Ennium, qui dixit uidisse se somnium in
Parnaso Homerum sibi dicentem quod eius anima in suo esset
corpore. (4) *bicipiti* autem pro duplicis cacuminis.

4 § PALLIDAMQVE PIRENEN *Pirene* fons in Elicone Musis
consecratus. (2) *pallidam* autem ideo quod poetae palleant
scribendi lassitudine.

5 § LAMBVNT id est tergunt, circumducunt, quasi lingua
detergunt. (2) Virgilius: 'et sidera lambit' *(Aen. 3, 574)*.

6 § SEQVACES quod sequantur et sine fine repant.

6 (2) § SEMIPAGANVS semipoeta; et hoc uerbo humili
satirico modo usus est. (3) pagani dicuntur rustici qui non nouerunt
urbem.

---

tit. ANNEI CORNVTI COMMENTARIORVM LIBER IN FLACCI
PERSII SATYRARVM LIBRO (SATYRAS. IN PROLOGVM Vin) RVin
: PROLOGVS B : *om.* MLU   *1(1)* ἱπποκρήνη Vin : ΥΠΟΥΚΡΕΝΗΝ M :
ΥΠΩΥΚΡΙΝΗΝ LU : ΥΠΠΩΚΡΙΝΗΝ R | quod et R : et T : ut B : ut et Vin
2(1) nysam BVin | sacratum U   *2(2)* parnasos M : parnassos L :
parnasus UR   *2(3)* uidisse se somnium M : uidisse somnium L : somnium
uidisse U (per somnium se uidisse U²) : se uidisse somnium RTBVin
2(4) duplicis cacuminis MR : duplici cacumine LU   *4(1)* fons est RTBVin
5(1) et quasi RTBVin | detergunt] tergunt RTBVin   *6(3)* urbem
apotoypagos id est a uilla R

7 § AD SACRA VATVM ad numerum poetarum.

8 § QVIS EXPEDIVIT PSITTACO SVVM CHAERE hoc dicit quod non omnes natura sua sunt poetae, sed uentris et egestatis necessitate coguntur. (2) et hoc de auibus probat; nam hodieque uidemus psittacos esurientes uocalium sono strepere et 'chaere' dicere. (3) *suum* autem quasi naturale, ut naturaliter uideatur loqui si esurierit.

9 § CONARI et *blandiri* legitur.

11 § NEGATAS per naturam.

12 § DOLOSI NVMMI id est callidi et potentis ad suasionem,quod ad omne facinus facile impellat.

12 (2) § REFVLSERIT et *refulgeat.*

13 § CORVOS POETAS ET POETRIDAS PICAS quod coruino lucro inducti non solum cantare possint sed etiam carmen effingere.

14 § PEGASEIVM NECTAR in aliis *melos.*

8(1) omnes solummodo RBVin | sunt *om.* M | coguntur RTBVin : cogantur MLU | coguntur dum se (semet TBVin) studendo fame et (fame et *om.* TBVin) uigiliis cruciant alioquin (alioqui Vin) omnes essent sine labore poetae R^marg TBVin   *8(2)* uocalium sono RTB : uocalium ML : uocaliter U : uocali sono Vin   *8(3)* naturale UR : naturalem ML : proprium TBVin | esurierit: LUR : esuriet M : esurierint TBVin   *9-11* conari—naturam *om.* U   *11(1)* negatas MR : negatas uoces LU   *12(1)* §§ dolosi M *13(1)* et poetas et M   *14(1)* pegaseium MVin : pegaseum LUR(pagaseum) TB

IN SATIRAM PRIMAM

1 § O CVRAS HOMINVM semet ipsum arguit quod sciat neminem esse qui tam robuste uelit studere aut uiuere, quoniam minime conueniat robustum ingenium libidini luxuriaeque iuuentutis, et quod ipse relinquat carmina quae uulgus lecturum non sit, quoniam non sunt uulgaria. (2) ait ergo *curas hominum inanes* quia sine fructu laborare uelint. (3) sed haec satira scribitur de his qui publice captant famam eloquentiae ex fauore imperitorum. (4) et hoc uelut dialogi genus in principio ex persona interrogantis inducit.

1(5) § QVANTVM EST IN REBVS INANE Graecum est ὅσον τὸ κενόν. (6) deest autem humanis, ut sit 'in rebus humanis.' (7) *inane* autem uacuum ac ratione carens.

2 § QVIS LEGET HAEC hunc uersum de Lucilii primo transtulit, et bene uitae uitia increpans ab admiratione incipit. (2)dicit autem sibi.

2 (3) § MIN TV pro mihine; figura sineresis.

2 (4) § M IN TV I STVD s ic p ronuntiandum, q uasi d e r e n on manifesta audiat.

---

tit. FLACCI PERSII EXPLICIT PROLOGVS SATYRA EIVSDEM PRIMA INCIPIT R : IN SATIRAM PRIMAM Vin : *om.* MLU   *1(1)* o *om.* M │ quod sciat—uulgaria] quod ipse relinquit carmina quae uulgus lecturum non sit, quoniam non sunt uulgaria, et quia minime conueniant robusto ingenio et libidini uiuenti R (*sim.* TBVin) │ sciat] sicut U │ quoniam—iuuentutis *hic Clausen; post* uelint *(2)* MLU │ iuuentutis *Jahn* : uiuenti MLURTB : iuuentuti Vin │ et quod U² : quod MLU¹   *1(2)* ait— uelint *post* inducit *(4)* RTBVin   *1(3)* eloquentiae ex fauore RTBVin : ex fauore eloquentiae MLU   *1(4)* ex] in LU   *1(5)* ὅσον τὸ κενόν Vin : OSONTOKENON MLU : OCONTOKENON R   *2(1)* lucii U │ bonae R (*s.l.* uel h umanae) : h umanae T   *2 (3)-2(4) o m.* L U   *2 (4)* p ronuntiandum RTBVin : pronuntiando M │ non RTBVin : *om.* M

2 (5) § NEMO interrogat admirans. (6) *nemo* ergo si adiuncta persona dicat, Persius dicit *uel duo*.

3 (1) § VEL DVO dicturus erat 'uel tres' et cum reputatione intulit *uel duo*.

3 (2) <§> NEMO persistit in eo quod dixit *nemo hercule*.

3 (3) § TVRPE ET MISERABILE *turpe* si duo, *miserabile* si nemo. (4) [turpe ac miserabile] et quasi corrigit dicendo *quare*.

4 § NE MIHI POLIDAMAS *Polidamas* id est multinuba. (2) *Polidamas* aut Nero, quod multis nupsit, aut quod timidus et imbellis fuit, ut apud Homerum inducitur. (3) *Troiades* Romani accipiuntur. (4) alii *Polidamanta* populi personam accipiunt, quae loquax est et inepta, cuiusmodi naturae fuit Polidamas. (5) *Troiades* uero nobiliores.

4 (6) § LABEONEM quia Labeo transtulit Iliaden et Odissian uerbum ex uerbo ridiculose satis, quod uerba potius quam sensum secutus est. (7) eius est ille uersus: 'crudum manduces Priamum Priamique pisinnos' (*Courtney, FLP p. 350*).

5 § NVGAE uim habet reprehensionis.

5 (2) § TVRBIDA ROMA ab aqua translatio, uel quod multis gentibus repleatur.

6 § ELEVET altum faciat laudando uel incuset.

2(5-6) post 3(3) nemo MLU   *2(5)* nemo] nemo hercule affirmatiue et aduerbialiter nemo RTBVin   *2(6)* ergo *om.* MLU | persius—duo RTBVin : persio dicetur (dicatur L : dicitur U) MLU   *3(1)* uel duo—tres] lecturi scilicet (scilicet *om.* TBVin) erunt RTBVin | uel duo[1] *om.* LU | dicturus] ab admiratione coepit dicit autem sibi M | cum *om.* MLU | duo[2]] et quia hanc uitiorum notam (naturam TB : materiam Vin) dubitet etiam (et T) a paucis legi, intercisiue dixit non addens unus aut (uel Vin) tres RTBVin   *3(2)* § nemo--hercule *om.* MLU   *3(3)* miserabile[1]] mirabile U | miserabile[2]] mirabile U : et miserabile Vin   *3(4)* turpe ac miserabile *om.* Vin   *4(1)* nec R | Polidamas[2] *om.* RTBVin | id est RBVin : est LU : *om.* M   *4(2)* aut[1]] autem URTBVin   *4(3)* § troiades M   *4(4)* polidamanta] polita M | fuit RTBVin : fuerit LU : fierit M   *4(6)* uerberi diluculo se M : uerbo ridicule TVin | quod] cuius RTB : *om.* U | sensus R | locutus est L : secutus sit Vin   *4(7)* priamique MTBVin : priamusque LUR   *6(1)* uel incuset *om.* RTB

6 (2) § ACCEDAS assentiaris.

6 (3) § EXAMENVE IMPROBVM allegoricos dicit non debere queri si in uulgari iudicio aequitas non sit. (4) *examen* autem est lingua uel lignum quod mediam hastam ad aequanda pondera tenet. (5) *castigare* a utem est digito libram percutere ut temptetur et prae agitatione post in aequum conquiescat. (6) *trutina* uero est foramen intra quod lignum de quo est examinatio.

7 § NEC TE QVAESIVERIS EXTRA id est noli de te extrinsecus iudicium quaerere, quae est Chilonis sententia Lacedaemonii.

8 § NAM ROMAE EST QVIS NON in populo, inquit, quis non est rudis et imperitus?

9 § TVNC CVM AD CANITIEM cum risu pronuntiandum. (2) id est cum ad senes poetas respicio.

9 (3) § ET NOSTRVM ISTVD VIVERE TRISTE figura Graeca est pro 'nostram uitam tristem.'

10 § NVCIBVS RELICTIS ludis puerilibus depositis.

11 § CVM SAPIMVS PATRVOS eleganter *patruos,* id est cum ueram seueritatem sapimus. (2) patrui autem seueri sunt circa fratrum filios. (3) sic Cicero obiurgauit Caelium ut 'quidam patruus censor' (*Cael. 25*).

11(4) § TVNC TVNC IGNOSCITE NOLO τὸ ἑξῆς dicere uel ridere.

12 § QVID FACIAM quasi non possit risum tenere.

6(3) non] hoc est non RTBVin | queri *Clausen* : quaeri MLURTBVin | queri—iudicio] quaeri in uulgari iudicio cum in ea R : quaeri iudicium (indicium B) in uulgari iudicio cum in eo TBVin *6(4)* lignum RTBVin : linum MLU *6(5)* cogitatione U | in RTBVin : *om.* MLU *6(6)* lignum de quo] lignum (linum U) uel lingua de quo LU : lingua de quo M : est lingua (lingula BVin) de qua RBVin : est ligula per quam T | est examinatio] examinatio U : examinatio est TBVin *7(1)* nec] ne ML | chisolis M *9(2)* poeta M *10(1)* nucibusque L | depositis] relictis L *11(1)* ueram] munera M *11(2)* seueri] seuerites M | frumen L *11(3)* caelium R : celium L : celum MU *11(4)* § *om.* U | tunc² *om.* UT : tam M | τὸ ἑξῆς *dubitanter Zetzel* : ΤΟΕϪΙϹ LUR : ΤΟΕϪΙϹ MT : acris B : ἔκλειψις sc. Vin; *cf. Don. Ter. Eun. 234* *12(1)* quid—*11(11)* accipitur *om.* RTBVin | possit M : posset LU

12 (2) § SED SVM PETVLANTI SPLENE CACHINNO ordo: *tunc tunc cachinno* et cetera. (3) *cachinnus* est cum uoce risus, quem Graeci μωρογελῶντα dicunt.

12 (4) § PETVLANTI SPLENE quattuor partibus uenter continetur: splene, corde, pulmone, felle. (5) ex quibus autem signa sunt: risus de splene, sapere de corde, irasci de felle, iactari de pulmone. (6) *petulanti* autem luxurioso, magno atque abundanti.

13 § SCRIBIMVS INCLVSI includentes semet ipsos. (2) et eleganter suam quoque personam exposuit.

13 (3) § PEDE LIBER prosa.

14 § GRANDE ALIQVID secundum illorum iudicium qui scribunt dicit.

14 (2) <§> QVO PVLMO ANIMAE PRAELARGVS ANHELET id est tumide et inflate a nimietate spiritus.

15 § SCILICET HAEC POPVLO imperitis. (2) naso autem dicenda sunt; deridet enim populum qui stultus est.

15 (3) § PEXVS compositus.

15 (4) § RECENTI aut noua aut recens curata.

16 § NATALICIA SARDONICE *sardonix* genus gemmae pretiosae. (2) *natalicia* uel quam illi propinqui aut parentes natali die ferunt, uel quia quicquid praeclarum habemus natalibus utimur.

16 (3) § ALBVS aut pallidus pauore recitandi aut labore scribendi aut, ut ait Cornutus, ueste candida.

17 § SEDE CELSA orchestram et pulpitum dixit.

12(3) μωρογελῶντα *Vulcanius* : ΜΟΡΟΓΕΛΟΝΤΑϹ M : ΜΩΡΩΓΕΛΩΝΤΑϹ LU : μονογέροντας *Vin* : μῶρον γέλωτα *F. Morel* *12(5)* de³ M : a LU *12(6)* magno M : ac magno LU *13(1)* § *om.* L *14(1)* dicit U : *om.* L : dicit autem M *14(2)* quo—anhelet U : *om.* ML | id est U : *om.* ML | a nimietate LU (nimitate) : animae M *15(2)* autem *om.* U | enim] autem U *15(3)* § *om.* M *15(4)* curata M : curata est LU *16(2)* ferunt U : fecerunt ML *17(1)* § *om.* L | orchestram *Wessner* : orchiferam LU : orchiforam M

17 (2) § LIQVIDO CVM PLASMATE *plasmate* modulamine ac uocis sono. (3) *liquido* autem puro, molli ac delicato. (4) *plasma* est potio qua utuntur et bibunt musici et qui uocis affectant habere dulcedinem; solet enim uocem bene sonantem facere.

18 <§> COLLVERIS hoc est tenue ac leue cantabis.

17 (5) § GVTTVR MOBILE quasi caput in pronuntiatione agitans. (6) melius: in uoce et in cantando mobile. (7) exquisite autem *collueris*, id est laueris et purum lubricumque reddideris.

18 (2) § PATRANTI FRACTVS OCELLO patratio est extrema ueneris fundere et perficere, unde et pater dicitur. (3) *patranti* ergo libidinoso, euerso, deficienti.

19 § HIC NEQVE MORE PROBO . . .

19 (2) § VOCE SERENA turbulenta et non pura.

20 § TREPIDARE obstrepere. (2) *Titos* autem equites Romanos a Tito Tatio dictos rege Sabinorum s ocero Romuli. (3) aut Sabinos scolasticos qui studendi causam Romam ueniebant. (4) aut columbos agrestes ac per hoc rusticos dicit auditores.

20 (5) § LVMBVM INTRANT quia sic in laudatione lumbum solent mouere, ut qui libidinantur indictoris sonitu. (6) aut quia ipsa uerba ipsorum libidinem continent.

21 § TREMVLO uibranti et infracta compositione facto.

21 (2) § SCALPVNTVR punguntur, titillantur.

22 § TVN VETVLE mire conuersus est ad ipsum recitantem. (2) et bene *uetule*: supra enim 'ad canitiem' dixit.

22 (3) § ESCAS delectationes. (4) et est duplex sensus: aut alienas auriculas pascis aut alienis auriculis pasceris.

23 <§> AVRICVLIS QVIBVS id est imperitis. (2) et est stomachosa admiratio.

23 (3) § CVTE PERDITVS macie studiorum consumptus, aut putris et Acheronticus senex.

17(2) plasmate² *Zetzel* : modo plasmate MLU   *18(1)* coluri M | est M : *om.* LU   *17(7)* h. autem LU   *18(2)* § *om.* L   *20(5)* lumbum intrant] cum carmina lumbum intrant L   *20(6)* ipsa *om.* U   *21(1)* facto M : fracto LU   *22(4)* aut—pascis *om. sed in mg. add.* M   *23(3)* cute M : et dicas cute LU

23 (4) § OHE interiectio cum admiratione percuntantis. (5) et
est responsio contra Persium ab eo quem uituperauit.

9 (4) . . . cum uenero ad grauitatem omissis nucibus quibus
pueri ludunt.

11 (5) § CVM SAPIMVS PATRVOS *patruos* dicit seueros. (6)
id est cum aequiperamus patruorum sapientiam. (7) antiquae
consuetudinis erat filios fratribus nutriendos committere, a quibus
et uigor disciplinae plus quam a patribus impleretur et oblectatio
circum nepotes utpote a uicinis parentibus fieret. (8) unde et
Horatius ait: 'metuentes patruae uerbera linguae' (*Carm. 3, 12, 2*).

11(9) § TVNC TVNC IGNOSCITE [*tunc tunc ignoscite*]
significat rationem u alere tunc praecipue cum s eueritatem a etatis
aspexerit. (10) *nolo* autem interposito figura est, id est nolo ridere,
sed ignoscite quid faciam, naturale hoc mihi est. (11) *tunc tunc*
iteratum accipitur. (12) *tunc* pro praecipue, uel etiam asseueratio
ualde dolentis, ut: 'me me adsum qui feci' (*Aen. 9, 427*) et: 'nunc
nunc o liceat crudelem a. u.' (*Aen. 8, 587*).

12 (7) § SED SVM PETVLANTI SPLENE C. id est non me
contineo, lasciuior fio risu. (8) et hoc dicit: date mihi ueniam, talis
sum naturae ut rideam. (9) et hoc secundum physicos dicit, qui
dicunt homines splene ridere, felle irasci, iecore amare, et corde
sapere. (10) *splene petulanti* luxurioso pectore; uehementius enim
splenetici ridere consueuerunt. (11) *cachinno* autem dupliciter
exponitur, siquidem et nomen est et uerbum. (12) nomen est cum
per casus inflectitur, ut 'hic cachinno, huius cachinnonis' quomodo
'leno, lenonis' 'palpo, palponis'. (13) uerbum est cum per modos
et tempora declinatur, ut 'cachinno, cachinnas, cachinnat'. (14) et
facit 'cachinno' ab eo quod est rideo. (15) *cachinnus* autem est
risus lasciuior cum uoce.

23(4) ohe M : hoe LU | percuntantis MU : percunctantis L   *23(5)*
quem L : qui MU   *9(4)* cum *om.* M   *11(5)* § *om.* M | patruos[1]] p. M
11(6) id est *om.* L   *11(9)* § *om.* M | tunc tunc[1]] tunc tam M | tunc tunc[2]]
tunc M | tunc tunc ignoscite[2] *del. Zetzel*   *11(10)* interposito M :
interposita LU *ante corr.* | est *om.* U   *11(12)* tunc] *redeunt* RTBVin |
pro] s. R : *om.* TBVin   *12(7)* § *om.* M | sum *om.* U | non] nunc L
12(11) et[1] *om.* RVin   *12(12)* leo leonis M   *12(15)* cachinni M

13 (4) § SCRIBIMVS INCLVSI aut ordo est uerborum: cum ad canitiem uenerimus, tunc scribimus inclusi; aut ad poeticam artem retulit. (5) quod autem ait *inclusi,* ac si diceret ab omni cura remoti. (6) aut certe *inclusi* metri lege coartati. (7) ab hoc autem loco incipit de malis poetis loqui.

13 (8) § NVMEROS ILLE HIC PEDE LIBER *numeri* proprie rithmi sunt; nunc uero metrum significat. (9) *pede liber* id est prosaicam orationem componens. (10) item *pede liber* orator qui prosaicam orationem componit, quamquam Cicero praecipiat prosaicam quoque orationem ita componendam esse ut certis quibusdam pedibus et fiat et terminetur; cui praecepto iudicium aurium et naturalem orationis cursum facili enuntiatione multi non sine causa praetulerunt.

14 (3) § GRANDE ALIQVID hoc per ironiam dicit. (4) *grande aliquid* id est putat se tragoedias scribere.

14 (5) <§> QVOD PVLMO ANIMAE P. A. id est sermone non humili, immo poetico spiritu, quem proferentes in recitatione paene rumpimur dum uolumus hoc quod scribimus inflatius pronuntiare. (6) *animae* autem *praelargus* dixit uento abundans, ἀπὸ τοῦ ἀνέμου, ut Virgilius: 'quantum ignes animaeque ualent' (*Aen. 8, 403*) et alibi: 'ille regit dictis animos' (*Aen. 1, 153*) et Horatius: 'impellunt animae lintea Thraciae' (*Carm. 4, 12, 2*).

15 (5) § SCILICET HAEC POPVLO quia talia scribis ut populi iudicio digna sint, qui numquam recte iudicat neque sapientius.

13(4) § *om.* M | i. M | ad² *om.* M   *13(5)* inclusi ait U | ac si diceret *om.* U : id est T : ac si dicat Vin   *13(8)* § *om.* M | numerus U | h. p. l. R | l. M   *13(10)* qui R : *om.* MLU | cui—praetulerunt *om.* RTBVin | cui *Wessner* : cum MLU | iudicium M : iudicio L (*s.l.* uel um) U (*s.l.* uel um) | non *Wessner* : nomen MLU | praetulerunt *Wessner* : pertulerunt ML : protulerunt U   *14(3)* § *om.* M   *14(4)* tragoedias] tragoediam RTVin : tragedia B   *14(5)* quod] quo R | quem proferentes (prae- L)] qui proferendo RTBVin | recitatione RTBVin : recitationem MLU | rumpimur *Wessner* : rumpitur MLURTBVin | uult . . . scribit Vin   *14(6)* autem *om.* LU | ἀ πὸ τοῦ ἀνέμου *ed. 1601* : ΛΠΟΤΥΟΥΛΝΕΜΩϹ M : ΛΠΩΤΟΥΛΝΕΜΩϹ R : ΛΠΟΤΟΥΛΗΕΜΩϹ L : ΛΠΟΤΥΟΥΛΗΜΩϹ | quantam M | a nima a equalent M | r egit *o m.* U   *1 5(5)* § *om.* M | iudicant MRTB

15 (6) § PEXVSQVE TOGAQVE R. *pexus* pectinatus uel tonsus, unde: 'propexam in pectore barbam' (*Aen. 10, 838*). (7) [barba] e st e nim t onsurae g enus q uo i uuenes t ondentur, u nde s ic tonsi pexibarbi uocantur. (8) cuius rei meminit Virgilius: 'stiriaque impexis induruit h orrida b.' (*Geo. 3, 366*). (9) *toga recenti* noua uel nitida ualde. (10) abusiue pro noua; non enim quicquid nouum recens, sed naturalia intacta recentia sunt.

16 (4) § ET NATALICIA TANDEM CVM SARDONICE A. S. L. C. id est pulpito uel in rostris recitans. (5) et hoc dicit: ad hoc recitaturus ornatus et festiuus incedebat ut corporis habitu, non dignitate carminis se audientibus commendaret. (6) *albus* aut festiua ueste indutus aut cogitandi pallore confectus. (7) *sardonice* autem gemmam dicit quam aut ipse fecit aut quam ab amico accepit n atali d ie. (8) *tandem* i n h oc a mbiguitas a estimatur, q uia potest dici uel 'tandem legens' uel 'tandem cum sardonice' uel etiam 'tandem albus'. (9) alia ambiguitas in *natalicia*, utrum eam natali suo munere acceperit, an tantum eo die gerere solebat, quia quidam habent anulos quos die tantum natali gerunt. (10) *sardonice* g emmas p retiosas in a nulis q uibus i n natalibus suis e t consecratis diebus utuntur. (11) aut sinecdochicos sollemni die.

17 (9) § LIQVIDO CVM PLASMATE GVTTVR M. C. *plasma* dicitur medicamentum quo recreantur fauces clamore sauciatae. (10) item *liquido cum plasmate guttur m. c.* quia uox eo formatur, hoc est per humidas fauces uenit, ut Virgilius: 'et udae uocis iter' (*Aen. 7, 533*). (11) uel *plasma* lenis cantilena, ueluti deficientis. (12) *guttur m. c.* exquisito intellectu, tamquam eo laueris et purum reddideris guttur fletu femineo agitatum.

15(6) § *om.* M   *15(7)* barba *del. Jahn* : barbitondium R | enim *om.* LR   *15(8)* stiriaque—b. M (i. h. b.) LU : postquam tondenti barba c. R   *15(9)* § toga LU   *15(10)* recens est RTBVin   *16(4)* § *om.* M | cum sardoniche a. b. s. l. c. M : c. s. (s. *om.* U) l. c. LUR | recitantes MR   *16(8)* § t andem U | l eges LU | e tiam *om.* U | tandem etiam RTB   *16(9)* eam] ea LU | tantum natali Vin : tantum natalis MRT : natali tantum LU   *16(10)* § sardonice LU | quibus] quas MR   *16(11)* aut] aut sic M   *17(9)* § *om.* M | g. m. c. R | c. *om.* LU   *17(10)* g. m. c. R | quia uox eo *Wessner* : quia uoce MLU : qua uox R : quo uox *Jahn*   *17(12)* guttur m. c.] uel liquido plasmate id est RTBVin | intellectu *om.* RTBVin | fletu] ac si fletu RBVin : ceu fletu T

18 (4) § PATRANTI FRACTVS OCELLO *fractus* id est solutus, effeminatus. (5) patratio est rei ueneriae consummatio, unde et patres dicti, eo quod patratione peracta filios procreent, unde et Iuuenalis: 'oculosque in fine trementes' (*7, 241*). (6) item *ocello* per ypocorisma, quia illum contrahendo minorem facit. (7) et est ypallage, [ut: 'pictus acu clamidem',] quod fieri solet non tantum ablatiuo casu, uerum etiam accusatiuo, ut: 'pictus acu clamidem' (*Aen. 9, 582*) et 'nuda genu' (*Aen. 1, 320*).

19 (3) § HIC NEQVE MORE PROBO VIDEAS NEQVE VOCE S. I. T. T. *hic* dicit in auditorio, ubi recitant poetae. (4) uel *hic* pro tunc. (5) et hoc dicit: cum molliter, inquit, leguntur carmina, audientium quoque animi ad libidinem excitantur.

19 (6) § HIC NEQVE MORO PROBO VIDEAS N. V. S. laudantium laetitiam insectatur, cum aut tumultuose clamant aut obscenos motus edunt ad dulcedinem carminum quae effeminant aures in tantum ut audientium quoque animi soluantur. (7) *ingentes* autem *Titos* dicit aut generaliter Romanos senatores a Tatio Tito Sabinorum rege aut certe a membri uirilis longitudine dicti Titi.

20 (7) § TITOS tres enim curiae fuerunt primo Romae, Titiens, Samnes, Nuceres. (8) Titiens a Tito Tatio rege Sabinorum participe in regno Romuli, Samnes a Romulo qui Romam condidit, Nuceres a Nucismone qui aliquando Romulo auxilium dedit. (9) alii a Luco Luceres nominarunt. (10) et est sensus: haec enim cum effeminate leguntur carmina, audientium quoque soluuntur animi; itaque neque more honesto neque uoce uirili laudant. (11) item *Titos*

18(4) § *om.* M | o. R   *18(5)* procreant LUBVin | *18(7)* ut— chlamydem *del. Clausen* | casu ut pictus acu clamidem uerum etiam accusatiuo ut nuda genu R   *19(3)* § *om.* M | n. m. p. u. n. u. s. i. t. t. M | p. (uideas—t.² *om.*) R | adiutorio LUT   *19(5)* hic U   *19(6)* § *om.* ML | m. p. n. u. s. R | u. n. u. s. LU | laetitiam (*s.l.* uel licentiam) R | effeminat M   *19(7)—20(8)* aut certe—sabinorum *om.* L   *19(7)* longitudine M : magnitudine U : magnitudine (*s.l.* uel longitudine) R | tacii titi U   *20(10)* et *om.* M   *20(11)* § item M

ironicos equites Romanos, principes magnae auctoritatis et
honoris. (12) idem ualuisset si Lucios aut Marcos aut Publios
dixisset. (13) sinecdochicos autem *Titos* scolasticos, quod sint uagi
neque uno magistro contenti et in libidinem proni sicuti aues
quibus comparantur.

20 (14) § CVM CARMINA LVMBVM INTRANT id est
tangunt. (15) bene dixit *lumbum* et non animum. (16) dicitur enim
libido lumbis immorari. (17) uel certe cum carmen effeminate
fuerit recitatum, repraesentare ipsos concubitus solet. (18)
quomodo enim tactus mulierum mouet intima, sic et uersus
enerues non animum intrant, sed lumbum.

21(3) § ET TREMVLO SCALPVNTVR VBI I. V. *tremulo
uersu* i d e st f ragili uoce c antat. (4) u bi modulanti u ersu p ruriunt
eorum uiscera, sicut tempore coitus. (5) *scalpuntur* dicit in
libidinem excitantur, ut Iuuenalis: 'quod enim non excitat inguen
uox blanda et n. d. h.' (*6, 196sq.*).

22 (5) § TVN VETVLE AVRICVLIS ALIENIS COLLIGIS
ESCAS hic inuehitur poeta in captatorem laudis incommodae. (6)
uetule id est stulte, qui senescis in uilibus carminibus. (7) et non
dixit 'senex' sed *uetule*. (8) et dictum est satirice *uetule*, id est eius
aetatis homo non debes uanae gloriae esse captator. (9) scribis ergo
quod n on t e d electet s ed q uod c apiatur a uribus i mperitis. (10) e t
ideo laboras, palles, et tibi otia denegas ut tempore recitationis a
pueris tibi plaudatur euiratis et dissolutis. (11) *escas* autem dicit
fauorem uel delectationem, id est aestimationem tibi concilias ex
fauore imperitorum.

23 (6) § AVRICVLIS QVIBVS id est imperitis uel
spurcissimis.

20(12) si ualuisset si L | si lutios R : saluatos U   *20(13)* sicut aues
quibus comparantur *om.* RTB   *20(14)* i. MLU   *20(17)* effeminate *om.*
RTB | recitatum *om.* M | ipsos RTBVin : ipsis MLU | solet R : solent
TBVin : *om.* MLU   *21(3)* et *om.*R | ubi i. u. *om.* R : u. i. u. LU | uoce
fragili U   *21(4)* ubi RTBVin : b. (B. LU) ubi MLU   *21(5)* ut—h. *om.* L |
excitet M | uox blanda et *om.* U   *22(5)* § *om.* M | a. a. c. e. RLU | in
om. M   *22(8)* debet RTB   *22(9)* capiatur auribus imperitis UR : capiat
auribus imperitis T : capiat auribus imperitus ML   *22(11)* uel
delectationem *om.* M

23 (7) § ET DICAS CVTE PERDITVS OHE id est uigiliis et sollicitudine ad tenuissimam cutem perductus. (8) aut certe *cute perditus* senectute pallidus, uel manifeste *cute perditus*, ut uitium quod intrinsecus habes etiam in cute possis habere.

24 § QVO DIDICISSE NISI HOC FERMENTVM ET QVAE SEMEL INTVS INNATA E. R. I. E. C. uerba poetae ad quem scribit. (2) sed allegoricos dicit, hoc est: quid proderit didicisse aliquid nisi recitatione pandatur? (3) et tractum a fermento et a caprifico: sicut enim fermentum massam rumpit et caprificus saxa, ita ingenium pectus. (4) fermentum enim intra modium plus una hora non potest contineri. (5) crescit enim caprificus ex lateribus in quibus concepta est. (6) inuehitur autem in eum qui carmina sua intra se non potest continere nisi ea diuulget, licet uana sint. (7) et bene *caprificum* posuit, quae cum exierit nullos fructus ex se profert. (8) item hic autem est schema antipophora keparaprosdocia, quia per suam transit in illius poetae uocem quem corripiebat nec tamen recessit a sua persona. (9) ergo difficultas imposita sustollitur interrogante se et alio respondente. (10) et erit sensus ipsius Flacci quasi dicentis: et hoc tu putas dulce, quod plus acidum est quam fermentum, et fructus putas ingenii quod in iecinoribus tuis caprificus innata erumpat?

23(7) ohe] o. e. M | id est *om.* L |*24(1)* quo M : quid RVin : quod LUB | n. h. f. et q. s. intus i. e. r. i. e. c. R | innata] i. LU | poetae illius RTBVin *24(2)* allegoricos metaphora U | prodest LU *24(3)* tractum U : tractum hoc L : tractum metafora MR : tracta metafora TBVin | a² *om.* RTBVin | corrumpit RTBVin *24(4)* enim *om.* U | modium LU : domum M : massam RTBVin *24(5)* in quibus *om.* M *24(8)* hic autem] hoc RBVin | kepara prosdocia R : cepara (cepera LU) prosdocia MLU : *om.* TBVin | prosdocia (*om.* TBVin) id est a se in alium RTBVin | quia] qui U : cum RTBVin *24(9)* imposita sustollitur interrogante se et alio respondente RTBVin : iniposti si tollitur interrogantis alio respondente U : inipos tisi tollitur interrogantis alioris pondentis M : inipositi in interrogatione et in responsione si tollitur interrogantis alio respondente L | sustollitur] sic tollitur *Wessner* *24(10)* plus RTB : *om.* MLU : magis Vin

26 § EN PALLOR SENIVMQVE ecfonesis per indignationem. (2) *pallor* est anxietas quaedam animi praemagnam faciens senectutem. (3) uel certe pallorem dicit cogitandi, siquidem pallent poetae cogitando. (4) *senium* est uelut accersita miseria senectutis.

26 (5) § O MORES defecti et peruersi.

26 (6) § VSQVE ADEONE SCIRE TVVM NIHIL EST NISI TE S. H. S. ALTER hoc dicit: in tantum est scientia tua ad nihilum redacta ut aliquid te scire nescias nisi alterius iudicium de tua scientia consulas? (7) *scire tuum* haec periodos apud Lucilium posita est: 'ut me scire uolo dicimus mimi conscius sum, ne damnum faciam' (*1344-45 M.*). (8) scire hoc se nescit nisi alios id scire scierit. (9) [*me*] *scire tuum* ut 'nostrum uiuere triste' (*1, 9*).

28 § AT PVLCHRVM EST DIGITO MONSTRARI ET DICIER H. E. obiectio stulti poetae: sed magna gloria est in digito extendentium manus. (2) hic requiritur historia Demostenis, qui cum transiret et a mercennario tabernariae digito monstraretur, fertur laetatus esse quod ab ignobilibus sciretur. (3) et Horatius libro quarto carminum sic posuit: 'totum muneris hoc tui est quod monstror digito praetereuntium' (*Carm. 4, 3, 21sq.*).

29 § TEN CIRRATORVM CENTVM D. F. PRO N. P. potest ex persona Persii ridicule admirantis accipi. (2) potest et ab illo dictum putari qui gaudet aestimatione poetica. (3) si Persius dicit, ita est intellegendum: cur non debes laetari? certe maxima est gloria laudari a centum cirratis. (4) si ille dicit poeticae laudis cupidus, ita: an tu, Persi, exiguum putas laudari a centum scolasticis? nescis maximam hanc aestimationem uideri? (5) quoniam apud antiquos criniti erant adulescentes usque ad certam

---

26(3) dicit] di U : *om.* L   *26(5)* § *om.* L   *26(6)* non est (nisi—alter *om.*) R | n. t. s. h. s. alter LU | s. h. s. a. M | est *om.* LUT | ad] in L   *26(7)* me] meum L : mecum U; *uerba Lucilii uarie emendare temptauerunt editores; v. Housman,* Classical Papers *696-7   26(8)* nescit RTB : nesciat MLU | nisi—scierit RTBVin : *om.* MLU   *26(9)* me scire tuum *om.* RTB | me *om.* Vin   *28(1)* e. d. h. e. R | dicier i. h. e. M   *28(3)* quarto libro U | quinto L | posuit *om.* R | tui] tuum LU   *29(1)* centum] c. R | ridiculose RTB   *29(3)* sic ML | ita est intellegendum RTBVin : *om.* MLU   *2   9(4)* laudis RTBVin : *om.* MLU | h anc maximam U | existimationem LUVin

aetatem. (6) quod de Ascanio Virgilius ait: 'fusos ceruix cui lactea c. a.' (*Aen. 10, 137sq.*). (7) item *cirratorum* dicit puerorum propter lunae cursum uitandum pueris; cirri consecrati certis numinibus dicebantur. (8) uel certe *cirratis* capillatis pueris. (9) et hoc dicit: pro nihilo ducas scripta tua a magistris ludi dictari pueris? (10) mos enim erat magistrorum ex aliquo libro dictare discipulis. (11) occulte autem tangit Neronem, cuius carmina, quia imperabat, per scolas celebrabantur. (12) *centum* autem pro infinito posuit, ut Virgilius: 'non mihi si linguae centum sint o. q. c.' (*Geo. 2, 43; Aen. 6, 625*).

30 § ECCE INTER POCVLA QVAERVNT ROMVLIDAE SATVRI QVID DIA POEMATA NARRENT *dia* id est sancta, ut 'dia Camilla' (*Aen. 11, 657*). (2) et dicit: quod iustum ab his expectes iudicium qui iam uino madentes discernunt de carminibus quae uix integrius etiam a ieiunis discerni possunt? (3) *Romulidae* dixit, id est Romani a Romulo, ut Aeneadae ab Aenea. (4) bene autem *inter pocula* dixit, ubi sunt instrumenta libidinis.

31 § QVID DIA POEMATA NARRENT id est quid sentiendum sit de poematibus aut qualia nunc poemata celebrentur. (2) *dia* magnifica, clara, ut Horatius: 'sententia dia Catonis' (*Serm. 1, 2, 32*) et Virgilius: 'dia Camilla' (*Aen. 11, 657*).

32 (1) § HIC ALIQVIS CVI CIRCA HVMEROS IACINTINA L. E. *laena* id est palla. (2) qualitatem posuit ut per corporis cultum animi cultum demonstraret. (3) dicit facta in conuiuiis poetarum mentione aliquis locuples amatorios uersus putide, cum uox eius uideatur emitti per nares.

29(6) c. h. c. a. LU | lactea c. a. M | lactea collaque R   *29(7)* item—dicebantur *om.* R | cursum lunae U   *29(9)* ludi *om.* RTB   *29(11)* celebrantur M   *29(12)* posuit numero L | l. s. o. q. c. LU | c. s. o. q. c. R | o. q. e. M | *30(1)* q. r. s. q. (d. p. n. *om.*) R | s. q. d. p. n. M | q. d. p. n. U | quid *Pers.* : qui L   *30(2)* a *om.* M   *31(1)* § *om.* M | n. R | quod U   *31(2)* ut horatius *om.* L   *32(1)* circum LU | yaquintina l. e. M : i. l. L(lena)UR   *32(2) post* celebrentur (*31[1]*) MLURTBVin | qualitatem] hic a. c. c. h. i. lena qualitatem igitur R   *32(3)* dicit *om.* RTBVin | aliquis] dicit aliquis R | putide *Clausen* : putida MLUR; *cf. 33(3)* | cum uox eius MR : uoce LU | emitti *Clausen* : emittere MR : mittere LU | aures U

32 (4) § I ACINTINA L AENA i d e st p alla c oloribus m entita, per quam locupletem quempiam uult intellegi.

33 § RANCIDVLVM QVIDDAM BALBA DE N. L. *rancidulum* id est putidum, u el quasi asperi saporis corruptaeque gulae. (2) *balba de nare* balbutienti lingua; linguae est enim proprium balbutire. (3) et hoc dicit: refert quosdam uersus ita putide ut uox eius per nares uideatur emitti repetita ex uitio linguae.

34 § PHYLLIDAS HYPSIPILAS Phyllidis Hypsipylisque reginarum exitus tristes fuisse noscuntur. (2) nam Phyllis aegre ferens peregrinationem Demophoontis, qui ad Troiam profectus die constituto non remeauit, suspendio periit. (3) Hypsipiles uero una ex Lemniadibus mulieribus, Thoantis filia, Liberi patris neptis, postquam eam factis duobus filiis apud Lemnias Iason deseruit, qui eo tempore cum A rgonautis u enerat nec ad eam remeauit ex Colchis; comperto postea illum ad suam patriam remeasse et se neglectam, ingratum eius amorem diu secum fleuit. (4) his itaque siquid simile carminibus suis poetae defleuerunt, ita sine uocis asperitate p ronuntiant u t a udientium a ures e molliant. (5) e t p onit historias et ea nomina quae in carminibus necessaria non sunt, sed quia cara et amatoria sunt, ideo ponuntur.

34 (6) <§> ET PLORABILE SIQVID et siquid flebile, quia amarissime cantant.

35 § ELIQVAT id est cum lenocinio uocis pronuntiat et uocem dissoluit in cantilenam.

32(4) l. R | id est] laena est RVin | uariis coloribus RBVin | mentita id est tincta TB : tincta R (*s.l.* uel mentita) Vin *33(1)* b. d. n. l. LU | b. d. n. (l. *om.*) R | id est RBVin : iem M : *om.* LU : quasi T | contemptaeque L : contemptae U *33(2)* balbutire proprium R *33(3)* repetita RB : relatio M(relaticio)LU : repetitam T : repetitur a Vin | uitio LUB(*add. in mg.*)Vin : initio MRT *34(3)* lemniadibus Vin : lemnidibus MLU : lemnadibus RB | et RB : *om.* MLUVin *34(4)* defleuerint R | ita] itaque M *34(5)* cara et amatoria RTBVin(rara) : caritide et amatoriae MLU *34(6)* et plorabile siquid TB : *om.* MLURVin | quia—cantant *om.* R : et—cantant *om.* TB *35(1)* id est RT : *om.* MLUBVin | cantilena MRTB

35 (2) § ET TENERO SVPPLANTAT VERBA PALATO
tenero palato dicit molli, fragili. (3) *supplantat* supprimit, mutatis
accentibus curtat, quasi sonus uocis canorae in ultimi plasmatis
sono leniter infringitur quo iocundior fiat.

36 § ASSENSERE VIRI tropicos *uiros* dicit auditores, id est
qui eiusmodi dicta uoce sua laudant.

36 (2) § NVNC NON CINIS ILLE P. F. uerba adulantium per
irrisionem: cinis poetae felix est quotiens de mortuis bene
loquimur. (3) ueteres enim dixerunt praegrauari corpora eorum qui
tantum corpori studentes nihil memorabile reliquerunt.

37 § NON LEVIOR CIPPVS *cippum* pro sepulchro posuit, ut
fermentum pro acido. (2) proprie autem *cippus* est lapis sepulchri.

38 § LAVDANT CONVIVAE poetae personam. (2) hoc est
uersus recitatos poetae ab uno conuiua. (3) hoc autem irridens
dicit.

38 (4) § NVNC NON E MANIBVS ILLIS hic *manes* pro
ossibus posuit. (5) iterum facit uocem illius recitantis in conuiuio.

39 § NVNC NON E TVMVLO FORTVNATAQVE FAVILLA
N. V. res uoluptariae uel amoenae, quoniam in sepulchro eorum
qui bene meruerunt uiolae nasci memorantur. (2) haec autem uerba
eius personae facit quam retulit uersus poetae in conuiuio recitare,
aestimantis et dicentis felicem poetam esse et illi defuncto leuem
terram futuram cuius scripta omnibus dulcia sunt. (3) *tumulus*
dicitur terrae aggestio, ubi nulla memoria est.

40 § RIDES AIT ET NIMIS VNCIS N. I. est hic antipophora,
id est obiectio illius culpati poetae ad Persium. (2) et hoc dicit:

35(2) u. p. MUR   *35(3)* ultimi plasmatis sono] ultimo cono R : ultimi
palati nono (*corr. in* cono) T : ultimo palati cono B : ultimi palati cauo
Vin   *36(1)* id est RTBVin : item M : hoc est LU | huiusmodi M |*36(2)*
non] nunc R | uerba] flexit uerba LU | quotiens] et reprehensibile notat
quotiens RTBVin | bene] etiam si bene RTB   *37(1-2)* cippum—cippus
om. U   *38(1)* persona RT   *38(2)* recitatos RTBVin : releuatos M :
reuelatos LU   *38(3)* ridens U   *38(4)* § *om.* U | nunc] nunc autem M |
illis M : *om.* LUR | hic] id est hic LU   *38(5)* in *om.* LU   *39(1)* f. f. n. u.
LU : f. f. n. R   *39(2)* quem M   *40(1)* nimincis M | antipophora RT :
antiphora B : hipofora M(-fera)LU : ἀνθυποφορά Vin | poetae culpati LU

rides et nimium das operam cachinno. (3) bene autem dixit *uncis naribus*: incuruantur enim nares cum eas soluto risu contrahimus. (4) ut Horatius ait in primo sermonum: 'minus aptus acutis naribus' (*Serm. 1, 3, 29sq.*) et alio loco: 'naso suspendis adunco' (*Serm. 1, 6, 5*).

41 § AN ERIT QVI VELLE RECVSET OS id est fauorem. (2) et hoc dicit: an inuenietur homo qui contempnat fauorem nec uelit laudatus a praesentibus auditoribus famam sibi aestimationemque poetae perennem linquere?

42 § ET CEDRO DIGNA LOCVTVS *carmina digna cedro* ideo dixit quia mos apud ueteres erat ut chartae in quibus nobilia carmina scribebantur oleo cedrino unguerentur, quod et ipsas diu durabiles faceret et a tineis conseruaret. (2) alii dicunt cedrum genus ligni esse quod dignum bibliotheca habetur. (3) hoc ergo dicit: quis non ea uelit carmina scribere quae et populus laudet et cedro perungantur quo diutius durent? (4) zeugma est *uelle r.*

43 § NEC SCOMBROS METVENTIA C. N. T. quae carmina nullum periculum habeant apud salsamentarios et turarios. (2) ideo hoc dicit quia chartae in quibus uilia carmina scribebantur, quasi non necessaria, aut ad tus inciduntur inuoluendum aut ad salsamentum. (3) *scombri* dicuntur pisces salsi de quibus fit optimum garum. (4) per *scombros* ergo significat salsamentarios, per *tus* pigmentarios. (5) hoc et Horatius in libro primo epistolarum dicit: 'aut fugies Vticam aut uinctus mitteris Ilerdam' (*Epist. 1, 20, 13*).

40(3) solito L   *40(4)* ait *om.* RVin | suspendis R : suspendisse MLU | aduncо RVin : ab unco MLU   *41(1)* id est] iem M   *41(2)*inuenitur LU : inueniretur Vin | homo] hoc M   laudatus] si laudatur RTB : si laudetur Vin : laudem L   *42(1)* locutus] loquuntur R | apud ueteres mos M | cartas M | quod] quia R | diuturnabiles R   *42(2)* esse lignum M | habeatur RB : habebatur Vin   *42(4)* zeugma L : zeuma MURTB : ζεῦμα Vin | est uelle r. R : est uelle M : est uel L : est U   *43(1)* nec] et M | n. t. *om.* R | habent ML | salsamentarios RTBVin : salmentarios MLU   *43(2)* hoc dicit *om.* U | hoc] haec R | ad salsamentum R TBVin : a d s alsum M U : s alsum L   *4 3(3)* s alsi *o m.* L *43(4)* salsamentarios RTBVin : salmentarios MLU   *43(5)* in R : *om.* MLU

44 § QVISQVIS ES O MODO QVEM EX ADVERSO D. F. haec uerba sunt Persii ad quemlibet poetam laudis cupidum. (2) et hoc dicit: at tu, quem in hoc libro affatum simulaui aduersarium, qui mihi obicis risum importunum, audi. (3) et est mimica et comica exclamatio, quoniam poetae non numquam omisso recto sermone extra s cenas s oli loquuntur, sustinentes personam suam, aut aliquorum hominum uerba interponunt. (4) ideo tu quem induxi extra dicentem. (5) et eam uero inducit personam, quam ab initio induxit, alterna narrantem.

45 § NON EGO CVM SCRIBO SI FORTE QVID APTIVS EXIT QVANDO HAEC RARA AVIS EST SIQVID TAMEN A. E. L. M. ordo est: non ego laudari metuam. (2) etiam ego dico fauorem appetendum esse et gratum si uersibus laudabilibus exhiberetur. (3) et si forte aliquid inueniretur in meis uersibus gratiosum, quod raro contigit, non fugio laudem cum scribo. (4) *quando haec rara auis est* translatio a fenice, quae dicitur sexcentesimo anno colorem habere uenetum, quae omnes uirgulas odoriferas colligit et sibi ipsas parat, mox autem ut sol occiderit se flammis imponit, et cum s ol o riri coeperit de cineribus suis cum sole nascitur. (5) et hoc prouerbialiter dicit, raram auem eam quam post longum tempus uidemus. (6) et hoc uerecunde Persius: raro se commode dicit scribere, ceu fenix, quae circa partes Indiae est et tarde se ad uidendum hominibus profert.(7) item *scribo* praesentis

---

44(1) quem e. d. f. R | persii sunt RTB   *44(2)* in *om.* M : mihi in RTBVin | mi LU   *44(3)* et est RTBVin : *om.* MLU | scenas] se LU : scenam Vin | aliorum *Jahn* | interponi M : interponit LU   *44(5)* uero *om.* RTBVin   *45(1)* conscribo s. f. q. a. exit (quando—m. *om.*) R | quod LU | aptius exit] a. e. LU | haec L : hoc MU | siquod LU | m. *om.* LU | laudari *om.* M   *45(2)* expetendum RTBVin | exhibetur RTBVin   *45(3)* et si] si MLU | meis] meis aliter U   *45(4)* haec] hoc M | uirgas LT | occidit M | flammas R | et cum] cum M | oriri coeperit sol U   *45(5)* dicit *om.* U : dicunt Vin   *45(6)* scribere L^{ac}TBVin : describere MLUR | et² *om.* RBVin | se hominibus ad uidendum M : hominibus se ad uidendum T   *45(7)* § item M

temporis est, *exit* similiter. (8) unde posteriorem syllabam non
dubito Persium doctissimum hominem *exit* dixisse correpte,
quamuis quidam producant eam et uerbum praeteriti temporis
faciant.

47 § LAVDARI METVAM id est nolim laudari.

47 (2) § NEQVE ENIM MIHI CORNEA F. E. sinecdochicos,
id est corneum pectus. (3) metaphoricos duram quoque et
adamantinam dicimus frontem improbam. (4) *fibra* pars est iecoris;
sinecdochicos pro tota fronte accipi debet. (5) unde qui affectibus
non mouentur duram fibram habent, id est praecordia. (6) ergo hoc
dicit: non tam ab humanitate dissentio aut adeo duro sum sensu ut
ea quae humanitatis sunt solus spernam, id est ut possim non
laetari laudatus nec dolere culpatus. (7) relatum ad regulam
patientiae, quoniam neglegit laudem et culpam spernit.

48 § SED RECTI FINEMQVE EXTREMVMQVE deest
quaero. (2) et hoc dicit: laudem quidem amo, sed non falsam, sed
quae ad finem et extremum recti, id est ad ueritatem, intendat. (3)
finem recti et *extremum* dicit secundum philosophos, qui dicunt
summum bonum in recto atque honesto constare. (4) ut Lucanus:
'seruare modum finemque tenere' (*2, 381*).

48 (5) § SED RECTI FINEMQVE E. Q. neque enim durauit
sensus tantum scribendi ut statim me recte fecisse perfectumque
esse crediderim cum tuum 'euge' et 'belle' audiero; hoc enim dici
solet Attio Labeoni. (6) ita dicit *extremum esse recuso* tamquam in

temporis *om.* RVin   *45(7-8)* similiter unde RT(sic ut et exit
unde)BVin : *om.* MLU   *45(8)* posteriorem syllabam RTBVin : posteriore
syllaba MLU | doctissimum RTBVin : notissimum MLU | quamuis]
quamuis quiuis L | producant MTVin : producunt LURB | faciunt UB
47(1) noli M : olim U   *47(2)* § *om.* M | c. f. e. LU   *47(3)* adamantiam
M   *47(4)* fibram R | iecoris] i. e. oris M   *47(5)* affectatibus LU *47(6)*
tamen L | durosum sensum L | quae] qui R | laudatur U | culpatur U
47(7) quoniam] quia non R : quia persius non TB *48(2)* sed¹ *om.* RTBVin
| intendit RBVin   *48(3)* finem et extremum recti RB   *48(4)* tenere] t.
MUR   *48(5)* e. q. M : e. LUR | sensus durat U | durauit RTBVin : durat
MLU | scribendi RTBVin : scribere MLU | rectum RTB | enim] cum R
| attio labeoni] de attio labeoni (-ne BVin) quod ita uoluerit RTBVin
48(6) ita—recuso *om.*RTBVin

his summum iudicium sit. (7) solent namque auditores 'euge' et 'belle' respondere recitantibus.

48 (8) § ESSE RECVSO EVGE TVVM ET BELLE sed laudationem, inquit, tuam non puto recti definitionem. (9) neque enim scribentes hoc fine debent esse contenti, ut 'euge' tuum et 'belle' audiant.

49 § NAM BELLVM HOC EXCVTE TOTVM translatio a uestimento pleno sentibus uel quibuscumque corpusculis, quod dum excussum fuerit quicquid habet absconditum proicit.

50 § QVID NON INTVS HABET deest reprehensionis uel ineptiarum uel turpitudinis uel derisionis.

50 (2) § NON HIC EST ILIAS ATTI EBRIA VERATRO *hic* id est in satira mea. (3) *ebria* dicit ac per hoc uitiis plena uel nimis insana. (4) Attius Labeo poeta indoctus temporum illorum qui Iliadem Homeri uersibus foedissime composuit ita ut nec ipse se postea intellexisset nisi elleboro purgaretur. (5) Graece autem elleborum dicitur, Latine ueratrum, quod datur insanientibus ut eos ad integram mentis ualitudinem perducat. (6) in hac igitur laude quid non inuenies? certe si sane inspexeris hoc genus fauoris, inuenies etiam ipsum attributum Attio Labeoni, a quo Iliadem Homeri male tractatam esse iam diximus, cuius simile carmen suum negat Persius esse. (7) *ebriam* dixit quod uersus non stent aut quod propter ingenium elleborum biberit et quamquam ebrius eodem tamen nihil profecerit; et elleboro sumpto saepius perduci non possunt ad sanitatem.

48(7) auditores MLUVin : dici auditores R : dici ad auditores T : dicere auditores B | respondere euge et belle M   *48(8)* belle] b. MR | tuam inquit tuam LU | recti RBVin : id est MLU   *48(9)* tuum *om.* RBVin   *49(1)* totum] t. MR   *50(1)* habet] h. M |*50(2)* a. (ebria ueratro *om.*) R | ueratro L : *om.* U : u. M   *50(4)* temporis U | fedis M | se *om.* MRBVin   *50(5)* elleboron R : ἐλλέβορον Vin | ad] in M | producat LU *50(6)* ipsum] ipsum quondam RBVin | iliadem MBVin : iliadam LUR | esse persius MVin : esse B   *50(6-7)* persius—biberit *om.* L   *50(7)* et²] nam R | perducere R | possunt R : possint M : possit LU

51 § NON SIQVA ELEGIDIA CRVDI D. P. κατὰ κοινοῦ: non sunt hic e legidia quae crudi proceres soliti sunt facere. (2) *crudi* dicit indigesti uel temulenti. (3) *elegidia* dixit diriuatum ab elegis, ut et hoc nomen mollitiem aliquam significet. (4) ergo hoc dicit: nolo me laudes uerbis quibus soles laudare elegos principum uersus, qui numquam nisi cum cruditate poemata faciunt.

52 § NON QVICQVID DENIQVE LECTIS SCRIBITVR IN C. a nobilibus scilicet. (2) nec ea quoque probas quae in lectulis citreis scribuntur. (3) apud antiquos citreis tabulis parietes ornabantur, quas et cera incerabant ut quicquid ad animum ueniebat statim notaretur ne uis ingenii periret. (4) citrum quippe antea pretiosum notabatur et auro comparandum. (5) uel certe quia locupletes recumbentes in pretiosis lectulis delicate ac sine cura scribebant. (6) *'belle'* ergo *et 'euge'* locupletibus contigisse saepe dicit, qui crudi et extra cenam super lectulos citreos iacentes male scribunt oscitantes, uel delicate ac sine cura. (7) et ideo arguit quod laudentur locupletium poemata, quia et cenas praestare solent et uestes donare. (8) et hoc dicit: non haec sunt carmina quae super lectulos citreos discumbentes faciunt, siquidem non potest ibi aliquid rei politae aut doctrinae inueniri. (9) nam ueteres spondas cerabant, ut siquid recte eis in mentem uenisset scriberetur ne statim periret.

53 § CALIDVM SCIS PONERE SVMEN conuiuis scilicet. (2) et dicit illi poetae: nosti captare animos audientium carmina tua cum eos sic pascis delicate.

54 § SCIS COMITEM HORRIDVLVM TRITA D. L. id est scis et byrrum attritum comiti condonare. (2) illa re donare

---

51(1) c. d. p. R | κατὰ κοινοῦ *Wessner* : cata cynii MLU : *om.* R : id est B : cacotami id est Vin : κακόχυμοι *F. Morell* | hic sunt M | facere soliti sunt LU   *51(2)* dicit *om.* LUVin   *51(4)* eligis U | principium LU | cum cruditate M : cum crudelitate LU : crudi RBVin   *52(1)* § *om.* U | s. i. c. M | i. c. LU   *52(4)* quippe romanis RBVin   *52(5)* delicate ac] delicate RVin : delicati MLU; *cf. (6)*   *52(6)* et extra cenam super *om.* R   *52(9)* mente M   *53(1)* § *om.* U | p. s. MLU   *53(2)* et MR : et hoc LU   *54(1)* h. (trita d. l. *om.*) R | t. d. l. L(la.)U dicimus, ut Virgilius: 'hac te nos fragili donabimus ante cicuta' (*Buc. 5, 85*). (3) et facit apostropham ad diuitem poetam propter quod fauorem uelit iniuste conquirere. (4) *trita lacerna* aut ueterem dixit aut certe *trita* tenuiter texta.

55 § ET VERVM INQVIS AMO et dicis mihi te cupidum esse iudicii ueri de tua scriptura, utrum bene dixeris an male.

56 § QVI POTE hoc dicit: tu uerum examen ab his audire desideras quibus non est habenda fides, quoniam te ipsum putant poetam esse ob causam gulae.

56 (2) § VIS DICAM NVGARIS CVM TIBI CALVE PINGVIS AQVALICVLVS P. S. E. hoc dicit: quomodo potes uerum amare cum sis nugigerulus? (3) uel cum tu, o calue senator, abundantia ciborum pinguis sis et uentrem habeas ultra semis et uno pede extensum, quomodo tanta obtunsus crassitudine possis aliquid subtile uel tenue sapere? operam scribendo perdis cum uentri tuo indulges ut in pinguedinem crescat. (4) tractus sensus ex Graeco uersu, quo significatur ex uentre crasso tenuem sensum non nasci. (5) *aqualiculus* proprie porci est; hinc ad uentrem translatio. (6) et est yperbolicos: omnes senatores stulti, ac per hoc solus Ianus est sapiens, qui duas habet facies nec poterit derideri nec ei a tergo sanna fieri.

58 <§> O IANE A TERGO QVEM NVLLA CICONIA PINSIT *ciconiam* dixit quam manu formare solent irrisores, qui

---

54(2) d. a. c. MUR   *54(3)* diuitem] ueterem U | iuste LU   *54(4)* § trita L | tenui M   *55(1)* amo] a. M   *56(1)* hoc dicit *om.* U | adhibenda LU   *56(2)* c. t. c. p. a. p. s. e. R | c. t. c. p. a. p. i. e. L | c. t. c. p. a. i. e. U | tibi] tibi nero M | non potes M   *56(3)* pinguis MLUVin : plenus RB | ultra *om.* U | semis et uno pede RB : sesquipede .i. dimidio pede U : sex (VI L) pedes ML : sesquipedem Vin   uentri] tempori ML | in pinguedinem] pinguedine RBVin   *56(5)* § aqualiculus M | hinc RB, *Isid. 11.1.136* : hic MLUVin   *56(6)* solum U | sapiens est U   *58(1)* o— pinsit *hic* L : *ante* ianus *(56[6])* UBVin : *om.* MR | pinxit L | quam RBVin : quia MLU | manu formare solent RBVin : formare manus solent M : manus solent formare LU | qui unitate—potest *(58[2])* *hic* RBVin : *post* mortario *(58[5])* MLU | qui RBVin : *om.* MLU

unitate collatos digitos agunt ad inferiorem partem inclinata similitudine ciconini rostri; quod cum praesentant post tergum motitantes, derident quos uolunt. (2) ideo sannam Ianus, a tergo si fiat, intellegit quomodo ciconiam pinsit manus, utpote cui nemo per absentiam detrahere potest. (3) *pinsit* dixit, id est assidue percussit; dictum a pistoribus. (4) pilo enim apud ueteres frumenta tundebantur, unde et pistores dicti sunt quasi pinsores, uel a pindendo; pindo id est ferio. (5) unde et pistillum dicimus quo terimus in mortario.

59 § NEC MANVS AVRICVLAS I. M. A. *manus mobilis* id est facilis, docta. (2) *aures albas* id est asininas; nam sic stulti ridentur: apposito temporibus pollice imitantur aures asini aliis digitis quasi sannam facientes. (3) aut protendunt linguam quantum Apula canis multa siti. (4) et bene *Apulam canem* dixit, propter quod Apulia aestuosa est. (5) etiam hoc genus est ridendi quando admirantur; nam tria sunt genera sannarum: aut manu significare ciconiam aut auriculas asini aut linguam sitientis canis.

60 § TANTAE id est tantum prolatae. (2) auriculas asini stolidas esse hoc prouerbio significatur, ex quo fabula quoque prodidit Midam stolidi animi asininas h abuisse aures, quas *albas* dixit per sinecdochen. (3)   est enim interior aurium pars alba, ut

collatos (colligatos BVin) digitos RBVin : collatis digitis MLU | agunt RBVin : ait MLU | similitudine RBVin : similitudinem ML : ad similitudinem U | ciconii R : c iconiarum B | quod cum praesentant RBVin : per praesentat ML : repraesentat U | post RBVin : quem post MLU | mocitantes L : crocitantes U : motantes BVin   *58(2)* sanna R | intelligit RBVin : intelligere MLU | quoniam LU | ciconiam RBVin : ciconia MLU | pinxit LR | utpote cui RBVin : uel de quo MLU   *58(3)* pinxit LUR^(ac)B | id est *om.* RBVin   *58(4)* pindo] pindo enim RBVin *58(5)* pistillum] post illum M   *59(1)* i. a. m. M | mobilis manus RB | id est] item M   *59(2)* imitantur *Jahn* : imitantes MLURVin | sanna R *59(3)* protendunt RBVin : protendant MLU   *59(4)* propter quod] propter quia M : propterea q uod *ed. 1 601* : q uod Vin : q uia B   *59(5)* quando ammirantur *om.* RBVin | manu *del. C. Barth* | cani LU   *60(1)* id est] item M   *60(2)* prodiit LU : prendit Vin | midam RVin : midae MLU | habuisset L | per] pro L | synecdochen Vin : sinecdoche MLUR   *60(3)* pars aurium RBVin populum quoque albam dicimus, quod utique folia eius una parte sint alba, alia parte uiridia.

61 § VOS O PATRICIVS SANGVIS QVOS VIVERE FAS EST OCCIPITI CAECO P. O. S. uos igitur nobili loco nati, qui uidere quid a tergo fiat non curatis, date operam ut non derideamini. (2) *quos uiuere fas est occipiti caeco* id est quos fas est in occipiti oculos non habere. (3) *occipitium* dicitur posterior pars capitis, sinciput anterior. (4) ac si diceret qui non sentitis a tergo uos irrideri.

62 § POSTICAE OCCVRRITE SANNAE id est irrisioni. (2) qui non estis Iani nec potestis a tergo risus uidere, nolite uos deridendos praebere. (3) *posticae* a postfactae; antiqui ita fores templorum uel aedium dixerunt posticas et anticas. (4) *posticae* ergo *sannae* quae fit a posteriori parte. (5) *sanna* autem dicitur os distortum cum uultu quod facimus cum alios deridemus. (6) inde sanniones dicti quod non rectum uultum habeant.

63 § QVIS POPVLI SERMO EST ad eius personam redit quam superius fecerat dicentem 'uerum mihi dicite de me' (*55*); deinde motus indignatione tam prauae dictionis parentesin facit. (2) nam contextus hic est: 'uerum mihi dicite de me. quis populi sermo est?', hoc est, quid de me populus loquitur? an bonum me poetam dicit?

63 (3) § QVID ENIM NISI CARMINA MOLLI NVNC DEMVM NVMERO F. VT PER L. S. E. I. V. SCIT TENDERE VERSVM NON SECVS AC SI OCVLO RVBRICAM DIRIGAT VNO et responsio conuiuae illius adulatoris est: quid aliud nisi

---

61(1) uos o. p. s. q. u. i. e. occipiti caeco p. o. s. LU | patricius s. (quos—s.[2] *om.*) R | occipit. ae. co. M | quid MRBVin : quod LU   *61(2)* non *om.* RB   *61(3)* occipitium MLR[2]Vin : occipuum R[1] : occipium B : occiput U   *61(4)* qui *om.* U   *62(1)* § *om.* LU | s. M   *62(3)* § posticae M | a] aut L   *62(4)* ergo] autem L   *62(5)* aliis L |*63(1)* quem U | paruae LBVin : *legi non potest* U | dictionis R : indignationis B : digressionis Vin : *om.* MLU   *63(2)* textus RB | quid] quod M | poetam me bonum U : bonum poetam me BVin | dicit RBVin : dicat MLU   *63(3)* carmina n. d. n. f. (u.[1]—uno *om.*) R | numero f. ut per l. s. e. i. u. non secus ac si o. r. d. u. M | n. f. u. p. l. s. i. u. LU | scit tendere uersum U : *om.* ML | et] aut RBVin | illius conuiuae LU | est aut ipsius persii RBVin

quod talia carmina facis quae mollitie et tenore suo inoffensa
defluunt et unguis seuerum iudicium non formidant ? (4) quod
autem dixit *unguis* tractum est a marmorariis, qui quotiens uolunt
bene coaptatam iuncturam marmoris approbare, ungue experiuntur
si nulla inaequalitas ipsam lenitatem offendit. (5) et uersus ita
diduci uel dirigi oportere, ut solent fabri rubricata linea opus
dirigere quo certius uideant. (6) ad quorum similitudinem
diligenter uersus sine anormitate faciunt, uersificationi tantum
studentes.

66 § AC SI OCVLO RVBRICAM DIRIGAT VNO tractum a
fabris, qui quotiens uolunt rectitudinem lineae comprobare, retortis
in unam partem ambobus oculis lineam ex rubrica factam
inspiciunt, ob hoc scilicet ne per oculorum diuisionem iudicii
ueritas confundatur.

67 § SIVE OPVS IN MORES IN LVXVM IN PRANDIA
REGVM DICERE RES GRANDES NOSTRO DAT MVSA
POETAE *in mores* id est in comoedia; *in luxum* id est in satira; *in
prandia regum* id est in tragoedia. (2) et hoc dicit: quicquid eis
poetis operis imposueris, non illos inuenies dissimiles sui. (3) <*in
mores* dicit> s i u olueris e um s cribere c omoedias, hoc e st mores;
nam comoedia mores hominum exprimit conuersationemque. (4)
in luxum dicit si uolueris scribere satiram, quae inuectionem
hominum continet; nam satirici hoc habent. (5) *in prandia regum*
id est tragoedias Orestis, Atrei et Thiestae, et Prognae; nam tales
tragoediae cenarum facinorosarum continent descriptionem,
qualiter apposuerit Thiestes ignoranti fratri membra filii
comedenda.

---

tenero MR : laeuore Vin | defluunt inoffensa R   *63(4)* dixit unguis
om. U   *63(5)* diduci uel dirigi MR : deduci et dirigi L : dirigi uel deduci
U | oportere] oportet Vin : *om.* R(*s.l.* s. dicit)B | uideatur RB : uideantur
Vin   *63(6)* uersus diligenter LU | anormitate L : anormate MU : norma
RBVin   *66(1)* uno] u. R   *67(1)* siue opus in mores (in²—mores² *om.*) R |
musa p. M | comediam LUBVin | luxu R | satiram LUBVin |
tragoediam LUBVin   *67(2)* eis poetis operis MLUVin : eis operis B :
operis eis poetis R | inuenies illos RBVin   *67(3)* in mores dicit *Zetzel* :
om. MLURBVin | exprimit hominum U   *67(5)* in tragoedias RVin | et[1]
om. RVin

69 § ECCE MODO HEROAS SENSVS AFFERRE VIDEMVS NVGARI S. G. adhuc de malis poetis loquitur et dicit: uidemus eos qui hoc tantum sciunt, Graecas nugas uerbis componere, uelle tamen etiam fortes et nobiles sensus carminibus pangere, cum neque uilia aut agrestia carmina apti sint explicare.

70 § NEC PONERE LVCVM A. *artifices* id est doctos, idoneos. (2) *ponere* dicit scribere, ut Horatius: 'scriptor honoratum si forte reponis Achillem' (*A.P. 120*) et Iuuenalis: 'semper ego auditor tantum? numquamne reponam' (*1, 1*). (3) et hoc dicit: nec scribere artifices nemora ita ut uarietas arborum enumeretur decenter, ut non tantum scripsisse quam ipsum lucum fecisse uideantur. (4) *ecce*, inquit, sensus nobis heroum facta suggerunt, non ut solemus Graecorum moribus pulsati res nugis plenas scribere.

71 § SATVRVM LAVDARE subaudis 'ignorantes scribere'. (2) *saturum* autem dicit rebus omnibus abundantem.

71 (3) § VBI CORBES ET FOCVS ET PORCI ET FVMOSA PALILIA F. id est fertilem agrum, qui necessario habet et corbes et porcos et Palilia. (4) *Palilia* dicit diem sacrum in honorem Palis deae pastoriciae cognominatum, quo die positis in foco manipulis foeni ludibundi rustici saliebant, qui expiari se hoc sacrificio credebant; ideo *fumosa* dixit. (5) aliter: si *Parilia*, diem dicit sacrum in honorem Iliae quae peperit Remum et Romulum, quorum mentionem sacrificiorum Cicero in Philippicis (*14, 14*) commemorat. (6) *Palilia* quae nunc mutatis litteris Parilia dicimus.

69(1) sensus a. u. (nugari s. g. *om.*) R | docemus M (*s.l.* uel uidemus) | s.] solito L | hoc *om.* LU   *70(1)* a. M : *om.* LUR | doctos uel R *70(2)* achillem R : a. MLU | numquam M   *70(3)* lucum (locum BVin) fecisse RBVin : locum M : loqui LU | uideantur Vin : uideatur MLUR *70(4)* non ut solemus] ut solent RBVin   *71(1)* § *om.* L : *legi non potest* U | saturum laudare *om.* RBVin | subaudis—scribere M : ignorantes scribere U : *om.* LRBVin   *71(2)* omnibus rebus M   *71(3)* f. p. f. R | p. f. LU | id est] item M | necessaria RBVin   *71(4)* manipulis—hoc *om.* U | rustica M | qui] quia M | expiari RBVin : expiare ML; *cf. (9)* | credebant] credebant se expurgari U | ideoque RBVin   *71(5)* si MLUVin : *om.* R | sic commemorat R   *71(6)* parilia mutatis litteris MVin

(7) uel quod dies quo condita Roma est accensis manipulis accenso
foeno colatur. (8) aut *Palilia* dies festus Palis deae agrorum siue
pastorum habitus a ueteribus. (9) Varro sic ait: 'Palilia tam priuata
sunt quam publica; et est genus hilaritatis et lusus apud rusticos, ut
congestis cum foeno stipulis ignem magnum transiliant, quod Pali
faciunt se expiari credentes'.

73 § VNDE REMVS hic occulte tangit Romanos, ex rusticis et
pastoribus eos originem trahere. (2) *unde Remus* deest 'natus de
saturo rure'. (3) ut Virgilius, qui hoc mire laudauit: 'hanc olim
ueteres uitam coluere Sabini, hanc Remus et frater, sic fortis E. c.'
(*Geo. 2, 532sq.*).

73 (4) § SVLCOQVE TERENS DENTALIA QVINTE CVM
TREPIDA ANTE BOVES DICTATOREM INDVIT VXOR ET
TVA ARATRA DOMVM LICTOR TVLIT sensus duplex est, et
hoc dicit: non possunt rudes poetae saturum rus laudare unde
Remus ortus est, unde et tu, o Quinti Atili Serrane, cum te ante
boues lictor dictaturam induit et tua uxor trepida domum aratra
tulit. (5) alter sensus: ueniente ad se lictore cum insignibus
dictatoris, Quintius Serranus iussit uxori ut has a lictore uestes
acciperet et sibi ad locum in quo arabat afferret. (6) ordo ergo
sermonum iste est: cum te, o Quinti, trepida uxor, id est rei
nouitate perterrita, ante boues dictaturam induit et tua aratra
domum lictor tulit. (7) Quintius autem Cincinnatus cum suum
agrum et araret et sereret, dictatura ei a populo Romano uel
decreto senatus delata est, qui contra Samnites progressus uictor

71(7) uel *om.* R | quod dies quo LU : quod die quo M : quo die R :
quod eo die Vin | est roma U | colatur LUR : colatus M : colitur Vin
71(9) quod pali faciunt eam se expiari LU : quod palilis faciunt eam
expirari M : his palilibus se expiari RBVin   *73(1)* eos *om.* LU   *73(3)*
hanc olim ueteres u. c. s. h. remus et frater sic fortis e. c. M : hanc olim
ueteres uitam coluere sabini uos h. r. efficit LU : hanc olim ueteres uitam
c. s. h. r. e. f. f. f. e. c. R   *73(4)* q. c. t. h. b. d. i. u. e. t. a. d. l. t. R | d. i.
u. LU | lictor domum LU | t. M | rus *om.* M | laudare rus R | atili
serane MVin : attiline serane L : attilinae serranae U : taci serane R : thaici
uel titi sarane B | dictatorem L   *73(5)* aliter est LU | serranus LU :
seranus MR : titius seranus B : atilius seranus Vin   *73(6)* nouitate rei U :
rei publicae natiuitate B   *73(7)* et araret] exararet RBVin : araret U

extitit. (8) qui a serendo Serranus appellatus est, ut Virgilius: 'nec te sulco Serrane serentem' (*Aen. 6, 844*).

75 § EVGE POETA ironia per speciem, quae laudando deridet.

76 § EST NVNC BRISEI QVEM VENOSVS LIBER ACCI *uenosus* id est asper, fortis, ualens. (2) et est sensus: sunt qui contempnentes carminis nobilitatem solos student ueteres poetas legere, ut Accium, qui fortia carmina scripsit, cuius *uenosum* ait *librum,* uel Pacuuium, qui tragoediam de Antiopa scripsit. (3) *Briseum Accium* ideo dixit quia poetae in Liberi patris tutela esse noscuntur. (4) est autem *Briseus* Liber pater cognominatus siue, ut quibusdam uidetur, a mellis usu, eo quod ipse primum inuenisse dicatur mel et ex fauis exprimere. (5) brisin iucundum dicimus, unde etiam quidam Briseidam aestimant dictam quod Achilli iucunda fuerit. (6) uel certe, ut aliis uidetur, ab uua, quod uuam inuenerit et expresserit pedibus; brisare enim dicitur exprimere. (7) uel certe *Briseum* dictum ex nomine nymphae quae eum nutrisse dicitur. (8) *Briseus* ideo quia barbatus colitur Liber pater Briseus cognomine. (9) et *uenosus* quasi inaequalis, horridus; similiter et *uerrucosa Antiopa* quae est tragoedia nobilis. (10) *Brisei* hirsuti, et tractum a Libero patre qui in Graecia est, ubi eius duae sunt statuae, una hirsuta quae dicebatur Brisei, altera lenis quae dicebatur Lenei.

77 § SVNT QVOS PACVVIVS ET V. M. A. *moretur* id est delectet et detineat. (2) *Antiopa* Nictei regis filia ab Epapho per dolum stuprata; ob hoc a uiro Lico spreta est. (3) hanc relictam Iuppiter conuersus in satyrum dicitur compressisse. (4) iratus Licus Dircen in matrimonium duxit, cui suspicio incidit uirum suum cum Antiopa concumbere. (5) itaque imperauit famulis ut eam uinctam in tenebris clauderent; deinde euenit ut includeretur, et instante

---

73(8) serranus UVin : seranus MLRB | serentem] s. M | 75(1) speciem que L : speciemque U   76(1) § *om.* M | l. a. R   76(2) antiope MR : antiopa LUBVin   76(4) mel dicatur M | ex *om.* R   76(5) brisin MLU : brisin enim RVin | quod²] quia R   76(6) uideatur M   76(8) briseus MLUVin : uel brisseus R   76(10) lenis] lenis id est sine pilis RBVin   77(1) pacuuiusque R   77(3) hanc relictam *om.* R   77(4) concurrere L

poena Antiopae Iuppiter pulchritudine seductus et ardore
concubitus eam a uinculis liberauit et impregnauit, ex quo
concubitu in Cyterone monte Zetum et Amphionem procreauit, qui
educati sunt a pastoribus. (6) quos postquam mater Antiopa
cognouit et eis retulit quomodo fuerit a Dirce tractata, Licum
interfecerunt et iniuriam matris Dircis supplicio uindicauerunt. (7)
nam ob crudele seruitium, quod ei fuerat a Dirce impositum,
crudeli tauro illigatam in siluam dimiserunt. (8) hinc fons ille
appellatus est Dirces, qui Thebis uicinus est, quod ex ipso loco in
quo ipsa ossa collecta sunt Dirces emanat. (9) Pacuuius, et ipse
poeta tragicus, legitur ab eis maxime qui quondam ingenio eius
quamuis horrido delectati sunt; cuius est *Antiopa* quam
uerrucosam Persius dixit, quae apud Dircen seruitio oppressa in
squalore fuit sic: 'illuuie corporis et coma promissa impexa
conglomerata atque horrida' (*Pacuu., Antiopa fr. XV R³*). (10)
uerrucae papulae eminentes; s qualore et oppressione Dirces dixit
uerrucosa.

78 § A ERVMNIS COR L VCTIFICABILE FVLTA *a erumnis*
id est miseriis, calamitatibus cor luctuosum habens, eo quod
seruiret Dircae.

79 § HOS PVERIS MONITVS PATRES INFVNDERE
LIPPOS C. V. hoc dicit: cum uideas—quia in senectute fere ita
afficiuntur oculis—non recto parentum iudicio haec ad filios uitia
permanasse non bene sequendi poeticam materiam, cur mireris aut
interroges unde in linguis iuuenum haec loquendi ariditas personet
aut hoc loquendi genus tam sordidum in locutionem uenerit
Latinorum? (2) metaphora pro garrulitatis ardore argutae sine
sensu, qualis strepitus est sartaginis.

77(5) educti M | sunt *om.* LU   *77(6)* matris antiopae R : antiopae
matris BVin | dirces RBVin   *77(7)* miserunt RTB   *77(8)* hic L | ipsa
om. M   *77(9)* est antiopa quam] esse antiopam RTBVin | sic—horrida
om. RTBVin | promissa] prolixa U   *77(10)* squalore] squalore ergo
RBVin | dircis LU | dixit dircis L : dicit dirces T   *78(1)* f. MR | id est
om. R | miseris LU | dirci LU   *79(1)* § *om.* L | monitus pueris R | m.
p. i. l. c. u. M | i. l. c. u. R | non] et non R : et subaudis cum uideas non
TB : et cum uideas non Vin | permansisse L | sequendo RTBVin   *79(2)*
argutae MLU : arguta et RTBVin

81 § VNDE ISTVD DEDECVS locutionis scilicet.

81 (2) § IN QVO TROSSVLVS EXVLTAT T. P. S. L. *trossulos* equites Romanos dixit, qui impudentissime exultant. (3) *Trossulum* autem oppidum fuit Etruriae non longe a Volscis. (4) hoc equites Romani sine peditibus expugnauerunt Numio quodam duce, unde equites Romani trossuli dicti sunt. (5) aut torosi adulescentes. (6) *trossulus* id est breuis et compactae naturae. (7) potest et sic intellegi: ita, inquit, exultant sine respectu honestatis tamquam Trossulum cepissent. (8) *leuis* id est aut ephebus, aut eo quod eques leuis aut citus in leuando se, aut certe *leuis* nihil in se habens seueri iudicii.

83 § NILNE PVDET CAPITI NON POSSE PERICVLA CANO PELLERE Q. T. H. O. A. D. hoc dicit: non est tibi pudicum, non est uerecundiae, ut de capite tuo tam grandaeuo et senili discrimina non abicias? (2) hoc est, ut illa quae inepta sunt et sine uiribus liceat te fauoraliter audire? (3) nomen fictum respondet.

85 § PEDIVS QVID CRIMINA RASIS LIBRAT IN ANTITHETIS *rasis* id est expolitis uel purgatis. (2) *Pedius* quidam illo tempore damnatus est repetundarum; cui cum crimen obiectum fuisset furti, non se fortiter respondendo purgauit sed ex compositione uersuum fauorem quaerebat figuris dictionum seruiens, securus criminum diuersorum. (3) *antitheta* autem sunt haec:

> fortia neglecti uelabant colla capilli,
> et per neglectos uelabant colla capillos;
> aut quotiens umbra porrexi brachia mota,
> aut quotiens umbra reduxi brachia mota.

81(1) item locutionis M   *81(2)* trossulus e. (t.—l. *om.*) R | ex. u. t. per s. l. M   *81(4)* hoc] hinc U | sine—romani *om.* LU   *81(7)* cepissent TBVin : coepissent MLUR   *83(1)* p. p. c. p. q. t. h. o. a. d. M | p. c. p. q. t. h. o. a. R | pudicum non est *om.* M : pudori et Vin | pudicum R : putidum LU | est²] est tibi RB   *83(3)* nomen fictum respondet *om.* RTBVin   *85(1)* l. i. a. M | librat in antithetis rasis *om.* RTBVin | antidotis U | id est RVin : *om.* MLUTB   *85(2)* pecuniarum repetundarum RT(rep. pec.)B   *85(3)* uelabant²] uolabant M | aut¹—mota² *om.* RTB | umbra¹ Vin : umbram MLU | umbra² Vin : umbram MLU

(4) et est sensus: cum proposuerit Pedius in carmine suo crimina furti obiecti purgare, omissa criminis materia ad uersuum figuras et antitheta commigrauit, quae quidem essent in libris eius laudabilia nisi ordinem materiae perturbasset. (5) *librat* id est quadam moderatione uerba trutinat. (6) *antitheta* autem illa sunt quae contra se ponuntur, ut: 'hac parte pudor pugnet, illinc petulantia; hinc pudicitia, illinc stuprum; hinc fides, illinc fraudatio' (*Cic., In Cat. 2, 25*). (7) hinc *doctas posuisse figuras laudatur* quia laudatur Pedius docte figuras posuisse, non crimina soluisse, uituperat aduocatum, qui obiectum crimen non breui sermone diluit sed ambagibus distulit.

87 § BELLVM HOC BELLVM EST AN ROMVLE C. hoc dicit: o Romane, hoc quod laudas et dicis esse bellum uere non est bellum. (2) *an ceues* id est ad turpitudinem inclinatus non sincere iudicas? (3) *ceues* molles et obscenos clunium motus significat: an tu, Romane, uir non es?

88 § MEN MOVEAT QVIPPE ET CANTET SI NAVFRAGVS ASSEM PROTVLERIM ab exemplo uituperat. (2) haec similitudo ducta est ab illis qui mendicantes cantant. (3) hoc ergo dicit: naufragus si uelit ad misericordiam meum animum flectere sola dulcedine cantilenae, materiam autem suae calamitatis opprimat, in nihilo proficit neque ei assem pro concinentia conferam, sicut et poeta a me laudem non meretur qui in solis figuris uersuum neglecta carminis materia uigilauit.

85(4) crimen RTBVin | obiecti RVin : sibi obiecti M : obiecta LU : oppositi TB | e ius *om.* RTB | perturbarent R : perturbassent TBVin *85(5)* modulatione *Jahn* | truncinat M *85(6)* pugnet] pugnat *Cic. 85(7)* f. l. R | l. MU | posuisse figuras LTVin | qui] quo RTB | diluit] purgauit uel diluit RTB *87(1)* b. est a. r. c. M | est *om.* LU | dicis et laudas L | non *om.* MRTBVin *87(3)* ceues RBVin : ceuetes MLU | molles R (*s.l.* uel mollescis) : mollescis uel molles TB : mollescis? molles Vin | motus clunium R *88(1)* s. n. a. p. MR *88(2)* dicta L | his MB : iis Vin | mendicant et RBVin *88(3)* ergo hoc M | concinentia RVin : continentia MLUTB | quia in solis uersibus U | uigilant R : uigilat TBVin

89 § CANTAS CVM FRACTA TE IN TRABE PICTVM EX HVMERO PORTAS apud ueteres passi naufragia tabulam qua fuerant liberati pingebant ne omnibus cladem suam mendicantes narrare cogerentur. (2) inuehitur ergo in illos et dicit: qui me uolet flectere, lacrimis flectat, non cantu uocis. (3) allegoricos arguit malum poetam scripta sua canore uocis commendare, non carminis dignitate.

90 § VERVM NEC NOCTE PARATVM PLORABIT QVI ME VOLET I. Q. *uerum* nomen pro aduerbio 'uere', hoc est 'non simulate'. (2) et hoc dicit: qui meam cupit elicere misericordiam, non exerceat lamentationem ex nocte cogitatam, quia me non flectit quod otium omni die habeat et se plorare fingat.

92 § SED NVMERIS DECOR EST ET IVNCTVRA A. C. obiectio: sed uide quia uersus nisi leuigatus sit pro nihilo est. (2) et est ordo: numeris crudis iunctura addita decor est, id est metris addita iunctura honorem affert. (3) ergo quemadmodum uersus semicrudus lacerat mentes, sic et cibus semicrudus interficit. (4) †arcaismos† subicit: sed uidelicet, inquit, putant se nouum facere decoremque inuenisse crudis et duris sensibus si compositi sint aliqua lenitate, et statim legitima poemata putant se scribere si uersus spondaicos ponunt, duobus ultimis spondeis clausulatos, ut Virgilius: 'cornua uelatarum obuertimus antemnarum' (*Aen. 3, 549*) ex dissyllabo spondeo terminauit.

93 § CLAVDERE SIC VERSVM DIDICIT B. A. hi uersus exempli causa proferuntur; non autem sunt Persii sed poetae

---

89(1) p. e. h. p. M | pictum e. u. p. R | narrare *om.* M   *89(2)* qui Vin : quia qui MLURB | flectet R   *89(3)* scripturam suam U | canore MRTBVin : blandimento canorae LU   *90(1)* ne L | p. p. q. m. u. i. q. M | q. m. u. i. q. R | nomen] non R   *90(2)* dicit *om.* M | quia] qui M | flectet R : inflectet TBVin | fingat RTBVin : fingit MLU   *92(1)* i. a. c. MR | obiectio superioris RTBVin | qui U | nisi leuigatus sit] si (*om.* T) leuigatus sit non RTBVin | fit U   *92(2)* addita[1] *om.* RTB   *92(3)* uersus R (*s.l.* cibus) : cibus TBVin | cibus] uersus RTBVin   *92(4)* arcaismos] sarcasmos Vin : *fort.* asteismos; *cf. Serv. Aen. 2, 547, Charis. 365, 2, schol. Stat. 11, 508, TLL s.v.* | putant se[1]] putamur RTB   putant se[2]] putamur R | ponamus RTB | clausula M : claudentibus RTBVin | ex] et LVin | terminauit R *sicut coni. Wessner* : terminari MLU : terminant Vin   *93(1)* dicit R | d. b. a. M nesciocuius graecissantis, qui cum mare describeret ita dixit *Attin*, *delphin* in extremitate uersuum, quod huius saeculi poetae affectant eorum uitia uersuum. (2) *Berecynthius Attis* non quod Attis Berecynthius carmina scripserit sic composita, sed quod positum sit a poeta illo in fine uersus suae cantilenae tale nomen. (3) similiter et *delphin* bene sonat. (4) et dicit hos uersus Neronis in haec nomina desinentes.

94 § ET QVI CAERVLEVM DIRIMEBAT NEREA DELPHIN id est separabat. (2) Arionem dicit citharoedum, qui a piratis captus, cum ab his impetraret ut caneret, delphines uenerunt. (3) ille se in mare proiciens ab his exceptus ad litus perductus est.

95 § SIC COSTAM LONGO SVBDVXIMVS A. *costam* id est syllabam. (2) et hoc dicit: sicut robur Latinae euirauimus linguae intermiscendo Graecas glossulas, hac etiam consuetudine et spondaicos uersus temptauimus facere et de longitudine heroici metri syllabam ita subtraximus tamquam de longitudine Appennini montis partem aliquam demeremus. (3) *sic costam longo subduximus Appennino* longo uersu, id est heroico, qui prolixior est. (4) ergo sic huic uersui costam, id est syllabam, subduximus et fecimus molliorem s pondiazontem, u t e st *A ppennino* u na syllaba sublata. (5) *costam* dixit et molliorem uersum factum ex eo quod dicantur feminae una costa minus nasci. (6) omnia epicorum carmina ita fere composita sunt ut proximus pes ab ultimo dactylus sit exceptis admodum paucis, quos spondiazontas appellant, ut

saeculi] modi RTB | suorum RTBVin   *93(2)* positum sit R : compositum sit TB : positus MLU | illo RTB : *om.* MLU | suae cantilenae tale nomen (nomen tale TB) RTB : haec cantilenae suae componit LU : *om.* M   *93(3)* sonat LR : sonet MU   *94(1)* d. n. d. M | n. d. R   *94(2)* ab RTBVin : de MLU   *94(3)* exceptus et RT(est et)BVin   *95(1)* c. l. s. a. M | s. a. R | id est *om.* RTB   *95(2)* latinae] carminis leuitate R | peiorauimus U | et² *om.* L   *95(3)* c. l. s. a. M | subtraximus U | s. a. R   *95(4)* ergo—uersui *eras.* U   *95(5)* molliorem RTBVin : mollem MLU | ex eo factum U | dicantur feminae] dicuntur et feminae R : feminae dicuntur TB : feminae dicantur Vin   *95(6)* omnia MLUVin : omnia etiam R | epicorum *Scaliger* : epicureorum MLRVin : heroicorum U | sit] non sit RVin

apud Cornelium Seuerum: 'pinea frondosi coma murmurat
Appennini' *(fr. 10 M.)*. (7) ex dactylo, qui tribus syllabis constat,
transit in spondeum detracta una syllaba, pro qua *costam* dixit.
(8) sed ita placuit ut exempli loco daretur. (9) *longum Appenninum*
non quod a supero mari ad inferum extenditur, sed quod duobus
spondeis terminatur. (10) hoc genus uersus, si quando euenit,
praestat decorem, si affectetur, mouet risum; sunt tamen qui
affectent. (11) *longo Appennino* in longis syllabis extenso.

96 § ARMA VIRVM NONNE HOC SPVMOSVM ET
CORTICE PINGVI VT RAMALE VETVS P. S. C. queritur de his
qui carmina Virgiliana reprehendunt. (2) nonne, inquit, in hoc est
laudandus Virgilius quod ita inchoauerit: 'arma uirumque'? quid
habeat in se iocunditatis uellem uidere. (3) dicit carmina horrida
Virgilii uideri et horridos uersus nihil laetitiae habentes, placere
autem quae ipsi uitiosissime scribunt Graecis decorata nominibus,
atque ita molli et flexa ceruice debeant legi uelut uersus qui
sequuntur. (4) non ita asperum est ut spumam remitteret? (5) ergo
ita puto durum esse hoc initium ut corticem arboris uetustissimae.
(6) *suber* autem dicitur cortex arboris; Virgilius: 'huic natam libro
et siluestri subere clausam' *(Aen. 11, 554)*.

98 § QVIDNAM IGITVR TENERVM ET L. C. L. *tenerum* id
est fluxum, delicatum. (2) *laxa ceruice* molli, madente.

99 § TORVA MIMALLONEIS I. C. B. dicit carmina poetarum
illius temporis plena graecissationibus nullum habere intellectum,
quae tamen cum nescio qua modulatione resonent. (2) *Mimallones*

95(7) dactilo enim RTBVin   *95(8)* loco] causa L   *95(9)* longum
igitur RBVin : longum est T | duobus] dactilis et RTB | spondeis uersus
RT | terminatur RTBVin : terminetur MLU   *95(10)* et si RTB |
affectent R : affectant MLU   *96(1)* n. h. s. (et—c. *om.*) R | e. c. p. u. r. u.
p. s. c. M | uirgiliana] uulgaria L   *96(2)* nonne MLUVin : non R |
inquit MLUVin : inquit persius R | h abet RTB | u ellem uidere] uel
laetitiae RTB   *96(3)* yronicos dicit RTBVin | studiosissime U | ueluti
LU   *96(4)* est] est carmen RTBVin   *96(5)* durum initium hoc U   *96(6)*
et *om.* U   *98(1)* § *om.* U | igitur s. dicam de talibus tenerum et l. c. l. L |
t. e. l. c. l. M   *99(1)* dicit yronicos RTBVin | grecissationibus] grecis
sermonibus rationibus M | cum nescio MVin : nescio cum LURB : nescio
T

dicuntur ministrae Liberi patris ἀπὸ τῆς μιμήσεως, id est a furore
dictae. (3) unde et maniam dicimus et compositione eumenis
nominamus.

99 (4) § TORVA MIMALLONEIS I. C. B. hi uersus Neronis
sunt. (5) Calandrus Illyricorum rex ad Macedoniam cum exercitu
uenit. (6) illi cum paruum exercitum haberent, plurimas mulieres
coturnis et thirsis ornauerunt in modum Baccharum; illi credentes
exercitum aduentare discesserunt. (7) *Mimallones* autem dictae
ἀπὸ τῆς μιμήσεως quod imitarentur furorem Liberi; dicuntur et
bombisonae et Mimallones. (8) hos uersus, uelut dicunt, ipse
Persius finxit in aliorum imitationem quorum scripta sonum
grandem habent, sensum nullum. (9) *bombus* autem sonus est
tubarum raucus nec ualde acutus. (10) idcirco autem in sacris
Liberi patris Bacchae hos sonos tubarum faciunt quia primus
†inde† triumphauit, primus militiae ordinem docuit.

100 § ET SECTVM VITVLO CAPVT A. S. Pentheum
significat Agauae et Ethionis filium, qui Liberum patrem negabat
deum, quem mater Libero sacra faciens, furore correpta, sub
imagine uituli trucidauit, quem mox deposito furore cognouit. (2)
cum in suis manibus caput filii cerneret, conuiciata Libero est. (3)
superbo autem sacrilego, conuicianti Libero.

101 § BASSARIS ipsa Agaue. (2) nam *Bassarides* omnes
Bacchae dictae sunt, sed et ipse Liber pater, ut Horatius: 'non ego

99(2) ἀπὸ τῆς μιμήσεως Vin : apo tes mimeseos MLUR | id est *om.*
M   *99(3)* dicimus] dicimus quasi mamiam R | compositione] per
compositionem R | euemenes LU | eumenis] eumenis quasi eumomis R
99(4) m. i. c. b. M | i. c. b. *om.* R   *99(6)* illi M : illyrici LU : macedones
RBVin : sed T | paruum exercitum RTBVin : partem exercitus M :
partem magnam (magnam partem U) exercitus non LU   *99(7)* dictae R :
dicti MLU | ἀπὸ τῆς μιμήσεως *ed.1601* : apo tu mimeseos MLUR |
imitarent R | et¹] a utem R   *99(8)* u ersus *o m.* M | u elut] uelut a lii
RTBVin   *99(10)* primus¹] prius R | inde LUR : ille M : *om.* Vin; *an*
Indiae? | primus²] cum prius R | *100(1)* sectum MLUR(*s.l.* raptum) | c.
a. s. M | ethionis Vin : etionis M(*s.l.* h.)R : ionis L : iouis U | qui] quia
U | sacra faciens Vin : faciente MLUR; *cf. 99(10)* *100(2)* cum uero L |
conuiciata] qui conuiciatus RB   *101(1)* § *om.* MU | ipsa est LU   *101(2)*
non ego te quatiam candide bassareu id est inuitum capiam R

te candide Bassareu inuitum rapiam' (*Carm. 1, 18, 11 sq.*). (3) quibusdam uidetur a genere uestis qua Liber pater utitur demissa ad talos, quam Thraces bassarin uocant. (4) quidam a uulpibus quarum pellibus Bacchae succingebantur, et lyncium pantherarumque. (5) uulpes inde Thraces bassares dicunt.

101 (6) § ET LYNCEM MENAS FLEXVRA C. *corymbis* id est racemis hederarum. (7) *lynx* est bestia Libero patri consecrata, ut Virgilius ait: 'quid lynces Bacchi u.' (*Geo. 3, 264*). (8) *Maenas* Baccha, a furore dicta; menin Graece furor dicitur. (9) quod significat currui L iberi patris lynces subiungere eosque h edera et pampinis indutos regere, ut Virgilius: 'nec qui pampineis uictor iuga f. h. Liber' (*Aen. 6, 804sq.*).

102 § EVHION INGEMINAT REPARABILIS A. E. *euhion* idem et idem clamitat. (2) quae uox Libero patri celebratur a Bacchis. (3) Liber autem pater *Euhius* dictus est ex eo quod in bello giganteo non apparuisset, et credidit eum pater discerptum a gigantibus et dixit 'eu', quae uox gementis est, deinde adiciebat 'hion' id est ' filium m iserum' u el 'ubi es?' (4) clamantium ergo Baccharum uox est *euhion ingeminat* et *assonat reparabilis e.* (5) est epitheton echonis, quae reparat uerba audita.

103 § HAEC FIERENT SI TESTICVLI VENA VLLA PATERNI V . I. N. quasi i ncrepantis u erba. (2) e t h oc d icit: t am mollia et uirtute rerum carentia carmina qualia sunt haec quae de Bacchis et Satyris scripta sunt, si in nobis aliquid paternae uirtutis

quatiam *Hor.; cf. u. 13* 'sub diuum rapiam' *101(3)* demissa R : dimissa MLUVin *101(4)* quorum U | litium M *101(5)* uulpes] pelles R : pellibus. uulpes Vin | inde Vin : idem MLUR *101(6)* f. c. M | f. (c. *om.*) R *101(7)* belua L | ait *om.* M | b. u. MLU *101(9)* quid L | subiungere] subiectas RBVin | easque . . . indutas RBVin | nec quicquam p. u. i. f. h. liber LU | f. h. liber M : f. h. l. R *102(1)* heuhion ingeminat (r. a. e. *om.*) R | r. a. e. M | a. e. uocis imitatio L | euhion] id est RBVin *102(2)* celebrabatur R *102(3)* pater autem U | adiecit LU | hion RB : ion MLU : ὑόν Vin *102(4)* baccharum uox est R : baccharum uox BVin : bacharum uoce M : a bacharum uoce LU *102(5)* epitheton est RVin *103(1)* t. u. u. p. u. i. n. M | u. p. (u. i. n. *om.*) R remansisset, omitteremus scribere. (3) *haec fierent si t. u. u. p. u. i. n.* id est non talia poemata a quoquam scriberentur si quicquam in nobis uirilitatis esset uel si aliquam partem haberemus qua patres esse possemus. (4) alii tradunt, si non degenerassemus a nostris parentibus uel si masculi essemus, non delumbes.

104 § SVMMA DELVMBE SALIVA HOC NATAT IN LABRIS ET IN VDO EST MENAS ET ATTIS *delumbe* est carmen. (2) *delumbe* autem id est adumbratum nihilque solidi habens, uel fractum, enerue, quia in lumbis uel renibus uirtus est, quod dicit istos non habere.

105 § IN VDO EST MENAS ET ATTIS hoc prouerbialiter dicitur, p osita e sse 'in udo', in l ingua. (2) e t s oluta su nt et n ihil rigidi e t a stricti h abentia *M enas e t A ttis,* u t e x h is u erbis constet †initium uel ipsum ponant qui recitaturi sunt†. (3) *in udo* esse, id est in palato, unde humor nascitur. (4) *Attin* namque et *Menadam* dicere p romptum est e t si ne tormento c ogitatum uenit o re p rimo emissum.

106 § NEC PLVTEVM CAEDIT NEC DEMORSOS S. V. sensus: quomodo potest sensatum esse carmen scribentis cum ingenium leuitas non pondus sequatur? quod nec diu cogitatum est nec fricitum manu quaerentis aliquid mirificum afferre aut quo ungues rursum prae indignatione rosi non sunt. (2) nam qui cum

---

103(2) omitteremus scribere U : amitteremus scribere ML : admitteremus scribere R : componeremus BVin   *103(3)* si t. u. p. (u. i. n. *om.*) R | t. *om.* L | non RTBVin : *om.* MLU | quicquid R   *103(4)* non[1] *om.* L   *104(1)* n. i. l. (et—attis *om.*) R | i. l. e. i. u. e. m. e. a. M | est] deest *Wessner*   *104(2)* delumbe autem *om.* RTBVin | uel fractum enerue] enerue uel fractum L : uel (sed Vin) fractum et enerue RTBVin   *105(1)* m. e. a. M | positam R | in lingua] linguae RTBVin   *105(2)* menas] ut est menas R | initium uel ipsum ponant qui recitaturi sunt] suos (ipsos TBVin) qui recitantur (recitant Vin) RTBVin   *105(3)* esse id est RTBVin : est menas (m. M) e. a. in udo MLU   *106(1)* p. c. n. demorsos s. u. LU | n. d. s. u. R | d. s. u. M | sensus M : sensus est LU : est sensus R : et sensus T : et est sensus BVin | frictum U : factum RTBVin | quo RTBVin : *om.* MLU | prae RTBVin : *om.* MLU | rosi (rasi Vin) non sunt RTBVin : rosisse MLU

cura scribunt ita intenduntur animo ut pulpitum uel tabulam feriant, interdum ungues corrodant, ut Horatius in primo libro sermonum: 'saepe caput scaberet uiuos et roderet ungues' (*Serm. 1, 10, 71*). (3) quorum nihil faciunt leuium carminum auctores.

107 § SED QVID OPVS TENERAS MORDACI R. VERO A. *teneras* id est molles et tractabiles. (2) uel se castigat quod nimium se libere gerat, uel libellus respondet, apud quem Persius, ut supra dictum est, inchoato sermone figuraliter inductis personis locutus est. (3) ergo uera sunt, inquit, quae dicis, sed minime est opus mordaci uero auriculas eorum radere, id est perstringere uel lacerare. (4) et bene *mordaci uero* dixit; ueritas enim habet morsum et odium creat.

108 § VIDE SIS NE MAIORVM TIBI FORTE LIMINA F. *sis* id est sodes, aut certe si uis. (2) ecce praedico tibi: caue ne renuntiet tibi potentum familiaritas et excludaris de domo amicorum cum uis uera loqui. (3) aut certe *limina frigescant* non calefacta frequentatione tua. (4) aut certe *limina frigescant* frigus tibi afferant, id est mortem. (5) hic quasi secunda persona loquitur. (6) *s is* a pud a ntiquos p ro s i uis p onebatur, u t s os su os, sa s s uas, detracta u littera; interdum *sis* pro si uis.

109 § SONAT HIC DE NARE CANINA L. *hic* id est in domo diuitum. (2) nam canes lacessiti uidentur, si hirriunt, r litteram

---

106(2) i ntendunt U RB | p ulpitum] p luteum R TBVin | i nterdum] interdum etiam R : interdum et T : interdum et etiam BVin | libro *om.* RTBVin   *106(3)* nihil faciunt MLUVin : nihil id est ungues non rodunt nec pluteum caedunt nec ut bene faciant laborant faciunt RTB   *107(1)* t. m. r. u. a. M | mordaci—teneras *om.* R | molles] molles uel mobiles L : molles U (*corr. ex* mobiles)   *107(3)* opus est UTBVin   *108(1)* n. m. t. f. l. f. M | maior tibi f. l. f. R | forte *om.* L | sis *om.* RTBVin | sospes U | aut certe] uel RTBVin | si uis aut certe caue R   *108(3)* non] id est non R   *108(4)* frigus] id est frigus RTBVin | frigus] frigorem M   *108(5)* hic— loquitur *om.* RTBVin (*cf. 112[5]*)   *108(6)* si uis] suus L | suos] pro suos RTBVin | suas] pro suas RVin | si uis *Jahn* : si uis sonat URVin : suis sonat ML   *109(1)* n. c. l. M | c. l. R | diuitis M   *109(2)* uidentur, si hirriunt, r *Wessner* : uidentur surruuntur M : si cirriuntur uidentur LU : conantur r RTBVin : sic hirriunt ut uideantur r *F. Marx ad Lucil. fr. 2*

minitabundi exprimere. (3) idem facturos diuites ait si uerum audiant.

110 § PER ME EQVIDEM SINT OMNIA PROTINVS A. et Persius: 'quod ergo irascuntur si aliquid de ipsis dixero, nihil dico.' (2) *sint omnia alba* id est bona, quomodo et malum nigrum dicimus, ut Horatius: 'hic niger est, hunc tu, Romane, caueto' (*Serm. 1, 4, 85*) et Iuuenalis: 'maneant qui nigrum in candida uertunt' (*3, 30*).

111 § EVGE OMNES haec pars orationis laus est.

112 § HOC IVVAT HIC INQVIS VETO QVISQVAM FAXIT OLETVM PINGE DVAS A. inquis quod hoc delectet aures eorum ut ueritatem non audiant. (2) ita est, consentio et ego uoluntati tuae neque audeo in quoquam tua carmina uitiare, non ueritati sed uoluntati tuae inseruiens, ut pueris, ne in loco sacro micturiant, anguium pictura terrori est. (3) ergo tam ualde interdicunt diuites ne uituperentur quam qui aliquem locum urina olere nolunt pingunt duos serpentes iuxta consecrationis similitudinem. (4) *faxit* prisca consuetudine pro faciet. (5) allegoricos: nolo quisquam uituperet. [hic quasi secunda persona loquitur.] (6) *pinge duos angues* qui sub specie religionis meiere uolentes submoueant. (7) mos autem erat ut tabernarii, cupientes submouere pueros ne mingerent stationum suarum angulos, pingerent supra duos angues, deinde interdicerent micturientibus ostendentes eis religionem loci. (8) eorum ergo exemplo interrogat amicum: uis a me neminem maledici? defini quae uitia non oporteat tangi.

109(3) diuites *om.* L | facturum lites aut M   *110(1)* s. o. p. a. M | protinus omnia L | p. a. U | quod M : quid LR : quia Vin : quandoquidem *in ras.* U² *110(2)* sunt M T | hunc] h inc L *1 11(1)* omnes *om.* RTBVin | est laus RTBVin *112(1)* § *om.* LU | hic] hinc LU | h. i. u. q. f. o. p. d. a. M | q. f. o. p. d. a. R | a. U *112(2)* ita] si ita RTBVin | audio LR | tua] sua U | carmina tua RTBVin *112(3)* quam MVin : tamquam LURTB | urina infectum RTBVin *112(4)* § faxit M *112(5)* nolo me RT | hic—loquitur RTBVin : *om.* MLU (*cf.* 108[5]) *112(6)* sub specie religionis qui RTBVin *112(7)* submouere *om.* MR : terrere BVin | per stationum RTBVin | pingerent RTBVin : pingebant MLU | interdicerent RTBVin : interdicere MLU *112(8)* eorum ergo M : eorum ergo hoc L : eorum ergo hoc loco U : et horum (*s.l.* ergo) R : horum ergo T : et hoc B : tabernariorum ergo Vin | si uis LU | uitia quae U

114 § SECVIT LVCILIVS VRBEM TE LVPE TE MVCI ET GENVINVM FREGIT IN ILLIS quid igitur? quamuis aliis licuit mihi non licebit? certe nouimus Lucilium in urbe Roma satirographum ita inuectum in uitia ut uideretur non mores carpsisse sed homines necasse et uulnerasse. (2) quos enim non uituperauit et uitiauit? (3) considera Lucium, Mucium, et alios proceres nostrae rei publicae. (4) nec tamen ei nocuit iracundia laceratorum, sed profuit. (5) ita autem inuectus fuit in uitia nimio furore iracundiae elatus ut frangeret genuinum illorum. (6) *genuinus* proprie dicitur dens qui sub genis est, qui una cum homine nascitur, una cum eo interit. (7) qui dens a Graecis soponister[es] uocatur. (8) uel dentes uehementer mordent genuini, quos Graeci †cynonas† appellant. (9) alii eiusdem numeri molares ultimi in utrisque maxillis, qui post uicesimum annum accrescunt, sifonisteres dicuntur, qui nascuntur prudentibus. (10) *urbem* autem ideo dixit *secuit* quia tribus omnes XXV lacerauit, ex quibus urbs tota constat.

116 § OMNE VAFER VITIVM RIDENTI F. A. T. E. A. C. P. L. C. E. P. S. N. [*excusso* emuncto.] (2) Horatius Flaccus non cum inuectione, ut Lucilius, hominum uitia castigauit, sed ut rideret is

---

114(1) secuit lucilius urbem (te¹—illis *om.*) R | u. t. l. t. m. e. g. f. i. i. M | quamuis] quod RTBVin | in mores non mores R   *114(3)* rei publicae BVin : rei p. MRT : r. p. LU   *114(5)* in] ad L   *114(6)* dicitur proprie U : dicitur T : proprie Vin | una²] et una RTBVin   *114(7)* soponisteres (soph- TB) RTB : siponesteres M : sifonisteres LU : σωφρονητὴρ Vin   *114(8)* mordent] mordentes RBVin : mordaces T | genuini dicuntur RTBVin | cynonas MU : cinonas LR (*s.l.* uel tas) : notas TB : κυνόδοντας Vin   *114(9)* ultimos RB | utriusque U | accrescant R | sifonesteres—prudentibus] σωφρονιστῆρες dicuntur qui (*uel* quia) nascuntur prudentibus *Wessner* : sifonesteres (-neteres M) nascuntur qui prudentibus MLU : et sponte renascuntur R : et sponte nascuntur TBVin   *114(10)* ideo *om.* RTB | xxv] uiginti quinque *ed.1601* : triginta quinque Vin   *116(1)* r. a. t. e. a. c. p. l. c. s. p. f. n. M | r. f. a. t. (e.—n. *om.*) R | excusso emuncto *om.* RTBVin; *cf. 118(2)*   *116(2)* cum inuectione RTBVin : prouectione ML : proditione U | rideret is U : rideretis L : ridetis M : rideret et is RT(his)BVin

qui emendabatur, quamuis circa uiscera eius medendi praecepta uersarentur, i ta ut a mici q ui audirent e um r ecitantem [Horatium] reputarent non tangi uitia ipsorum. (3) deinde cum dicta diligentius apud se pertractarent, uiderunt uitia sua per illum descripta, tamen eum lacerando minuere non passi sunt.

118 § CALLIDVS EXCVSSO POPVLVM SVSPENDERE NASO s ciens p opulum s ecundum a rbitrium suum t ractare † uelut imo stabili sede†. (2) *excusso naso* emuncto, unde intellegitur prudenti, ut e contrario qui stulti sunt mucosi dicuntur, ita prudentes emuncti. (3) Horatius Flaccus subtili oratione eos quibus recitabat lacerauit.

119 § MEN MVTTIRE NEFAS hoc dicit: Lucilius libere reprehendit alios, et Horatius; mihi autem aliquid muttire nimium est? (2) prouerbialiter dicimus 'muttum nullum', id est nullum emiseris uerbum.

119 (3) § NEC CLAM id est nec occulte. (4) ita dictum est ut si dixisset *men muttire nefas* nunc consequens est et *clam* et *cum scrobe nefas*.

119 (5) § NEC CVM SCROBE N. Midae tangit historiam, quae talis est: Mida rex Lydiae fuit cognitor adhibitus a Marsya et Apolline decertantibus inter se, quorum audita cantilena praeposuit Marsyam. (6) iratus Apollo damnauit eius stultitiam auribus asininis, quas ab omnium conspectu corona imposita prohiberet.

---

quamuis *om.* RTBVin | eius *om.* U | praecepto RTBVin | uersarentur U : uersentur ML : uersabantur RBVin : uersa T | amici] uel alii amici R | horatium *om.* R(*s.l. s.* horatium)TBVin | reputarent RTB : reputabant MLU : putarent Vin | uel uitia LU   *116(3)* munere M : *om.* RTB   *118(1)* e. p. s. n. M | p. s. n. R | populum RTBVin : populum seruire uel MLU | uelut imo (immobilis U) stabili (stabile LU) sede MLU : *om.* RTBVin   *118(3)* flaccus RBVin : flaccus qui MLU | recitabat lacerauit R : recitabat laceraret ML : laceraret recitabat U : recitabat lacerabat T : recitauit lacerabat BVin   *119(1)* hoc—nimium *om.* L | deprehendit M   *119(2)* dicimus RTBVin : dicitur dicimus MLU | nullum mutum M | emiserit M   *119(3)* nec[2] *om.* MB : non Vin   *119(4)* ut] ac RTB   *119(4-5)* nefas[1]—n.] nefas (n. RT) nec clam nec cum scrobe RTBVin   *119(5)* § *om.* U | a *om.* U   *119(6)* eum L | prohiberet MLU : prohibebat RBVin

(7) dum tonderetur a suo liberto tonsore, metuens diuulgari, ei poenam imposuit. (8) cum silentium quoque intra se continere non posset, scrobem fecit et ita quod uiderat terrae inculcauit, ex qua nata est canna; siquidem ex eadem canna pastores fistulam fecerunt, et cum ipsi aliquid decantare uellent, fistula tonsoris uerba narrabat, id est 'Mida rex auriculas asini habet.' (9) quod autem inculcatum seminibus fuerat, hoc ipsum canna cantabat. (10) hoc ergo Persius dicit: nec illius more tonsoris clam licebit super scrobem garrire quia mihi non licet aperte nec clam conquestionibus uti.

120 § HIC TAMEN INFODIAM ut quod ille scrobi insussurauit, ego tibi, libello meo, committam. (2) *infodiam* id est incipiam ad librum meum dicere: 'o libelle, uidi homines stultos in hac ciuitate.' (3) et dicitur Neronem et Claudium tetigisse sub allegoria Midae, qui aures maximas habuerunt. (4) denique Persius hoc mutauit ita ponens *auriculas asini quis non habet?*, sed ueritus est ne Nero in se dictum putaret. (5) perseuerauit autem in metaphora, quod dixit *infodiam*, quia superius dixit *in scrobe*. (6) *quis non habet* pro Mida rege posuit.

121 § HOC EGO OPERTVM HOC RIDERE MEVM TAM NIL NVLLA TIBI VENDO ILIADE sensus: hoc carmen meum, quod latens est et obscurum et nullius momenti et ridiculosum atque ineptum, quod ego composui, quo rideo, quo delector, non tibi illud dem si mihi Iliada Labeonis aut Neronis tradas. (2) scripsit enim Nero Troicon. (3) hoc autem per ironiam dicit. (4)

119(7) tonderetur MLU : tonderetur autem RBVin | a *om.* U | metuens] metuens hoc ab eo RB   *119(8)* et ita] ita LU | terrae] canna terrae RBVin | incusauit (*s.l.* inculcauit) R | ex—canna U : *om.* MLRBVin | narrabant R | id est] idem R   *119(9)* inculcatum (incultum M) seminibus ML : re inculcatum seminibus R : pre inculcatum seminibus B : terrae seminibus inculcatum Vin   *119(9-10)* seminibus—illius *om.* U *119(10)* at quia M   *120(2)* est] est inscribam (scribam B) uel RTBVin | dicere MRTBVin : dicere uidi ipse libelle auriculas asini quis non habet LU   *120(4)* componens L : dicens T   *120(6)* mida rex L | posuit *om.* U *121(1)* h. r. m. (tam—iliade *om.*) R | sensus est LU | et¹] uel RTB : *om.* MVin | et² *om.* MLUVin | iliada MLVin : iliadas RT : iliaden U : iliadem B | neronis] neronis troicon RTBVin

risus occultus significat non plebeiam personam annotari, quoniam in Neronem dixit.

123 § AVDACI QVICVMQVE A. C. I. E. P. C. S. P. metaphora ab incendio: afflatus es. (2) Cratinus, Eupolis, et Aristophanes Atticarum comoediarum auctores fuerunt, ut meminit Horatius: 'Eupolis atque Cratinus Aristophanesque poetae' (*Serm. 1, 4, 1*). (3) primi etiam exemplum dederunt libere scribendi, qui cum amaritudine multa inuecti sunt in principes ciuitatis; propter quod lege duodecim tabularum cautum est ut fuste feriretur qui publice inuehebatur. (4) nam unicuique suum epitheton dedit, siquidem *audacem* Cratinum dixit, *iratum* Eupolidem, Aristophanem *praegrandem,* quia nullus eum poeta satirographus antecedit. (5) et hoc dicit: qui afflatus es Cratino et palles legendo Aristophanem, et mea carmina lege.

125 § ASPICE ET HAEC SI FORTE ALIQVID DECOCTIVS AVDIS metaphora a uino, quod coquitur ad dulcedinem. (2) aut certe translatio est de conflato auro uel argento, quae quanto magis coquuntur, tanto magis praefulgent. (3) ergo hoc dicit: uide si possunt tibi mea dicta placere, siquidem in meis dictis aliquid pulchrum inueneris, quicumque instructus animum Cratini satira mihi uenis auditor. (4) *decoctius*, *uaporata* translationes pulchrae.

126 § INDE VAPORATA LECTOR MIHI FERVEAT AVRE *inde* id est illorum scriptis accensus ueniat qui uult mea carmina legere.

127 § NON HIC QVI IN CREPIDAS GRAIORVM LVDERE GESTIT S. nullus uerbi pensator, moribus scilicet sordidus. (2) et hoc dicit: non ille me legat qui habitum Graecorum cupit deridere,

121(4) occultos LU   *123(1)* q. (q. a. U) c. i. e. p. c. s. p. LU | i.—p.² *om.* R   *123(2)* atticarum *Wessner* : arcearum M : artarum L : thenarum U : graecarum *Jahn* : *om.* RTBVin   *123(3)* qui] quia U | ut] in M | in publice L   *125(1)* h. s. f. a. d. a. M | a. d. a. R   *125(2)* uel] aut M | praefulgent MLVin : perfulgent RTB : profulgent U   *125(3)* inuenis R : inuenies TBVin | instructus RTBVin : instructum MLU   *126(1)* § *om.* M | inde u. u. m. f. a. M | m. f. a. R | aure] a. U | inde *om.* RTBVin   *127(1)* non hic qui RTBVin : non qui MLU | g. l. g. s. M | g. l. g. (s. *om.*) R | s.] G. LU   *127(2)* me ille U | habitu MLU | cupit mea MLU cum sit impudicus et iocari sibi sine urbanitate permittat. (3) hoc de Nerone qui inuehitur contra tragoediographos. (4) aliter: qui patitur philosophorum calciamenta risu digna iudicare. (5) *gestit* id est gaudet. (6) *crepidas* caligulas quibus philosophi utuntur.

128 § ET LVSCO QVI POSSIT DICERE L. naturalia uitia sunt, ut sit homo luscus; hominum uitia sunt, ut sit quiuis improbus in moribus. (2) ergo qui sapiens est quod naturale est uitium non imputat. (3) hoc ergo dicit: nec ille mihi sit auditor qui fortunae uitia deducet ad iocos, id est stultus, dum moribus debeamus esse obnoxii.

129 § SESE ALIQVEM CREDENS ITALO QVOD HONORE SVPINVS FREGERIT E. A. E. I. *supinus* id est superbus. (2) inquit: nec ille mihi sit auditor qui se putat honoratum et incomparabilem propter quod meruit dignitatem aediliciam in aliquo oppido Italiae, fracturus inaequales mensuras, id est minora uasa ex Arretio municipio, ubi fiunt Arretina uasa.

131 § NEC QVI ABACO NVMEROS ET SECTO IN PVLVERE METAS S. R. V. *uafer* id est stultam urbanitatem habens. (2) nec ille mihi sit auditor qui deridet stulta urbanitate geometras. (3) *abacus* enim dicitur mensa in qua geometrae designant loca uel mensuras puluere uento consperso. (4) nec illo delector qui alienus litteris liberalibus deridet artem geometricam. (5) qui geometrae consueti sunt abaco, id est stilo, formas aliquas et mensuras in summo terrae annotare.

ioca risus sine LU | permittat R : permittere M : permiscet U : permisceret L : permansit TB : permittet Vin   *127(3)* inuenitur M *127(4)* risui M : risus U | iudicare MLUVin : iudicari R   *128(1)* et qui p. d. l. M | qui post qui possit dicere l. R   *129(1)* a. c. i. q. h. s. f. e. a. e. i. M | q. h. (supinus—i. *om.*) R   *129(2)* propter quod RTBVin(propterea quod) : qui MLU | aretiana M   *131(1)* n. e. s. i. p. m. s. r. u. M | i. p. m. (s. r. u. *om.*) R | uafer *om.* MRTBVin   *131(2)* stulta urbanitate geometras RTBVin : urbanitatem mechanicorum MLU   *131(3)* mensa dicitur U | mensuram U | uento consperso MLU : consperso RT : conuerso B   *131(4)* illo RTBVin : illum MLU | artem *om.* RTVin : autem B   *131(5)* geometrae RVin : geometrici MLU | abaco MLU : abaco radio RVin | aliquas formas M | in] uel in R | summum LU

132 § MVLTVM GAVDERE PARATVS SI CINICO BARBAM P. N. V. ille stultus paratus gaudere si uiderit meretricis manum delicatam philosophi barbam tenentem. (2) quod de Diogene Cynico philosopho dicitur et Laide meretrice. (3) *Cynico* ideo quod habeant philosophi communem uitam. (4) item quibusdam uidetur derideri ista res, sed minime; nam potius impudentia meretricis laudanda est, non patientia philosophi deridenda. (5) *nonaria* autem dicta est meretrix, quia apud ueteres a nona hora prostabant, ne mane omissa exercitatione militari illo irent adulescentes. (6) significat tamen Laidem, quam Diogenes amabat.

134 § HIS MANE EDICTVM POST PRANDIA CALLIRHOEN DO in usu fuit ut praetores edicta praeponerent certis temporibus compellentia debitores satisfacere creditoribus. (2) s i h uiusmodi h omines u idero d erisores r erum p ropositarum a me, inuicem mutabo eorum risum in lacrimas ostendendo eis edictum praetorum, cuius aspectus debitoribus horribilis est. (3) ac simul ut incaluerint poto uino, do illis cantandam tragoediam poetae cuiusdam indocti qui Callirhoen uel aliquam historiam pueriliter et indocte scripsit. (4) uel ut alii dicunt, haec Callirhoe nympha fuit, quam Paris ante Helenae raptum habebat, quae deserta multum dicitur rupti amoris dulce fleuisse consortium. (5) hanc comoediam scripsit Atines Celer pueriliter. (6) uel certe Callirhoe pantomima. (7) *mane* ergo *edictum* praetoris scilicet ob culpam uel aes alienum, *post prandium* autem uoluptates. (8) nolo me legant circulatores, qui mane edictum consulis aut imperatoris populo recitant, meridie leuia carmina dicunt.

132(1) g. p. s. c. b. p. n. u. M | b. p. n. u. R   *132(2)* laide LUR : lude M   *132(3)* philosophi] pilosi M   *132(4)* uidetur in philosopho RTBVin | laudanda] uituperanda RTBVin   *132(5)* prostabant Vin : prostabantur M : prostrabantur R : prosternebantur LUT : prostituebantur B   *134(1)* m. e. p. p. c. d. M | p. p. c. d. R | praetores] praecones M   *134(2)* igitur si RTB : ergo si Vin | uidere M : uideo U | ostendo MUTB | praetoris RTB : praetorium Vin   *134(3)* ut RB : atque Vin : eoque M : eo quo U : eo L | poto (*s.l.* ta U) uino MLU : potu et uino R : potu TBVin | do URT(de)B : idem M : id est L | docti M   *134(4)* callirhoe RTBVin : callirhoen MLU   *134(5)* antines LU   *134(7)* uel] uelut propter R | alienum *nos* : alienum dem MLR : alienum do U : alienum deinde Vin

IN SATIRAM SECVNDAM

1 H anc satiram scribit ad Plotium Macrinum de bona mente significatque eodem die eiusdem Macrini natalem esse, quem diebus l aetis a lbo c alculo more C retensium i udicat a ssignandum. (2) nam Cretenses definientes uitam ex laetitia constare dies laetos albo lapillo et tristes nigro indicabant. (3) postea facto computo lapillorum uidebant quantos dies in anno laetos uixerint et eos se uixisse testificabantur. (4) nam et in tumulo cuiusdam ita scribebatur: uixit annos tot, durauit tot. (5) est autem hic sensus et in Horatio: 'Cressa ne careat pulchra dies nota' (*Carm. 1, 36, 10*). (6) et dicit placandos esse deos non sumptuosis sacrificiis sed solo mero ideo quod ab eis Macrinus nihil iniustum petat, nisi hoc solum quod possit etiam sine sacrificiis mereri; bona enim hominibus d ii s ponte c oncedunt. (7) i rridet a utem e os q ui p utant effectum suae malitiae sumptuosis sacrificiis promereri. (8) alloquitur Macrinum sane hominem eruditum et paterno se affectu diligentem, qui in domo Seruilii didicerat, a quo agellum comparauerat indulto sibi pretio aliquantulo.

2 § QVI TIBI LABENTES APPONIT C. A. *labentes* dicit natura lubricos, ut Ouidius: 'labitur occulte fallitque uolubilis aetas, et nihil est annis uelocius' (*Met. 10, 519sq.*), ut Horatius:

---

tit. AD PLOTIVM MACRINVM DE BONA MENTE R : *tit. om.* M : AD PLOTIVM MACRINVM (SCRIBIT *s.l.* U²) DE BONA MENTE VT (ET L, *s.l.* U²) DIEM NATALEM SVVM HILARI MENTE EXCIPIAT LU   *1(1)* scripsit *ante corr.* R | scribit *om.* U, *post* mente *add.* U² | diebus laetis] diem laetitiae U²   *1(2)* nam RTBVin : quod MLU | indicabant RU²BVin : iudicabant MLU   *1(3)* uixerint *Clausen* : uiderint MLU : uixerant uel habuerint R : uixerant BVin : uixissent T | et *om.* R *1(4)* n am—scribebatur *o m.* M | a nnis R   *1 (6)* i deo quod MRBVin : ideoque LU | iniuste U   *1(7)* irrident L | effectum BVin : affectum MLURT   *1(8)* sane RBVin (hominem sane) : sibi M : sicut LU | patris U | qui in *om.* U | seruili MLU | angelum M, *corr.* M² *2(1)* § *om.* U | ap. p. c. a. R | a.] u. M | et nihil] quod M

'heu heu fugaces, Postume, Postume, labuntur anni' (*Carm. 2, 14, 1sq.*). (2) *apponit* autem dicit adiungit, quia ad praeteritos alii accedunt; item Horatius: 'et illi quos tibi dempserit apponet a.' (*Carm. 2, 5, 14sq.*). (3) *labentes* non est annorum epitheton, sed ad calculos redige.

3 § NON TV PRECE POSCIS EMACI QVAE NISI SEDVCTIS N. C. D. non, inquit, ea poscis emaci prece quae nisi secreto optari non possunt propter ipsius turpitudinem uoti, sed illa scilicet et aperte petis quae bonae fidei sunt. (2) et notandum *prece* numero singulari, ut Horatius: 'prece qua fatigent uirgines sacrae minus audientem c. V.' (*Carm. 1, 2, 26sq.*). (3) *emaci prece* dixit ab emendo quod emat uotum precibus. (4) *seductis* id est a dono corruptis diis, quia putant impia postulantes promissis uotis deorum redimere uoluntates.

5 § AT BONA PARS PROCERVM TACITA LIBABIT A. satirice carpit nobiles personas, licet ad amicum scribat, et cum aliud agere uideatur, efficit tamen aliud. (2) *bona* autem ait magna. (3) *acerra* autem patera in qua libabatur, ut Virgilius: 'et plena supplex u. a.' (*Aen. 5, 745*). (4) aut *acerra* id est arca turis. (5) *tacita* autem ait pro ipsi taciti, qui ideo palam non orant ne iniqua eorum petitio audiatur. (6) iusta principum pars cum sacrificat nihil n eque murmure neque clam a d iis p etit, s ciens d eum nosse quibus indigeat. (7) *tacita acerra* id est sine hostia aut tacita prece acerra libabit.

6 § HAVD CVIVIS PROMPTVM EST MVRMVRQVE HVMILESQVE SVSVRROS TOLLERE DE TEMPLIS ET A. V. V. non cuiuis facile est, nec potest hoc inueniri in homine ut faciat

heheu R | postume *semel tantum* R   *2(2)* item R : idem MLU | a. *om.* R   *2(3)* labentes--redige *om.* RTB *3(1)* quae--d. *om.* RTB | uoci M | aperte] per te U   *3(3)* uotum] uotum deorum RTBVin   *3(4)* seductis id est RTB : *om.* MLU | a] ac LU : *om.* Vin   *5(1)* bona *om.* M | tacita libabit a. M : tacita l. a. LU : t. l. a. R   *5(3)* autem RBVin : *om.* MLUT   *5(3-4)* in—acerra *om. sed in mg. add.* R   *5(3)* ut R : *om.* MLUVin | supplex] s. LU   *5(4)* aut acerra RTBVin : *om.* MLU   *5(5)* palam *om.* U | orant MLUTBVin : orent R   *5(6)* iusta T : ista M : aliter iusta LU : iusta (iuxta B) uero RBVin | a *om.* M | deum sciens U   *6(1)* c. p. e. m. q. h. q. s. t. d. t. s. a. u. u. M | m. h. s. R (tollere--u. u. *om.*) | id est non L | potest inueniri homo ut M

uota euidenter et dilucide, asciscens omnium notitiam testem. (2) difficulter potest inueniri qui sine murmure et susurro uota faciat; paene enim nemo aequa precatur. (3) alia expositio: non potest quiuis sine murmure optare, nec facile cuiquam contingit clare a diis postulare quae petit. (4) *<humiles susurros>* pro eis qui humiliter fundunt [humiles] susurros, ut Virgilius: 'per gentes humilis strauit pauor' (*Geo. 1, 331*), id est qui est humilium animorum.

8 § MENS BONA FAMA FIDES HAEC CLARE ET VT A. H. *hospes* pro quolibet ignoto posuit. (2) et hoc dicit: mentem bonam, famam, fidem clare optant ita ut omnis praeteriens audiat. (3) quia haec nullum lucrum in se habent, sine aliqua dubitatione peregrinis auribus committunt, ut bene sentiant eorum mentes et ut aestimationi eorum placeant.

9 § ILLA SIBI INTRORSVM ET SVB LINGVA M. ea de quibus erubescerent ne quis audiat murmure intra suam conscientiam celebrant et magis animo hoc deprecantur, neque ultra murmur uota nefaria efferunt conscientia sua deterriti. (2) haec intra se uoto nequiore agit ut patruus moriatur uel ut pecunias inueniat, aut pupillus cuius hereditati ipse proximus est intereat.

9 (3) § O SI EBVLLIAT PATRVVS PRAECLARVM FVNVS ypallage: non *praeclarum funus*, sed quia praeclaram dat hereditatem. (4) uel *praeclarum funus* si patruus ebulliat. (5) *ebullire* autem proprie dicitur exspirare. (6) metaphora a bulla, quae aliquo uenti tenore sustentatur; quae cum in aqua fiunt

---

6(2-3) qui—potest *om.* M *sed in mg. sup. add.* qui sine murmure et susurro uota faciat pene enim nemo equa precatur Aliqua exposicio Id est non potest *6(2)* aeque U *6(3)* non RBVin : id est non MLU | quiuis URTBVin : qui M: quis L | contigit R | a *om.* M *6(4)* humilesque susurros *add. Jahn* | qui humiles fundunt humiliter susurros U | humiles *del. Clausen* : homines TB | statum M *8(1)* f. f. h. c. e. u. a. M | haec-- h. *om.* R. *8(2)* haec U *8(3)* quia] et quod RVin | dubitatione et ideo RTBVin | committant U | aestimatione L *9(1)* i. e. s. l. m. M | l. m. R | at ea RTBVin | ea de] eadem M | hoc *om.* L *9(2)* agunt RTBVin *9(3)* p. f. R | f. M | funus *om.* R *9(4)* uel] ut L | ebulliat R : ebullit MLU *9(5)* autem] dicit L (*s. l.* autem) | non prie M | expirare RTBVin : ex(s)pirasse MLU *9(6)* aliquo—rumpuntur *om.* U | cum RVin : *om.* ML

cadentibus guttis rumpuntur et spiritum quo continentur amittunt; ex quo etiam prouerbialiter dicitur: homo bulla est. (7) propterea *ebullit*, id est exspirat. (8) nam cum ebullit aqua igne subiecto, altius quidam uapor emittitur. (9) eleganter dixit *ebulliat*, siquidem senum fata tarde coquuntur, hoc est terminantur heredum cupiditate praecipiti.

10 § ET O SI SVB RASTRO CREPET ARGENTI MIHI SERIA DEXTRO H. item optat ut, dum rusticum opus exercet, Hercule propitio thesauros inueniat. (2) et idcirco *Herculem* ponit quod a ut i pse s it d eus l ucri a ut q uod d iuitiae n on s ine u irtutibus adquirantur, aut quia Hercules labore proprio omnia adeptus est bona. (3) *seria* doliolum fictile et oblongum.

12 § PVPILLVMVE VTINAM QVEM PROXIMVS HERES IMPELLO EXPVNGAM non utique cuius tutor sit, sed puerum adhuc intra pupillares annos constitutum et nondum suae tutelae, cuius secundus heres substitutus est. (2) quem scabiosum bilicosumque ideo dicit tamquam ex hoc speret celerius moriturum. (3) *expungam* proprie foras mittam; tractum a militibus, qui expuncti dicuntur dum foras e militia emittuntur. (4) *impello* autem ait prosequor.

13 § NAM ET EST SCABIOSVS merito sperat eum cito esse moriturum, et deos precatur quod illum uideat et plenum scabie et uehementi calore frequentius excitari.

13 (2) § ET ACRI BILE TVMET id est melancolia. (3) metaphora a bello, in quo cadente qui primus est succenturiatur

---

9(7) id est LUTBVin : est R : *om.* M   *9(8)* nam] at R | quiddam U² | uapor RTBVin : uaporabilis MU : uaporalis L : uaporabile U²   *9(9)* ideo eleganter RTBVin | ebulliat RTBVin : ebullit MLU | facta L | coquuntur RTBVin : coquantur MLU | terminantur RTBVin : terminentur MLU   *10(1)* s. r. c. a. m. s. d. M | s. d. R | d. L | idem R   *10(2)* proprio labore U | omnia *bis* R   *10(3)* dolium RBU²Vin | et *om.* RBVin | ablongum M   *12(1)* q. p. h. i. e. M   h. i. e. R | intra MLU : inter RTBVin | cuius² MLUTBVin : cui R | subsecutus U | est RTBVin : est effecerat MLU   *12(3)* foras² MLVin : foris UR   *13(1)* et R : *om.* MLU | s. M | uideat et] faciant et Vin : faciant R | calore RB : colore MLT : dolore U : cholera Vin   *13(2)* tumet *om.* R

secundus. (4) itidem in stipendiis pro meritis accipiunt mercedem, et primo mortuo secundus succedit.

14 § NERIO IAM TERTIA CONDITVR VXOR *Nerio* nomen fictum est. (2) Nerius quidam morte coniugum locupletatus faenerator factus est notissimus. (3) de hoc Horatius ait: 'scribe decem Nerio' (*Serm. 2, 3, 69*). (4) ille, inquit, nobilitatur coniuges tumulando, mea uxor nec aegrotare patitur. (5) dos enim ciui Romano data, non ex patrio dictata nomine, si repudium non interuenerit, post mortem uxoris ad maritum pertinet.

15 § HAEC SANCTE VT POSCAS TIBERINO IN GVRGITE M. M. C. BIS TERQVE ET NOCTEM FLVMINE P. tempore quo haec postulas, tu, quisquis es auarus, putas te caste petere si lotus petieris, propter quod nocte coitu sis inquinatus.

17 § HEVS AGE RESPONDE MINIMVM EST QVOD SCIRE LABORO DE IOVE QVID SENTIS ad auarum dicit poeta uotorum talium editorem: ne te pigeat uno uerbo. (2) *minimum est quod scire laboro* id est quod te consulo. (3) Iouem illum, quem postulas talia, qualem esse putas? excordem et dementem esse qui assentiat huiusmodi precibus, id est consentiat?

18 § ESTNE VT PRAEPONERE CVRES HVNC CVINAM CVINAM VIS STAIO *Staio* nomen fictum, quomodo supra *Nerio*. (2) Aelius Staius in Iuniano iudicio et consortio sedit, qui pecuniam a reo et accusatore accepit, decepitque utrumque. (3)

13(4) itidem--succedit *om.* L | stipendiis *Jahn*: sopiendis MLUR | pro meritis *om.* U | succedit secundus U *14(1)* conditur tertia U *14(2)* nerius RTBVin : nerio MLU *14(3)* a Nerio *Hor.* *14(5)* ciui] a ciue RTB : a ciui Vin | patria L *15(1)* u. p. t. i. g. m. m. c. b. t. q. et n. f. p. M | c. *om.* U | bis--p. *om.* R | ad auarum dicit poeta uotorum talium editorem ne (nec U) te pigeat uno uerbo minimum est quod scire laboro *ante* tempore LU; *cf. 17(1-2)* | tempore--postulas *om.* M | propter] lotus propterea RB : propterea Vin : lotus ideo T *17(1)* r. m. est q. s. l. d. i. q. s. M | m. est quod s. l. d. i. q. s. R | nimium LU : minimum U[2] | ne RB : nec T : non MLUVin *17(2)* est[1] *om.* U | quod[2] URTBVin : quia ML *17(3)* assentiat id est consentiat huiusmodi precibus RTB | id est consentiat *del. Zetzel* *18(1)* c. h. c. n. u. s. M | est R | cuinam c. u. s. staio R | staio *om.* MLUVin | fictum RL : finitum M : fictum est U *18(2)* aedilius L | quia U | decepitque RBVin : decepit MLU

erat ergo inter notissimos ciues. (4) potest ergo Iuppiter uel hoc melior uideri? (5) an etiam et in hoc dubitas, quis possit melior iudex esse, Iuppiter an Staius? (6) an adhuc dubitas uel Staio praeponere Iouem? (7) elige tibi quemuis pessimum cui dicas anteponendum Iouem in animi bonitate. (8) *Staius* autem praetor tutelarius fuit, Gutta et Albus et ceteri praepositi fuerunt iudices, qui in Iuniano iudicio corrupti Oppianicum damnauerunt.

21 § HOC IGITVR QVO TV IOVIS AVREM IMPELLERE TEMPTAS DIC AGEDVM STAIO PROH IVPPITER O BONE CLAMET IVPPITER AT SESE NON CLAMET IVPPITER IPSE sensus est: si ille Staius, comesor omnium innocentum, non potest sine iracundia haec postulatus audire, sed statim dicet: 'o Iuppiter', at se Iuppiter non clamat, huiuscemodi non indignatur, non obtestatur maiestatem numinis sui dicendo: 'o Iuppiter', et ipsum inuocabit Iouem, quem tu non credis perfidia moueri? (2) *clamet* tamquam de importuno. (3) nam et mali sentiunt quid turpe et nefarium sit, et aspernantur ubi ipsorum non interest. (4) referuntur autem haec ad uota quae ad funus patrui et pupilli pertinent. (5) *at sese* facete ait. (6) sensus autem est: Ioui non uideatur importunum quod Staio uidetur?

24 § IGNOVISSE PVTAS QVIA CVM TONAT OCIVS ILEX SVLPHVRE DISCVTITVR SACRO QVAM TVQVE DOMVSQVE an putas Iouem ueniam prosecutum petitioni tuae

---

18(3) internotissimus LU   *18(5)* in *om.* M | qui LU   *18(6)* an huc U *18(7)* eliae M | bonitatem M   *18(8)* abbus U | propositi R : compositi L | oppianicum RVin : oppiniacum MU : oppinacum L | damnauerunt oppiniacum U   *21(1)* q. t. i. a. i. t. d. a. s. pro i. o. b. c. i. s. s. n. c. i. i. M | i. t. d. a. staio pro i. o. c. i. at sese n. c. i. i. R | age U | n. c. i. i. U | comesor RU : comessor MU²Vin : commessor L | per (*om.* Vin) haec (hoc TB) se postulantem RTBVin | ad M | clamet TBVin : damnet R | numini U | et] at staius RTBVin | inuocabit RTBVin : inuocauit MLU | perfidia tua RTBVin   *21(2)* clamet] et clamabit RTBVin   *21(3)* quod M *et ante corr.* U | et *post* turpe *om.* U, *add.* U²   *21(5)* non interest] nulla utilitas est Vin *et s. l.* R² | ad U | ait RVin : exit MLU   *24(1)* q. c. t. o. i. s. d. s. q. t. q. d. q. M | s. d. s. q. t. q. d. R | iouem RTBVin : ioue MLU | petitioni RTVin : petitione B : petitionis MLU

quia te necdum fulmine perculit? (2) nescis dilationem non esse in poena? (3) crede, dilatio periculi illud quod imminet grauius facit, ut ait Iuuenalis: 'cura grauiore timetur proxima tempestas uelut hoc d. s.' (*13, 227sq.*). (4) aliter: putas tibi Iouem ueniam dedisse quia tonitru facto fulminantur prius arbores quam tu et domus tua? (5) *sulphure* autem pro fulmine; ex eo enim quod sequitur intellegitur quod praecedit, quoniam fulmen praecedit, sulphur sequitur, ut Virgilius: 'et circum late loca s. f.' (*Aen. 2, 698*), quia dum fulmen ceciderit loca uicina odore sulphuris implentur, unde *sacrum* dixit. (6) *Ergenna* aruspex peritissimus fuit, aut pro quolibet posuit; nam Etruscum nomen est.

26 § AN QVIA NON FIBRIS OVIVM ERGENNAQVE IVBENTE TRISTE IACES LVCIS EVITANDVMQVE BIDENTAL IDCIRCO STOLIDAM PRAEBET TIBI VELLERE B. I. hoc dicit: putas deos tuorum scelerum oblitos quia non iaces fulminatus in lucis bidentalium? (2) in usu fuit ut augures uel aruspices adducti de Etruria certis temporibus fulmina transfigurata in lapides infra terram absconderent, cuius impetratione rei oues immolabantur. (3) hoc ergo dixit: et quia necdum te fulmine perculsum sepeliuit caesis hostiis Ergenna, ideo derides Iouem? (4) *Ergenna* aruspicis nomen fictum secundum morem Etruscorum. (5) *bidental* autem ideo dicitur fulmen aut quod duos dentes habeat aut certe quod in eo loco ubi ceciderit bidentes mactentur. (6) cetera autem fulgura qualibet hostia procurantur, sed omnia calcare nefas dicitur; ideo *euitandum* dixit esse. (7) *triste iaces*, id est quod lecto nomine tuo alii tristes efficiantur. (8) *iaces* quia fulminati supra terram positi mandantur sepulturae. (9) *bidental* dicitur locus secundo percussus fulmine,

proculit M   *24(2)* poenam RTVin   *24(3)* h. R (*om.* d. s.)   *24(4)* prius arbores LU : arbores M : arbores otius RBVin : arbores potius T   *24(5)* enim *om.* RTB | late circum *Verg. 26(1)* o. e. q. i. t. i. l. e. q. b. i. s. p. t. u. b. i. M | e. q. b. R (*om.* idcirco--i.) | quia² MLUVin : quod RTB   *26(2)* impetratione Vin : imperatione LURTB : inparatione M; in patratione *Scaliger; sed cf. Serv. ad Aen. 2, 702 26(5)* in *om.* M   *26(6)* euitandum RTBVin : euitanda MLU   *26(7)* quod *om.* L | lecti nomini U *26(8)* ideo quia RB | mandentur U

qui bidente ab aruspicibus consecratur, quem calcari nefas est. (10) ergo bis eadem de caelo tacta, quae expiari non possunt nisi bidente; immolata qualibet hostia cetera fulgura teneantur.

29 § AVT QVIDNAM EST QVA TV MERCEDE DEORVM EMERIS A. PVLMONE ET L. V. aut dicas mihi qua confidentia tales superis offers preces. (2) *emeris auriculas* id est an forte quaedam commercia cum Ioue habuisti quibus ille compellitur oboedire iniustis petitionibus tuis? (3) *lactes* sunt loca in lateribus sub umbilico pube tenus, adeo delicata ut plagam ferre non possint; inde est quod lactidiatum dicimus qui male sit calce percussus. (4) uel certe *lactibus* intestinis pinguibus. (5) uel, ut alii dicunt, membranae sunt quibus cohaerent inter se intestina.

31 § ECCE A VIA A VT METVENS DIVVM MATERTERA CVNIS EXEMIT PVERVM dicit nunc quae mala et inania ab eis petantur. (2) sunt auiae quaedam aut materterae quae statim puerum a cunabulis solutum uotis suis diis caelestibus commendant, postulantes eis diuitias, formam, uires, eloquium. (3) in hoc petendo ostendit uota hominum nimium esse importuna.

31 (4) § METVENS DIVVM MATERTERA ut Terentius: 'fugitans litium' (*Phorm. 623*), id est timens lites. (5) transit iterum ad uanas superstitiones mulierum, quae dum ad nutriendum infantes acceperint, eos digito turpi, id est medio, expiari fascino putant [obscenitatis indicium faciunt].

32 § FRONTEMQVE ATQVE VDA LABELLA INFAMI DIGITO ET LVSTRALIBVS A. S. E. V. O. I. P. tollit eum de

---

26(9) ab MLUBVin : *om.* R   *26(10)* nisi bidente immolata *Jahn* : nisi immolata *codd.* | hostia] hostia bidental R | fulgurata R | terantur U *29(1)* q. t. m. d. e. a. p. e. l. u. M | a. p. et l. u. R | § aut dicas LU   *29(2)* quaedam *om.* U   *29(3)* lacti dicatum U   *29(5)* membranae *post* quibus *iterat* M   *31(1)* aut *om.* U | a. m. d. m. c. e. p. M | m. c. e. p. R | et inania *om.* M | petantur ab eis LU   *31(4)* matertera] m. MR | timens] fugitans (timens *s.l.*M²) M : fugiens Vin   *31(5)* superstitiones] super obseruationes uel culturas stitiones M | dum *om.* M | expiari RTB : uel saliuis expiari Vin : uel saliuis expiare MLU | putauit M | obscenitatis inditium (inditi U) faciunt MLU : et hoc obscenitatis indicium est RTBVin : *del. Zetzel   32(1)* fontemque L | udula bella U | libella i. d. et l. a. s. (e *s.l.* R²) u. o. i. p. R | et] atque U | p.] p. i. M lecto et incipit eius aliquid incantare fronti puerili et labellis ipsius tenerrimis. (2) *infami digito* ait medio, qui obscenitatis est, ut ait Iuuenalis: 'cum Fortunae ipse minaci praeberet laqueum mediumque ostenderet unguem' (*10, 52sq.*). (3) sunt autem nomina digitorum haec: pollex, salutaris, infamis, medicinalis, ultimus. (4) *lustralibus saliuis* purgatoriis, liberantibus puerum ex omni malo et ex omni, quod dicunt mulieres, fascino; uel quia frequenter infantibus saliuae fluunt. (5) *urentis* merito *oculos* quia fascino urunt tamquam consumant: Virgilius: 'nescio quis t. o. m. f. a.' (*Buc. 3, 103*); *urentis* ergo fascinantis.

34 § INHIBERE PERITA prohibere ne fascinent.

35 <§> TVNC MANIBVS QVATIT ET SPEM MACRAM S. V. id est precatione supplici. (2) *macram spem* id est modicam, quae recte mediocribus optatur. (3) uel certe *macram* dubiam; nihil enim tam dubium quam spectatio summa de infante.

36 § NVNC LICINI IN CAMPOS NVNC CRASSI M. I. E. Licinius Crassus fuit inter Romanos locupletissimus, ideo diues cognominatus. (2) huius igitur diuitias optat puero. (3) alii uolunt Licinium tonsorem ac libertum Augusti Caesaris significari praediuitem, cuius monumentum est pretiosi operis. (4) sepultus uia Salaria prope urbem ad lapidem secundum. (5) de hoc homine non inuenustum Varronis epigramma fertur (*Anth. Lat. 411 Sh.B..*):

Marmoreo Licinus tumulo iacet, at Cato paruo,

Pompeius nullo: credimus esse deos?

incantare] in caritate R | pueruli L   *32(2)* mandaret *Iuu.* | o. u. MUR *32(3)* pollux M : pollens *ante corr.* R | uel ultimus LU   *32(4)* lustralotibus M | liberantibus puerum RTBVin : liberatoriis puerum M : liberatoriis puerorum LU | et *om.* RL | uel quia RTBVin : quia MLU *32(5)* urent M : ruunt U | consumant RTBVin : consumunt MLU | quis R : que MLU | urentes LU | fascinantes LU *34(1)* perita] p. i. R   *35(1)* quatit *om.* L | q. e. s. m. supplici u. R   *35(2)* recte MLUVin : *om.* RT *35(3)* dubiam] dubium U   *3 6(1)* c. m. i. e. R | l icinius M LTBVin : licinus UR | fuit RTB : *om.* MLUVin | cognominatus MLVin : cognominatur URTB   *36(3)* alii] vii U   *36(4)* sepultus *del. Jahn*   *36(5)* homine Vin : nomine MLUR | catti M

(6) [sinecdochicos autem] metri causa fecit sineresin nominis, et a nomine cognomen disiunxit, ut Virgilius: 'non haec tibi litora suasit Delius aut C. i. c. A<pollo>' (*Aen. 3, 161sq.*). (7) interdum epitheton a nomine, ut: 'nec talia passus Vlixes oblitusue sui e. I<thacus>' (*Aen. 3, 628sq.*). (8) ordo: spem macram uoto supplici modo in campos Licinii, modo in aedes Crassi mittit dicens: da illi quantum Crassus habuit. (9) sed hic quoque admonet ignorare stultos quid sit petendum a diis. (10) ideo ait: 'ego nutrici non mando uota'.

37 § HVNC OPTET GENERVM REX ET R. id est ametur iste ab imperatore et tollatur gener a rege uel a regina, quod est felicitatis immensae, ut optetur esse gener a regibus, et a puellis ob pulchritudinem rapiatur.

38 § QVICQVID CALCAVERIT HIC ROSA FIAT id est ubicumque pedem posuerit, statim exinde rosa nascatur, et pullulet terra floribus pede calcata pueri.

39 § AST EGO NVTRICI NON MANDO V. ast ego, inquit, contemptor diuitiarum, n olo a diis talia m ihi impetrare nutricem. (2) arguit quoque imperitos qui nesciunt quid sit consequens optare. (3) se uero dicit non solum ineptis uotis non teneri, sed et omnibus modis denegare uota Ioui, adiungens precem ut cum rogatus fuerit non audiat, tamquam pecuniarum contemptor. (4) et non dicit haec aut huiusmodi uota, sed omnino nulla: ueto

36(6) sinecdochicos (RL : sine dochicos MU) autem *om.* Vin | metri MLUTB : metri uero RVin | sineresin RTBVin : dieresin MLU | nomine cognomen MLUVin : cognomine nomen RTB | distinxit RTB : deiunxit Vin | aut] ut U | aut--a. *om.* R   *36(7)* e. i.] i. a. R   *36(8)* macram RTBVin : uehementem MLU | uoto supplici MLUVin : supplice (-ci T) uoto RTB | licinii MLUTBVin : licini R | crassus *om.* L   *36(10)* uota] talia L   *37(1)* uel a RT : uel MLU : et a BVin | et MLUVin : uel RTB   *38(1)* f. R | pedem *om.* L | terra MLUTBVin : contra R   *39(1)* m. u. MR | e go] e nim U   *3 9(3)* s i L | s e d enegare R TBVin | i oui a diungens RTBVin : ioui id est (idem LU) si uoluerit nutrix mea a te talia (a te talia] ante te M) flagitare adiungens (adiunges M) MLU; *uide infra ad 39(6)* | fuerit URTBVin : fueris ML | audiat RTBVin : audias MLU   *39(4)* et ueto RVin : et uetat (uet B) TB

quicquam infanti meo optari. (5) *non mando* uerbo usus est
aruspicum cum eis dicitur: 'mando tibi ut maximum Iouem
audias,' ut quemadmodum procurationis assertio fit, ita fiat et in
sacris et in prece.

39 (6) § NEGATO IVPPITER H. I. Q. V. T. A. R. id est si
uoluerit nutrix mea a te talia flagitare, o Iuppiter, noli illi annuere,
licet te albata petat. (7) *albata* aut festiua aut certe *albata* pura, id
est uitiis carens.

41 § POSCIS OPEM NERVIS CORPVSQVE F. S. ESTO
AGE SED GRANDES PATINAE TVCCETAQVE CRASSA
ANNVERE ID SVPEROS VETVERE I. Q. M. *morantur* id est a
beneficio retinent. (2) ad alios transit, qui sua intemperantia uotis
officiunt. (3) bonam ualitudinem optas quae te etiam in senectute
non deserat, et in membris auxilium poscis, sed hoc tibi a diis
praestari cotidianae epulae ac luxuriae non permittunt. (4) *tucceta*
apud Gallos Cisalpinos bubula dicitur condimentis quibusdam
crassis oblita ac macerata, et ideo toto anno durat. (5) solet etiam
porcina eodem genere condita seruari; aut assaturarum significat
iura. (6) hinc Plotius Virgilii amicus in eadem regione est
nominatus Tucca. (7) *tucceta* autem sunt condimenta gulae
deliciosae, quibus bona hominum ualitudo corrumpitur. (8) iterum
agit de hominum optationibus, cum petant ut fortes sint corpore et
eadem fortitudo usque in senectam perseueret; sed hoc a diis non
potest concedi, dum cotidie crapula ipsum corpus corrumpit.

optari RTBVin : optare MLU   *39(5)* amando U | cum] non ab R |
fit] sit U | et¹] ut U *39(6)* iuppiter] i. MLU | iuppiter i. q. t. a. r. R | id
est—o. RTB : *om.* MLU; *uide supra ad 39(3)*   *39(7)* aut¹] autem UVin |
albata² *del. Zetzel* | pura] petat pura U *41(1)* § negato poscis U | c. q. f.
s. e. s. g. p. t. q. e. a. id est s. u. i. q. m. M | i.] l. L | ut fortis sit *post*
poscis opem neruis RTBVin | ut sit robustus in senectute *post* corpusque
f. s. RTBVin | esto--retinent *om.* RTB : tucceta--retinent *om.* Vin; *uide
infra ad 41(10)* | id] his *Pers.* *41(2)* qui LUTBVin : qui a M : in R
41(4) § tucceta LU | dicitur caro RTBVin *41(5)* assaturarum *Scaliger*:
assaturatum MLU : ad saturarum Vin : asserum (*s.l.* s. carnium) R   *41(8)*
iterum MLUTBVin : igitur (*s. l.* uel iterum) R | orationibus L | et (*s.l.* s.
ut) R | senectam RBVin : senecta MLU : senium T | hoc RBVin : *om.*
MLU

41(9) § CORPVSQVE FIDELE id est ualidum quod sustineat senectam, quae morbis omnibus abundat. (10) uel *tucceta* dicuntur loca in quibus tunsae carnes ponuntur.

44 § REM STRVERE EXOPTAS CAESO BOVE MERCVRIVMQVE A. F. id est sacrificio. (2) hoc dicit: sunt alii qui poscunt sibi patrimonium augeri non sine damno, et petentes diuitias prius ipsi impendunt sacrificiis deorum. (3) et bene ad inuidiam *caeso boue* dixit, quasi auctore rei familiaris; cultura enim boum ditescunt homines. (4) Mercurio ideo sacrificium facere dixit propter quod deus est lucri, quomodo superius dixit Herculem: 'et o s i su b r astro c repet a rgenti mihi s eria d . H .' (*2, 10sq.*). (5) sed illum dixit absconditi lucri esse praesidem, Mercurium autem euidentis lucelli.

44 (6) § REM STRVERE E. C. B. dum exoptas ut negotia tua impleantur, Mercurio sacrificas caeso boue dicens ut locupletior efficiaris et gregibus tuis plenius feturam tribuat. (7) cui Mercurium inducit respondentem: 'qua ratione haec tibi contingant cum cotidie uitulas, quae possent gregem amplificare, occidas?' (8) *iunices* dicuntur aetate uiridiores uaccae, inter uitulas et uaccas. (9) *iunices* feminae, iuuenci masculi dicuntur.

45 § DA FORTVNARE P. id est fortunatos facere.

46 § QVO PESSIME PACTO TOT TIBI CVM IN FLAMMA I. O. L. hic quasi Mercurius respondeat: 'quo pacto possum augere rem tuam cum hoc quod habes consumas et disperdas hostias faciendo?' (2) uel certe Persius in eum inuehitur. (3) *iunicum*

41(9) id est RBVin : *om.* MLU | senectamque L   *41(10)* ponuntur iouemque morantur id est a beneficio retinent RTBVin; *uide supra ad 41(1)*   *44(1)* e. c. b. m. q. a. f. M | mercuriumque a. f. *om.* R   *44(2)* aliqui qui UTB | impendent U | sacrificum M   *44(3)* auctore MLUBVin : auctorem RT   *44(4)* mercurium dixit ideo sacrificium facere U | facere] *s. l.* uel fieri R : fieri B | propter quod MLUT : quod RBVin | herculem MLUVin : de hercule RTB | o *om.* U | r. c. m. s. d. h. M | s. d. h. LU   *44(6)* c. b. *om.* R | dicens MLUVin : *om.* R   *44(8)* uitulos RTB   *46(1)* § *om.* LU | p. t. t. c. i. f. i. o. l. M | t. t. c. f. i. o. l. R | fama U | respondeat MLUVin : respondet RTB | rem *om.* U   *46(3)* iudicium M

autem ait iuuencarum. (4) *iunices* dicuntur tenerae aetate boues,
quae iam excesserunt uitulas necdum tamen ad summam
magnitudinem peruenerunt. (5) dictae a iuuenibus, unde
comparatiuus iuniores, quia sunt minores iuuenibus. (6) *omenta*
autem sunt membranae quae exta continent.

48 § ATTAMEN HIC EXTIS ET OPIMO VINCERE FERTO
bene ait *uincere*, quasi superstitione sua contendat Mercurium
superare. (2) *opimo* ait pingui uel pleno. (3) *fertum* autem genus
est panis uel libi quod diis infertur a pontificibus in sacrificio. (4)
dictum autem *fertum* a ferendo. (5) alii uas dicunt, quod ornatum
certis speciebus sacris et refertum diis infertur. (6) et est s ensus:
cum hunc clamantem deus non audiat, tamen perseuerat in uoto et
effecturum se putat quod improbe petit, donec omni re consumpta
ad unicum redactus nummum, quem in exhausta arca [sine censu]
inuenit, superstitionem suam gemens exercetur. (7) uerumtamen
quamuis audiat talia, non cessat deos sacrificiis fatigare, et
sperando diuitias futuras arcam suam exhaurit quamdiu nullus
nummus in fundo arcae suspiret.

49 § IAM CRESCIT AGER intra se cogitationes eius refert.

50 § DONEC DECEPTVS ET EXPES id est donec decepta
expectatione e t s pe a ccessionis, q uae e rat d um p ecunia usque a d
ultimum consumpta nummum non defecerat. (2) posita *in imo*, id

iuuencarum TBVin : iuuencorum R : iumentorum MLU   *46(4)* aetate
MLR : aetates U : aetatis BVin | excesserunt uitulas LU : cesserunt
uitulas M : cesserunt uitulis RBVin | summas U   *46(5)* dictae autem
RBVin | iuniores *Wessner*: iunioribus MLURB : iunior Vin *48(1)* h. e.
e. o. u. f. M | o. u. f. R   *48(2)* ait MLUVin : autem ait R : id est T : ait id
est B   *48(3)* fertur M   *48(4)* fertur M   *48(6)* hunc] haec saepe RTBVin |
deus non] deum RTBVin | tamen Vin : tantum MLURB | inquit
perseuerat RTBVin | quam M | sine censu (censum LU) MLU : et sine
censu (sensu B) RBVin : *deleuimus* | uenit M | exercetur LU :
execercetur M : exerceatur R (*s. l.* excruciatur) : excrucietur TBVin *48(7)*
exhaurit RTBVin : exhauriat MLU   *49(1)* iam crescit ager RTBVin : §
nequiquam (nec q uicquam M U) fundo s uspiret nummus i . (l. M) i . i am
crescit (crescet M) a. MLU | intra se] intras M   *50(1)* expers U | de
coepta L | accensionis L | quae erat dum *om.* RTBVin | non] in eo
RTBVin | deficiat TBVin : definiat R

est in fundo arcae, frustra iam gemitu et suspirio prosequente
parium suorum. (3) uel certe ipse suspiret quia nihil uidet in imo
fundo nummorum, non nummus: tropicos, ut 'tacita libabit acerra'
(*2, 5*) pro ipse tacitus.

52 § SI TIBI CRATERAS ARGENTI INCVSSAQVE PINGVI
AVRO D. F. ad alteram animi infirmitatem transit et aggreditur
eos qui inaniter uota soluunt, credentes deos his delectari q uibus
ipsi delectantur. (2) si tibi ergo argentea uel aurea uasa donauero,
sudes gaudio et guttas excutias, quod cor tuum hinc fit laetum. (3)
incussa autem dicit caelata, producta, unde et incus dicitur, a
cudendo; caelata, castigata spei uanitate. (4) *pingui auro*, id est
lamina. (5) transit iterum ad aliorum hominum uoluntates qui
cupiditate tenentur. (6) si contingat ut subito diuitias inueniant,
statim eis inuentis potius fatigantur.

53 § SVDES ET PECTORE LAEVO E. G. *pectore laeuo* ideo
quia in parte sinistra pectoris cor habemus, ut Iuuenalis: 'culpa
docentis scilicet arguitur quod laeua parte m. n. s. a. i.' (*7, 158sq.*).
(2) uel *laeuo* certe contrario.

54 § EXCVTIAS GVTTAS aut sudoris aut lacrimarum. (2)
nam et hoc potest intellegi, quia de sudore iam dixerat, ut est illud
Terentianum 'lacrimo gaudio' (*Ad. 409*).

50(2) p arium] *s.l.* s. n ummorum R   *5 0(3)* i pse] in se R | q ui U |
nummus MLUR (*s.l.* s. suspirat R) : minus Vin | acerra] a. LU   *52(1)* c.
a. i. q. p. a. d. f. M | incussaque--f. *om.* R | incusaque *Pers.* *52(2)*
argenteo M | sudes] si des U | excutias *om.* U   *52(2-3)* laetum ut auro
putas numina delectari quod tu diligis et his uultus deauratos (deauroratus
M) existimes incussa MLU; *uide infra ad 55(1)*   *52(3-4)* incussa autem
dicit caelata id est producta unde incus dicitur a cudendo caelata castigata
spei uanitate p ingui auro id est l amina Vin : incussa autem dicit celata
producta pingui auro id est lamina incussaque pingui producta unde et (et
om. U) incus dicitur a cudendo celata castigata spei uanitate MLU :
incussa autem dicitur celata producta pingui auro id est lamina unde et
incus dicitur a cudendo R   *52(3)* dicit] dicitur R | id est producta Vin |
et *om.* U | castigata *om.* L | caelata—uanitate *om.* R   *52(6)* si contingat
L : sic tingat U : sicut tangat M : qui si contingat RVin   *53(1)* e. g. *om.* R
| habemus MRTBVin : habeamus U *et* (*s.l.* a) L | a.] archadico L   *54(2)*
de sudore quia de sudore RBVin | est RTBVin : sit MLU | lacrimo M,
Ter. : lacrimor LURTBVin

54 (3) § LAETARI PRAETREPIDVM COR propter sudorem prae gaudio natum toto corpore trepidabis. (4) uel quod ad laetitiam festinet.

53 (3) § ET PECTORE LAEVO id est malo. (4) sudoris guttas excutias.

55 § HINC ILLVD SVBIIT [id est euenit] AVRO SACRAS QVOD OVATO PERDVCIS F. *hinc* id est ex tali dissolutione animi subit ut auro putes numina delectari, quod tu diligis, et his uultus deaurandos existimes. (2) *ouato* siue quod ouo perfundantur statuae, ut brattea melius inhaerescat, siue quod talis est brattea qualis oui membrana. (3) *ouato* quia medium oui simile est auri, hoc est in modum oui.

56 § NAM FRATRES INTER AENOS SOMNIA PITVITA QVI P. M. Acron tradit quod in porticu quadam Apollinis Palatini fuerunt L Danaidum effigies et contra eas sub diuo totidem equestres filiorum Aegisti. (2) ex his autem statuis quaedam dicebantur postulantibus per somnium dare oracula. (3) alii autem *fratres aenos* Pollucem et Castorem, qui utique fratres fuerunt, et aliquando nocte Xersen Macedoniae regem nuntiauerunt uictum; in quorum templo somniorum interpretes haberi solent, qui puros a pituita uisus hominum exponebant. (4) aliter: cum Romani pestilentia laborarent, Castor et Pollux in somnis populum monuerunt quibus remediis morbi curarentur, et licet eorum multae essent statuae Romae, tamen paratae sunt illis similes quas postea Romani deaurauerunt.

54(3) laetaris RTBVin | praetepidum M | cor R : c. MLU | id est propter RTB | innatum RTBVin | trepidabilis M   *54(4)* quod] quia (*s. l.* uel quod) R | festines RTBVin   *53(3)* et] e U : ex T   *55(1)* subit R | id est euenit *deleuimus* | o. R (perducis f. *om.*) | hinc—existimes RTBVin : *om.* MLU; *cf. ad 52(2-3)*   *55(2)* ouo] auro R | quod²] quia R   *55(3)* auri] hoc auri U | auri MLU : oui (*s. l.* uel auri) R : auro TBVin   *56(1)* i. a. s. p. q. p. m. M | somniabit uita U | q. p. (m. *om.*) R | acron (achron R) tradit] ad contra dicit U | fuerunt MRTB : fuerint LU | L R : *om.* MLUTB   *56(3)* xersen R : serxen T : sersen MLU : persen Vin : perpen B | macedoniae regem LRTBVin : macedoniae M : regem macedoniae U | puro sapit uita *ut uid.* U   *56(4)* multae eorum U | tamen cum non essent paratae R | illis *om.* U

57 § SOMNIA PITVITA QVI PVRGATISSIMA MITTANT id est certa, quia pituita pleni nihil u eri somniant. (2) *pituita* autem morbus est gallinarum, qui ex edacitate nascitur. (3) unde euenit ut grauati somno homines non bona somnia uideant. (4) alter sensus: dum ouato auro effigies linit, expulit antiquum ordinem ministerii, quia Numa instituit quibus modis oporteat uenerari deos.

58 § PRAECIPVI SVNTO sensus: nam fratres inter aenos, quorum sacras effigies ouato auro perducis, *praecipui sunto*, id est sint praecipui honoris, magis colendi, honoratiores. (2) est autem *praecipui* aduerbium.

59 § AVRVM VASA NVMAE SATVRNIAQVE IMPVLIT A. V. Q. V. ET T. F. M. Numa Pompilius, rex Romanorum, uasis fictilibus usus est etiam ad religionem deorum, ex quo Numa dictus est quod numinibus deseruiret; nam primus religiones inuenit. (2) *Saturnia a era* S aturno e nim in I talia r egnante a es in usu fuit, quod etiam postea in aede Saturni condebatur, unde aerarium dictum est; nondum enim fuerat argentum atque aurum. (3) uirgines quoque Vestales uasis fictilibus in sacrificiis usae sunt. (4) illud autem aes una parte capite Iani notatum erat, altera naue qua Saturnus fugiens ad Italiam uectus est. (5) bene autem in illo nummo geminum erat signum, et hospitalitatis Iani et aduentus Saturni, quod aes postea, ut dictum est, in aede Saturni condebatur,

---

57(1) p. q. p. m. M | purg. (mittant *om.*) R | id est RBVin : *om.* MLUT | somnient LU   *57(2)* autem (*om.* U) morbus est gallinarum MLU : autem morbus (*s.l.* purgatio cerebri uel) morbus gallinarum R : autem est purgatio cerebri uel morbus gallinarum BVin   *57(4)* quibus] quibus aliis RBVin | adorari U   *58(1) lemma om.* RTBVin | sensus] sunt sensus MLU : sensus ergo est RTBVin | quorum sacras effigies TBVin : quorum sacras facies R : sacras effigies MLU | perducis R: producis MLUTBVin | sunto id est sint TBVin : sunto id est sint id est R : sunto sunt id est MLU | honoratiores (*s.l.* uel ornatiores) R   *59(1)* u. n. s. q. i. a. u. q. u. et t. f. m. M | saturnia q. i. (a.—m. *om.*) R | q. u. *om.* U | f.] s. LU | rex *om.* U | ad] a U | deorum] iudaeorum R (iu *expunctis*) | quod RBVin : qui MU : quia L   *59(2)* § saturnia MLU   *59(3)* quoque] enim U   *59(4)* notum R | naui R   *59(5)* hospitalitatis RVin : hospitalitas ML : hospitalibus U | quod—saturni *om.* U

nondum argento auroque signato; unde aerarium nomen accepit. (6) fuit autem assis libralis et dipondius duarum librarum, quod hodieque i n usu r emansit e t solet p ensari p otius q uam numerari; unde et dispensatores dicti praerogatores. (7) et est sensus: ministeria innocentium ac simplicium uasorum [auaritia] caeca remouit ambitio. (8) uel quia Saturnus aereis uasis placabatur.

60 § VESTALESQVE VRNAS ET T. F. M. aut Vestae aut Vestalium uirginum; utrumque est. (2) sunt autem uasa, quae seruiunt Vestae, fictilia. (3) *Tuscum fictile* siue quod in Etruria creber usus uasorum fictilium fuerat, siue quod Tusci deorum simulacra fictilia fecerunt. (4) haec enim omnia luxuriante mundo mutata sunt.

61 § O CVRVAE IN TERRIS ANIMAE ET C. I. exoleuisse dicit in terris spiritum diuinum de hominibus natura eis inditum, et intellegentiam summam animosque nostros originis diuinae immemores factos, et more pecudum humum spectantes, ut Salustius ait: 'quae natura prona atque uentri oboedientia finxit' (*Catil. 1, 1*). (2) [§] *caelestium inanes* id est qui ignorent caelestia, ex quibus originem ducunt.

64 § HAEC SIBI CORRVPTO CASIAM D. O. hanc eandem carnem multis delectamur aromatibus, uestium magnitudinibus, margaritarum dignitatibus, et auri copia. (2) *casiam* quam in terra orienti proxima homines toto corpore contecto, paulum oculis relictis [uel intectis] ad uisum propter multitudinem auium

---

argenti auroque L   : argentum auro M   *59(6)* assis hoc est libra appensus libralis R | dipondius id est duarum R | praerogatores MLU : prorogatores Vin : *om.* R; *uide TLL s.v. praerogator   59(7)* ministeria R : misteria MLUBVin | auaritia RBVin : auaritiam M : auaritiam (—tia L) id est paupertatem LU : auaritia et *Jahn : deleuimus   60(1)* e. t. f. n. M : et--m. *om.* R | utrumque est B : utrumque (*s. l.* s. est) R : utrum enim est Vin : utrumque MLU   *60(3)* tuscum--fecerunt *om.* M   *61(1)* i. t. a. e. c. i. M : e. c. i. R | exoleuisse MLU : *om.* RTBVin | de MLU : *om.* RTBVin | eis MLU : esse RBVin : *om.* T | more] memore M | fixit R   *61(2)* qui MLUVin : quae R   *64(1-3)* haec--facit *om.* RTB : *post* positam (*62[1]*) Vin   *64(1)* s. c. c. d. o. M | c. d. o. U | copia LVin : copiam MU   *64(2)* casiam UVin : casia ML | uel intectis M : intentis U : non intentis L : *om.* Vin : *deleuimus*

infestarum, quae sunt uespertilionum similes, ex lacibus colligunt, colligentes aquarum superficiem in limi modum. (3) haec casia oliuo mixta unguentum facit.

62 § Q VID I VVAT H OC T EMPLIS N OSTROS I . M . id e st quid prodest ut credamus deos cupiditate aliqua uel ambitione sicut homines tangi et ut ex humano corpore credamus deos luxuria uel pompa aut ambitiosis delectari carnalibus et felicitatem deorum in auro positam esse?

64 (4) § HAEC SIBI CORRVPTO CASIAM D. O. incipit iam de uitiis corporalibus loqui et tangit delicias quas sibi homines inuenerunt. (5) *casiam* ad carnem referimus; corpus enim nostrum omnium uitiorum causa est. (6) est autem casia odoris genus quod oleum corrumpit, ut Virgilius: 'et casia liquidi corrumpitur usus o.' (*Geo. 2, 466*). (7) casia herba uel pigmenti genus quo oleum meliore odore inficitur, quia oleum odoribus uitiatur.

63 § ET BONA DIS EX HAC S. D. P. quid delectat credere cupiditate deos tangi et bona eorum malis nostris aestimare? (2) haec eadem pulpa, id est hoc nostrum corpus, omnium uitiorum <causa> est, quod detractiue sceleratum appellauit.

65 § HAEC CALABRVM COXIT VITIATO M. V. lanae coloribus tinctae corporis usibus inquiruntur ad ambitionem. (2) sensus est: Apulam lanam conquilio inficit; ideo in Apulia quod ibi oues plurimum nascuntur. (3) *uitiato murice* id est cocto uel fracto conquilio, quo tinguitur purpura. (4) *uellus* autem ob hoc dictum quod primo lanae uellerentur, non tonderentur.

---

infensarum Vin | § colligentes U : colantes *Buecheler teste Wessner* | super faciem U   *62(1)* h. L | h. t. n. i. m. M | quid prodest MR : quid LU : quid iuuat B | et ut ex humano corpore] uel ut humana corpora RBVin | uel LRVin : id est MU | carnalibus ML : carnibus URTBVin | esse RTB : esse credere MLU : *om.* Vin   *64(4)* c. c. d. o. M | c. d. o. R | de uitiis MLUTBVin : d iuitiis R   *64(5)* casiam MLUVin : h aec s. c. casiam RB   *64(6)* o.] oliui RVin   *64(7)* casia MLUT : et aliter casia RBVin   *63(1)* hac R : h. MLU | s. *om.* U | quid RTBVin : qui LU : quae M   *63(2)* corpus nostrum RTBVin | causa *Jahn* : *om.* MLURTBVin; *cf. 64(5)* | appellant U   *65(2)* conquilio ML : color conquilio U : conchilio RVin; *u ide TLL s .v. c onchylium* | i nfecit M   *6 5(3)* fracto M LUVin : confracto RTB | conquilio MLU : conchilio RBVin   *65(4)* ob MLUBVin : ab R : ex T | tunderentur LU

66 § HAEC BACAM CONCHAE RASISSE pro radere margaritas de conchis marinis. (2) uniones enim nascuntur in conchis, pro quibus *bacas* posuit, ut Horatius: 'quaerunt undioribus onusta bacis a.' (*Epod. 8, 13sq.*). (3) *baca* ergo gemmae est genus quod in conchis nascitur.

66 (4) § ET STRINGERE VENAS FERVENTIS MASSAE C. D. P. I. quia aurum et argentum ex terreno puluere separatur et in fornace coctum in massam confertur. (5) ideo autem *crudum puluerem* dixit quia coquitur ut metallum fiat. (6) et bene *stringere*, quia coquendo redigitur in massam.

68 § PECCAT ET HAEC PECCAT VITIO T. V. haec faciendo ab integritate sui mores humani uacillant; in quo tamen crimine possumus hominibus ignoscere, eis scilicet concupiscentiis quibus utuntur. (2) nam crimen est ambitionem petere; utitur tamen ea, quamuis peccat superuacua reperiendo. (3) habet tamen aliquem usum appetitorum.

68 (4) § AT VOS DICITE PONTIFICES IN SANCTO QVID FACIT AVRVM NEMPE HOC Q. V. D. A. V. P. hoc dicit: sacerdotes, reddite mihi rationem, quid opes in templis agunt? (5) cur diis et non usuris consecrantur? quibus tam sunt superuacuae quam Veneri pupae, quas nubentes uirgines donant. (6) solebant enim u irgines antequam n uberent quaedam uirginitatis suae dona

---

66(1) § *om.* U | baccam LU | rasisse R : r. MLU | maris M   *66(2)* querunt undioribus MLU : quae rotundioribus *Hor.* : quaerunt unionibus RVin | a. *om.* R   *66(3)* est *om.* RTBVin   *66(4)* strigere R | f. m. c. d. p. i. M | i.] l. LU | massa R   *68(1)* p. u. t. u. M | u. t. y. R | ab RTBVin : *om.* MLU | sua Vin | possumus] sepe possumus LU | illis U | concupiscentiis quibus MLU : qui concupiscentiis RTBVin | utuntur MLU : non utuntur RTBVin   *68(2)* ambitione Vin | peccat MLU : peccet RBVin | repetendo U   *68(3)* cum habet RTBVin | appetitorum amplius peccat RTB   *68(4)* p. i. s. q. f. a. n. h. q. u. d. a. u. p. M | at] ad U | a. nempe hoc q. u. d. u. p. o. U | i. s. q. (facit--p. *om.*) R | hoc dicit] h. occidit LU | quid *om.* U | agant R : faciant TBVin   *68(5)* quibus R (*s.l.* s. diis R²) : quibus diis TBVin | tamen U | sunt superuacuae] superuacuae MLUR (*s. l.* s. sunt opes) : opes sunt superuacuae T : sunt opes B : sunt opes superuacuae Vin | ueneri *om.* U   *68(6)* sua M

Veneri consecrare; hoc et Varro scribit. (7) si homines, inquit, auri cupiditate corrupti uitia incurrunt, at quid aurum superis, quibus solent haec uitia displicere? (8) *nempe hoc ibi facit aurum quod pupae in templo Veneris.* (9) et cum haec faciunt homines, naturae uitio corrumpuntur; uerum uos, pontifices, dicite, in templis aurum quid facit?

71 § QVIN DAMVS ID SVPERIS DE MAGNA QVOD DARE LANCE NON POSSIT MAGNI M. L. P. feramus, inquit, ad templum bonam conscientiam, et sic fiet ut tantum mola salsa litantes exaudiant dii, quod potest et pauper; quod genus sacrificii non locupletibus, maxime pauperibus facile est. (2) per *Messalae* autem *propaginem* eos uult accipi qui non pura conscientia diis sacrificant. (3) hic autem Cottam Messalinum dicit, qui tam uitiosos oculos in senectute habuit ut palpebrae eius in exteriorem partem uerterentur; fuit enim et multis deditus uitiis. (4) hic ab Aurelio Cotta adoptatus M. Aurelius Maximus uocabatur, originem trahens ab Aurelio Messala qui septies fuit consul; qui cum a quodam Gallo ad monomachiam in proelio uocaretur, coruus super galeam in caput eius sedit, et uicto hoste Coruinus appellatus est.

73 § COMPOSITVM IVS FASQVE A. S. Q. R. M. honestam cogitationem et ius compositum in animo et secretas cogitationes et sanctas et honesti tenacitatem, ut erui non possint. (2) animi uirtutes enumerat, quas si quis frequentat, nullis uictimis sed farre tantummodo deos placat. (3) et discretas cogitationes

68(7) auari U | at *Jahn* : ut MLURVin | quid RVin : quod MLU *71(1)* § *om.* U | i. s. d. m. q. d. l. n. p. m. m. l. p. M | m. q. d. (lance--p. *om.*) R | fieret M | locupletibus tantum sed maxime RTBVin   *71(2)* pura conscientia MRTBVin : puram conscientiam LU   *71(3)* cottam RTVin : cottum B : quottam M : cotta L : cogita U | messalinum (massilinum B) RTBVin : messalinus MLU | dicit RTBVin : *om.* MLU | exteriorem UVin : dexteriorem ML : deteriorem RTB | et *om.* M *71(4)* marcum R | maximus RTBVin : maxime MLU   *73(1)* § *om.* U | f. q. a. (s.--m. *om.*) R | s.] f. U | cogitationem RTBVin : cogitationem secretam MLU | ius RTBVin : pro MLU | possunt *ante corr.* R   *73(2)* si] cum RBVin

honestatemque sanctam significat. (4) nam qui quaerit, inquit, iustus et innocens et fidelis esse, per haec honestus habetur et iam ture placabit deos.

74 § ET INCOCTO GENEROSVM PECTVS H. *incoctum* id est ualde coctum ac maturitate animi et honestate plenum. (2) *generosi* dicuntur qui propitio genio nascuntur et ideo beniuoli et honesti.

75 § HAEC CEDO VT ADMOVEAM TEMPLIS ET F. L. hic quoque sensus ab Horatio sumptus est, qui ait: 'immunis aram si tetigit manus, non sumptuosa his blandior hostia molliuit auersos penates farre pio et saliente mica' (*Carm. 3, 23, 17sq.*).

73(3) sanctamque L   *74(1)* incoctum g. p. h. M | honestate *Clausen (ita cod. Křivoklát I D 31)* : honestatis MLURTBPVin   *74(2)* generi U | proprio LTB   *75(1)* § *om.* U | haec c. u. a. t. et f. l. M | l. ce in hoc loco adiectio sillabica est, nam in cedo uerbo producitur. hic RTBVin | ab] ut ab U | his] is RTB | blandiorum M | auerso M

IN SATIRAM TERTIAM

1 § NEMPE HAEC ASSIDVE id est numquid non assidue hoc facis? *nempe* enim est numquid non. (2) in hac satira in desidiam et intemperantiam hominum inuehitur et ita hesterno uino onerari <dicit> ut edormire ante horam quintam non possint; quam desidiam numquam dicit euitari. (3) et queritur subinde causas necti quominus studia celebrentur. (4) ad hoc ergo satirae principium pertinet quod philosophi dicunt: necesse est uitiis sapientem incidere, sed hoc inter sapientem stultumque interest quod se uitiis sapiens celerius euoluit ibidem merso atque inuoluto stulto. (5) ergo ne is quem Persius in hac satira ob desidiam culpat ad excusationem sui criminis dicat sapientem quoque posse aliquotiens uitio detineri, hoc primum ei poeta exposuit quod is non aliquando sed assidue uitiis semet tradiderit. (6) hanc satiram poeta ex Lucilii libro quarto transtulit, castigans luxuriam et uitia diuitum. (7) et cum inducit pedagogum obiurgantem scolasticum, increpat humanam uitam, et dum exprobrat uni, omnium notat segnitatem. (8) et inducit unum ex comitibus alium castigantem.

1 (9) § IAM CLARVM MANE FENESTRAS I. *mane* nomen est temporis, non tempus. (10) nam *mane*, quando ipsum tempus significat, aduerbium est et uerbo cohaeret, ut 'mane uenit', 'mane fecit.' (11) quando autem nomen est, epitheton sumit, ut 'clarum

tit. IN SATIRAM TERTIAM Vin : IN LVXVRIAM ET VITIA DIVITVM (DEDITVM L) LU : *om.* M *spatio relicto* : DE LVXVRIA ET VITIIS DIVITVM RB   *1(1)* hoc assidue non U   *1(2)* esterno uitio LU | dicit *add. Zetzel* | edormis uel re M   *1(4)* interest MLUVin : est R   *1(5)* ob desidiam in hac satyra R | uitio MLUVin : quolibet uitio RTB | exposuit MLURT : opposuit BVin   *1(7)* uni BVin : *om.* MLUR : *post* dum *posuit Wessner*   *1(9)* § *om.* U | intrat fenestras i. L | i. *om.* M *1(11)* epitheton sumit MLUVin : cum epitheton est B : cum epitheto R

mane' uel 'mane nouum' (*Verg. Geo. 3, 325*). (12) *fenestras intrat*
figurate, quod lux prima per fenestras in lectum intrat.

2 § ET ANGVSTAS OSTENDIT LVMINE R. mane scilicet
per rimas fenestrarum se tota lux infundit, ut capi non possit.

3 § STERTIMVS INDOMITVM QVOD D. F. S. *indomitum*
Falernum id est uinum multae uirtutis, ut Virgilius ait: 'et durum
Bacchi domitura s.' (*Geo. 4, 102*) et Lucanus: 'indomitum Meroe
cogens s pumare F.' (*10, 163*). (2) sensus autem iste est: tam diu
hesterno sopore deprimimur ut possint qui nimia ebrietate grauati
sunt tam longo somno crapulam Falerni uini discutere. (3) Falerna
regio dicitur Campaniae, ubi uina optima nascuntur. (4) uel utrum
tantum dormimus quanto tempore qui Falernum bibunt concoquere
possint, id est digerere [unde et crudi indigesti], an quanto ipsi
concoquamus Falernum, an quod sufficiat Falerno tempus in nobis
despumare, id est deferuescere.

4 § QVINTA DVM LINEA TANGITVR VMBRA dum umbra
illius medii stili, qui in horologio est, quintam lineam tetigerit; ac
per hoc ac si diceret: usque ad horam quintam.

5 § EN QVID AGIS unum ex comitibus inducit castigantem
tam diu dormientis desidiam et dicentem: 'quid tam diu dormis,
cum iam meridianus aestus coeperit?'

5 (2) § SICCAS INSANA CANICVLA MESSES I. D. C.
Canicula ardentissimum sidus, quam *insanam* ait ideo quod sub

---

1(11-12) nouum fenestras RBVin : nouum figurate dixit non enim
appellatio mane ut uespere fenestras MLU   *1(12)* per fenestras in lectum
intrat R : fenestras intrat u el (uel *om.* M) p er fenestras in lectum intrat
MLU   *2(1)* ostendit MR(*s.l.* uel ex)B : extendit L : ostendi U | per RVin :
uel per MLU | ut—possit] et ea capi non potest piger R   *3(1)* d. f. s. M :
d. s. f. LU : d. f. R   *3(2)* hi qui RBVin; *cf. 3(4), 10(2), 15(3), 15 (5)*   *3(3)*
falerna autem RBVin | dicitur regio L   *3(4)* utrum MLUVin : ultra RB |
quanto LU : quando M : ut in tanto RBVin : ut T | coquere U | possint
RTBVin : possunt MLU | unde—indigesti *del. Zetzel* | et MLUTBVin :
om. R | an¹ ML : ad U : aut RBVin | concoquimus *ante corr.* RVin :
coquimus B | an quod] aut quantum RBVin   *4(1)* u. R | dum MLUVin :
id est dum RTB | illius *om.* RTBVin   *5(1)* aestus meridianus RTBVin
5(2) messes R : m. MLU

ortu eius multi aegrotent. (3) aut certe *insanam* nimiam, ut
Virgilius: 'insanam uatem a.' (*Aen. 3, 443*).

6 § ET PATVLA PECVS OMNE SVB V. EST id est iam
meridianae horae sunt, in quibus feruentissimo sole tactae segetes
maturescunt et pecora nemoris umbras inquirunt, ut Virgilius:
'nunc pecudes umbras et f. c.' (*Buc. 2, 8*).

7 § VNVS AIT COMITVM ordo: 'en quid agis?' unus ait
comitum dormienti.

7 (2) § VERVMNE ITANE personam ponit interrogantis an
uere meridianae horae sint.

7 (3) § OCIVS ADSIT HVC ALIQVIS surgentis de somno
uerba sunt uel uocantis famulos et quod tarde respondeant
irascentis; et clamantis pueros et irascentis eo quod tardius
clamanti respondeant.

8 § TVRGESCIT VITREA BILIS [*bilis* id est ira] *uitrea* id est
uiridis, perspicua, quod iratus intellegitur ex uultu; ira enim uirides
et pallidos facit homines.

8 (2) § VITREA quae cito apparet, ac uelut aliquid in uitreo
uase ponas, ita qui colen patitur cito paret.

9 § FINDOR VT ARCHADIAE PECVARIA R. D. hoc dicit:
ita rumpor clamoribus ut asinos credas clamare. (2) *Archadiae
pecuaria* asinos dicit quia primum in Archadia nati sunt.

9 (3) § FINDOR rumpor, ut aestimes Archadicos asinos rudere,
qui campum nacti insane exultant.

10 § IAM LIBER ET POSITIS BICOLOR M. C. *bicolor* id est
una parte crocata capillis demptis. (2) ea quae causantur qui pigre
student enumerat. (3) et hoc dicit: incassum excusas quod uacatio

---

5(3) uatem R : aut. a. LU : a. u. i. M   *6(1)* sub u. e. M : s. u. e. R |
iam *om.* LU | requirunt RBVin : petunt T | nunc] nam L | u. et f. c. R
(*s.l.* umbras et frigora captant)   *7 (1)* unus ait comitum *om.* RTBVin |
ordo est RTBVin   *7(2)* sunt UTB   *7(3)* a. h. a. M   *8(1)* § turgescit] §
ocius adsit huc aliquis surgentis turgescit U | u. b. M | b. R | bilis id est
ira R : ira T : bilis ira B : id est ira Vin : *om.* MLU   *8(1)* id est MLUBVin
: *om.* RT   *8(2)* colen MR (*s.l.* uel colera) : colem LU : cholera *ed.1601* |
paret LR : apparet M : aioparet U   *9(1)* u. a. p. r. d. M   *9(2)* primum]
plurimum RBVin; *cf. Isid. 12.1.40*   *10(1)* e. p. b. m. c. M | c. *om.* R
10(2) quae ea R | qui RTBVin : hi qui MLU; *cf. 3(2)*

cuiusque officii te desidiae tam longae tradiderit, cum habeas quod
agas nisi tibi inuentis occasionibus uanas necessitates procures,
dum uel crassum uel nimis remissum causaris atramentum aut non
bonam calami dispositionem accusas tuo quaerens otio consulere.
(4) aut merito *bicolor* quod pars crocea, pars glutinata apud
antiquos erat. *(5) membrana* plane quidem bicoloris membranae
ratio ambigua est: aut enim bicolor membrana quae quondam
capillos habuit aut quae bicolor facta est ut posuit capillos.

10 (6) § IAM LIBER dicit quod et uigilans sibi occupationes
per desidiam generat, dum aut de calamo intemperato queritur aut
de pingui aut aquoso atramento. (7) et notandum feminino genere
membrana.

13 § NIGRA QVOD INFVSA VANESCAT SEPIA LIMPHA
sepia pro atramento a colore posuit, quamuis n on ex ea, ut A fri,
sed ex fuligine ceteri conficiant atramentum. (2) nigra sepia
uanescit ex infusa limpha, quia ita sepia piscis nigrum habet
sanguinem ut atramentum ex ea conficiatur.

14 § FISTVLA GVTTAS *fistula* pro cannali calamo exquisite
dixit. (2) tum reprehendisse se significat quod querendo hoc et
illud tempus perdit nec proficit.

15 § O MISER INQVE DIES VLTRA MISER HVCCINE
RERVM VENISTI AVT CVR NON POTIVS TENEROQVE
COLVMBO ET SIMILIS REGVM PVERIS P. M. P . E . I. R. o
magis atque magis periture desidia, qui tam inepte piger es, qui ad

---

10(3) cuiusque] alicuius RTBVin | inuentis uanis RTBVin | calami]
calamidis M : clamidis U | accuses MLU   *10(4)* croceo pars quodam
glutinis coleret nictu glutinata M   *10(5)* bicoloris] bicolor est L |
ambigua TBVin : ambiguitas MLUR | incolor R | habuit—capillos² *om.*
M | capillos R *(s.l.* habuit) : capillos habuit TBVin : capillos LU | quae
RVin : quaeque LU   *10(6)* dicit] uel (et B) hoc dicit RTBVin | gerat R |
de¹] in U | dequoso M   *13(1)* q. i. u. s. l. M | s. l. R | a colore *om.* UT |
fuligine RTBVin : figulinis MLU   *13(2)* efficiatur R   *14(1)* g. R   *14(2)*
tum RTB : tu M : tunc LU | reprehendisse se significat M : reprehendit se
significat U : reprehendit se L : reprehendis eum R | hoc et illud
MLUVin : *om.* RTB | perdit RTBVin : perit MLU   *15(1)* i. q. d. u. m. h.
r. u. a. c. n. p. t. q. c. e. s. r. p. p. m. p. e. i. r. M | ultra m. h. r. u. (aut—r.
om.) R | miser² *om.* U | uenisti] u. U : uenimus *Persius* | qui² RTB :
om. MLU : et Vin | ad hanc] adhuc M

hanc dissolutionem lapsus es. (2) et hoc dicit: solent enim uitia processu temporum minui, cum in te econtra accessu temporum augeantur, qui stultam imitatus mollitiem delicatorum uel nobilium puerorum, quos ipsa magnarum diuitiarum frangit luxuria, uoces mutilas imitaris, ut *papare* pro comedere uel *lallare* pro dormire. (3) nam qui paruulas aues nutriunt, commanducatos cibos diducto earum rostro inserunt; hoc genere nutrices etiam infantes delicatos instituunt. (4) *columbos* melius pueros intellegere est, quos cum nutriunt blandientes columbos et pullos et passeres uocant. (5) aut cur non commanducatos cibos poscis? aut cur a nutrice iussus dormire ploras? (6) quae infantibus, ut dormiant, saepe dicere solent: lalla, lalla, id est aut dormi aut lacta, quod quasi irati infantes nolint.

19 § AN TALI STVDEAM CALAMO eius obiurgati uerba sunt scolastici. (2) tu, inquit, calamum causabaris.

19 (3) § CVI VERBA QVID ISTAS SVCCINIS AMBAGES hic poeta dicit: 'tamquam fatuus ista loqueris. quid aliam rem ex alia causaris? tibi perit tempus in quo nihil agis. quid mihi has excusationes succantas?'

20 § SVCCINIS ut concinis, ita et succinis, id est submurmuras.

20 (2) § TIBI LVDITVR id est te illudis.

20 (3) § EFFLVIS AMENS id est desidia deciperis, tempore sine actibus trito. (4) alludit autem a uase uitiato, quod nihil in se

---

15(2) imitatus] imitaris RTBVin | uoces] et qui uoces R : qui uoces TBVin | ut *Jahn* : et MLURTBVin | dormire RTB : uelle dormire Vin : nolo dormire recuses MLU; *cf. 15(6)* *15(3)* diducto MVin : deducto LRTB : adducto U | esse instituunt MRTB | instruunt UT *15(4)* cum] quae RTBVin | enutriunt U | columbas R *15(5)* aut cur a (a Vin : *om.* R) nutrice iussus RVin : aut non nutricis iussu MLU *15(6)* lacte RTBVin | irati infantes MRTBVin : infantes irati LU | nolint MLVin : nolunt UR *19(1)* c. MU | scolastici uerba sunt RT *19(2)* tu—causabaris *hic* MLUVin (causaris) : *post 19(3)* ambages RB (causaris) | tu RBVin : tui MLU | causaris TBVin : causabaris MLUR *19(3)* u. q. i. s. a. M | s. a. R | a. U | ex *om.* U | quid] quidem U *20(3-5)* id est—amens *om.* U *20(3)* sine *om.* R

continet, quemadmodum hic effusus per uitia nihil sapientiae in se continet, ut Terentius in Eunucho: 'plenus rimarum sum, hac atque illac perfluo' (*105*).

20 (5) § EFFLVIS AMENS a tempore quo tibi necessarium fuerat te aliquid facere, desidia laberis et deciperis.

21 § CONTEMPNERE a uitiis scilicet relicta uirtute, quia uirtus in te et rigiditas mentis et sapientia quae uitia expellat non est. (2) item *contempnere*, haec ab Horatio male translata intempestiua sunt. (3) Horatius: 'quin tu inuidiam placare paras uirtute relicta? contempnere miser' (*Serm. 2, 3, 13sq.*). (4) sensus: an inuidiam uirtute placare paras, qua relicta contempnere? (5) hic efficaciter; neque enim officia extorquenda sunt.

21 (6) § SONAT VITIVM utrum *sonat uitium <percussa>* an *percussa maligne respondet*. (7) ceterum et *sonat uitium* actiue dicimus, ut: 'nec uox hominem sonat' (*Verg. Aen. 1, 318*), et *maligne* pro acriter dici potest.

21 (8) § SONAT VITIVM PERCVSSA MALIGNE RESPONDET VIRIDI N. C. F. L. hoc dicit: quomodo uas non bene coctum non acutum sonum reddit uel tinnitum et prodit uitium suum, ita et homo non bene sapientia politus uitium suum temptatus ostendit, et apparet qualis futurus est, id est miser. (9) allegoricos *uiridi limo* quod sono tam cruda quam cocta uasa explorantur. (10) allegoricos *uiridi limo* creta non cocta uel adhuc limum habens, id est argillam. (11) sed dubium utrum similitudine

20(4) quemadmodum—continet RVin : *om.* MLTB   *20(5)* te] tale L | deciperis RB : deceperis Vin : deperis MLU; *cf. 20(3)*   *21(1)* a *om.* M | sapientia LU : sapientiae MRTBVin   *21(2)* male *om.* R | intempestiua *om.* R : intempestatiue M   *21(3)* quin tu *in Horatio non exstat*   *21(4)* an inuidiam uirtute relicta placare paras qua relicta contempnere R : an uirtute placare paras quam (qua U) relicta contempnere MLU   *21(6)* percussa *add. Zetzel* | an RTVin : et MLU : aut B   *21(7)* actiue Vin : acriter MLURTB | sonet RT | maligne RTVin : maligne r. M (magne) LU | potest RBVin : possint ML : possunt U   *21(8)* p. m. r. u. n. c. f. l. M | u. n. c. f. l. R | c.] o. L | hoc dicit ergo RVin | prodest U (proḍ ML)   *21(9)* § uiridi ML | quod RTBVin : quod enim MLU   *21(10)* allegoricos *om.* RTBVin | creta] id est cruda RTB | cocta] creta R (*s.l.* cocta)

usus est an allegoria; nam et *udum et molle* translatio est, et redit ad allegoriam cum ait rota effingendum esse pro erudiendum.

23 § VDVM ET MOLLE LVTVM ES NVNC NVNC PROPERANDVS ET ACRI FINGENDVS SINE FINE R. translatio est a figulis. (2) *udum lutum es* id est non bene fictus nec decoctus es sapientia, ideoque *acri rota,* id est ueloci politaque doctrina, debes omnia quae uitiorum in te labes mollierat corrigere. (3) item *udum et molle l.* figurate, adhuc crudus es et assidua exercitatione formandus es, ut fictilia circumactu rotae formantur. (4) *sine fine* sine interuallo, incessanter.

24 § SED RVRE PATERNO EST TIBI FAR M. hic antipophora usus est. (2) sed inquies, id est respondebis mihi, esse tibi rem familiarem mediatae frugalitatis farre contentam et tibi posse sufficere, etiamsi minus proficias; uel etiam farris modicum et salinum et patellam, quibus rebus in sacrificiis utimur. (3) metonimicos uota et spes non improbas se concipere dicit unde securior sit et minus timeat in rebus impetrabilibus et quae tolerare homo frugi possit.

25 § PVRVM ET SINE LABE SALINVM *sine labe* dicit sine macula. (2) *salinum* uas fictile in quo sal ponitur.

26 § CVLTRIXQVE FOCI SECVRA PATELLA ideo *cultrix foci* dicitur quia delibatae dapes in ea positae ad focum feruntur. (2) *focum* quasi integram domum, ut: 'hortor amare focos' (*Verg. Aen. 3, 134*). (3) *secura* id est securos faciens. (4) item *cultrixque foci s. p.* qua in rebus diuinis utuntur, et non *patella secura* sed ille quasi securus uel sine debito.

21(11) rota effingendum esse R : rotam et fingendum esse MLU *23(1)* udum—es *om.* RTBVin | m. l. e. n. n. p. e. a. f. s. f. r. M | nunc *semel* LU | properandis LU *23(2)* udum] ut dum LU | nec RTBVin : et MLU *23(3)* l. R : *om.* MLU *24(1)* p. e. t. f. m. M *24(2)* inquis id est responses M *24(3)* metonomicos MU | uota RTBVin : modo uota MLU | improba ML | hominem frugi possint RTBVin *25(1)* s. l. s. M | s. UR *25(2)* salinum RTBVin : *om.* MLU *26(1)* cultrix q. f. s. p. M | p. UR | ideo cultrix foci dicitur *hic Clausen* : *post* feruntur MLUR | delibatae *Casaubon* : delicate MLU : delibandae R : delibantiae TBVin | fuerunt U *26(2)* focum M : *om.* LURBVin | quasi integram domum MLUVin : *om.* R *26(4)* quia UVin | uel sine debito *om.* R

27 § HOC SATIS potest et sic intellegi, tamquam et modo antipophora sit et ille adhuc respondeat.

27 (2) § HOC SATIS AN DECEAT PVLMONEM R. V. id est inflatum esse.

28 § STEMMATE QVOD TVSCO RAMVM MILLESIME D. CENSOREMVE T VVM V EL Q VOD T RABEATE S . p oetica e t familiaris figura est. (2) an oportet te arrogantia inflatum dissilire quod in aliquo nobili Tusco stemmate millesimus a magno auctore numereris et ramum aliquem ac lineam quasi successionis a genealogis in stemmate notatus optineas? (3) uel quod in equitum Romanorum recognitione trabeatus censorem et donis m ilitaribus insignis salutas? (4) cognitio enim equitum Romanorum censoribus erat subiecta, quae nunc consulum est officii. (5) stemmata dicuntur ramusculi, quos etiam aduocati faciunt in iure cum causam partiuntur, ut puta, ille filius illius et ille pater illius. (6) proprie autem dicuntur stemmata rotundae imagines, quoniam stepse Graece dicitur coronare. (7) *Tusco* autem dixit quod nobiliter in Etruria natus est uel quod Tusci fuerunt nobiles apud antiquos. (8) hoc et Horatius de Maecenate dicit: 'Tyrrena regum progenies tibi' (*Carm. 3, 29, 1*).

30 § AD POPVLVM PHALERAS EGO TE INTVS ET IN CVTE NOVI ornamenta quae beneficio fortunae habes, quae te ornant extrinsecus, aliis ostende. (2) [§] *ego te intus noui* id est intrinsecus et in conscientia ac animo quod uitiosus sis.

27(1) et sic] hoc sic R : etiam Vin | et²] eo L : *om.* Vin | et modo MUR : eo modo L : modo Vin   *27(2)* § *om.* L | a. d. p. r. u. M   *28(1)* q. t. r. m. d. c. u. t. u. q. t. s. M | quod¹—te *(28[2])* *om.* U | m. R (d.—s. *om.*) | poetica—est *hic* RTBVin : *ante* § stemmate MLU   *28(2)* dicit ergo an RVin | arrogantiam LU | genealogis *Wessner* : genealogiis MLUR : genealogo TBVin | numeratus RTBVin   *28(3)* trabeatus M : trabeatum L RTBVin : trabea U | censorum M | salutes *Reiz*   *28(5)* partiuntur LRTBVin : patiuntur MU; *cf. Isid. 9.6.28* | ramusculi URVin : ramuli ML | pater] pater filius LU   *28(6)* stepse MLUR : στέψαι Vin | graece dicitur coronare R : dicitur coronare M : coronare dicitur LU   *28(7)* trusci U   *30(1)* phaleras RTVin : faleras LU : f. M | e. t. i. e. i.c. n. MR   *30(2)* noui] et in cute noui RTBVin | intrinsecus et in conscientia M : intrinsecus et in conscientia ac animo LU (anima) : in (in *om.* B) animo et conscientia RTBVin

31 § NON PVDET AD MOREM DISCINCTI VIVERE NATTAE *discinctum* dicit neglegentem, perditum, ut Horatius: 'discinctus aut perdam nepos' (*Epod. 1, 34*). (2) *discinctum* autem per neglegentiam uel *discinctum* obesum et uentriosum luxuria, qui cingi non possit. (3) nam ob pinguedinem incalluisse hunc Nattam induxit, quod potest uideri ab Horatio translatum, qui ait: 'ungor oliuo, non quo fraudatis immundus Natta lucernis' (*Serm. 1, 6, 123sq.*); apud utrumque Nattae nomen fictum est. (4) alii putant Nattam fuisse quendam luxuriosum qui patrimonium suum perdiderit et nobilitatem male utendo exstirpauerit.

32 § SED STVPET HIC VITIO ET FIBRIS I. O. P. sed hic incalluit et tam crassi cordis est ut peccare se non sentiat et semel mersus nesciat emergere, quod a malis suis ad bona uerti non possit; miserabilis magis quam reprehendendus est.

33 § CARET CVLPA NESCIT QVOD PERDAT ET ALTO DEMERSVS SVMMA R. N. B. I. V. hoc dicit: sicut hi, quos uorago caenosa absorbet, non remissi in alta undarum facie ebulliunt, ita hos quoque, quos magnitudo criminum mersit, necesse est uitiorum mole grauatos nescire quomodo uirtutem agnoscant uel qua arte sceleribus careant.

35 § MAGNE PATER DIVVM SAEVOS P. T. HAVD ALIA RATIONE VELIS CVM DIRA L. M. INGENIVM FERVENTI TINCTA V. VIRTVTEM VIDEANT I. Q. R. ut ostendat quid mali

---

31(1) a. m. d. u. n. M | amorem discincti u. n. R | n. U | perditum RTB : et perditum Vin : imperitum MLU | ut—nepos RVin : *om.* MLU *31(2)* discinctum—neglegentiam *om.* RVin | discinctum[1] M : discintus LU | u entrosum R : uentricosum V in | *3 1(3)* ob pinguedinem] hoc pinguedinem dicitur M | incalluisse R : incaluisse TBVin : caluisse MLU; *cf. 32(1)* | utrumque tamen RTBVin | nattae] natta LVin (nata) *31(4)* mane R   *32(1)* § *om.* L | uitio RVin : uitiis LU : u. M | e. f. i. o. p. M | p. *om.* R | incalluit MVin : incaluit LURTB | simul R | quod] id est RBVin | possit et RTBVin   *33(1)* n. q. p. e. a. d. s. r. n. b. i. u. M | n. q. p. et a. d. R (s.—u. *om.*) | sicut] quia sicut RT : quod sicut BVin | absorbet MLUBVin : obsorbet RT | non] nec RTBVin | remissi *Jahn* : remissos MLU : rursus RTBVin | in] ab RTB(ad)Vin | facie] fauce RVin : faucem TB | ebulliunt RTBVin : ebullit LU : bullit M   *35(1)* haud—r. *om.* RB | flagranti M | quid] quod L : qui U

patiuntur qui, cum cognoscant et uideant bonam uitam, malam tamen sequuntur, hic precatur Iouem ut tyrannos, hostes publicos, hac poena deiciat, cum uindicat, ut faciat eos uidere bonam uitam et gloriae probitatem, nec tamen sequantur, possessi actibus prauis. (2) ergo *haud alia ratione*, non dissimili poenarum condicione quam u t u irtutem c ognoscant e t c ognitam d eserant. (3) *c um d ira libido m. i.* id est cum malignitas eorum et cupiditas praua surrexerit, uel prona uoluntas circa quamlibet rem. (4) *feruenti tincta ueneno* nunc animi uenenum ait, ideo *feruenti.*

39 § ANNE MAGIS SICVLI GEMVERVNT AERA IVVENCI NEC MAGIS AVRATIS PENDENS LAQVEARIBVS ENSIS PVRPVREAS SVBTER CERVICES T. an maiora tormenta passi sunt hi quos Phalaris Agrigentinorum tyrannus tauro aeneo torquebat inclusos; aut grauior sollicitudo Democritem philosophum t orsit—quem Dionisius t yrannus opes et f elicitatem mirantem inuitauit ad cenam appositoque apparatu omni magnis epulis frui iussit, sed ita ut gladius ligatus seta ex laquearibus supra ceruices eius penderet—quam torquentur huiusmodi cogitationibus suis cum se decipi intellegunt nec tamen corriguntur et apud se ita murmurant ut nec uxoribus credant, ut secretum eius ea nesciat quae scire debuerat. (2) item *quae proxima nesciat uxor* uxor, inquit, quae est proxima, id est corpore adiuncta.

41 § IMVS IMVS PRAECIPITES QVAM SI SIBI D. quomodo ille qui sibi soli dicit uitia sua et ne culpetur non uult ea

---

agnoscant LT | ut uideant uirtutem mala U | eos *om.* L | sequantur LRVin : secuntur MU | possessi RVin : possessos MLU   *35(2)* id est non LU   *35(3)* § cum MU | id est *om.* U | et] uel et U | surrexerit MLUVin : subrepserit RTB | uel—rem *hic Jahn* : *post* ideo feruenti *(35[4])* MLURTBVin *35(4)* feruenti tincta ueneno Vin : feruenti t. u. BT(c.t.) : cum(§ cum U) dira libido LUR : § cum d. l. M   *39(1)* m. s. g. a. i. nec m. a. p. l. e. p. s. c. t. M | nec—t. *om.* R | nec] et *Persius* | democritem MLUT : d emocriten R : d emocritum B Vin | q uam t orquentur MRB : contorquentur LU : quam torquerentur Vin | suis *om.* LUB | nesciat] nesciat quae nesciat R   *39(2)* u. MUR | uxor²--proxima R : habet aduocationem (auocationem M) tamquam ex coniugibus quae est proxima uxor inquit proxima MLU | adiuncto U   *41(1)* quam si sibi L : quam quae s. d. M : quamque si sibi s. d. U : q. s. R (s. d. *om.*) | soli sibi LU

pandere, ita et ab uxore hoc secretum abscondit, et tamen tormentum animi silentio sustinet. (2) item [§] *quam si sibi dicat non furore compulsus sed interna conscientia furtim obmurmuret.*

44 § SAEPE OCVLOS MEMINI TANGEBAM P. O. GRANDIA SI NOLLEM M. V. C. D. sensus: tu autem, quem ob desidiam et inertiam culpo, non potes tua crimina pueritiae uenia refugere. (2) omnes quidem sapientiae propter aetatis ignorantiam pueriles ludos praeponimus; tu uero iam potes et uitia morum corripere et sapientiam cognoscere et uitae uiam meliorem indagare. (3) et enumerat quae puer fecit ne in scolam iret. (4) merito, inquit, mihi lippitudinem accersiebam ne Catonis deliberatiuam recitarem, utrum moreretur annon, aut quibus uerbis uti potuit cum se destinaret interficere. (5) oculi autem tacti oliuo perturbantur ad tempus [et tamen tormentum animi silentio sustinent] ut turbatis oculis ad scolam non iret. (6) quasi deuexus sensus a superioribus est; sed eo respondet a pueritia nos auersum ab eruditione habere animum. (7) poetico autem more finxit hunc sensum. (8) merito mihi accersiebam lippitudinem: id enim mihi erat potissimum, talis ludere et uim cuiusque casus nosse et in

et ab uxore] ut uxori RTBVin | abscondat RTBVin   *41(2)* § MLU | si sibi dicat RVin (dictat) : qui sibi (sibi *om.* M) d. MLU | obmurmuret R : obmurmurent MLUVin   *44(1)* m. t. p. o. g. s. n. m. u. c. M (d. *om.*) | grandia—d. *om.* R | sensus est URVin   *44(2)* om L : omni U | pueriles LRVin : puerilis MU | proponimus UR | uiam uitae U | indagari R   *44(3)* fecit MRVin : facit LU   *44(4)* accersiebam LURTB : accersebam MVin | catoni MLU | deliberatiuam] deliberatiuam orationem RTBVin | moreretur RTBVin : moriatur MLU   *44(5)* tacti oliuo LU : tacti M : oleo tacti RTBVin | e t—sustinent *del. Zetzel; cf. 41(1)* | a nimi] hoc nimio RTBVin | sustinent MLUT : sustinebat RVin : sustinebant B   *44(6)* deuexus (deuexus est T) sensus a superioribus (superibus R) RTB : deuexus (diuexus M) sensus superioribus M (*s.l.* pendens a superioribus M²) L : dependens a superioribus ues sensus superioribus U | eo] ideo U | ad pueritiam R   *44(7)* hunc finxit U   *44(8)* accersiebam RTB : accersibam LU : accersebam MTVin; *cf. 44(4)* | id enim LUR : id est M | et uim LUR : enim M | cuiusque R : cuiuscumque MLU : uniuscuiusque TBVin; *cf. 10(3) et 48(1)* | casus *om.* U

collum orcae nuces iactare et turbines flagellare. (9) et hinc dicit quibus modis puerilia euitabat studia.

46 § NON SANO MVLTVM LAVDANDA M. id est nimis sano, ut est illud Virgilii: 'insanam uatem a.' (*Aen. 3, 443*) pro ualde sanam. (2) aut certe *insano* qui discipulorum suorum carmina laudabat cum aliorum debuerant iudicio comprobari.

47 § QVAE PATER ADDVCTIS S. A. A. *pater sudans* id est sollicitus de spe filii recitantis.

48 § IVRE ETENIM ID SVMMVM QVOD DEXTER SENIO FERRET S. E. I. V. hoc mihi, inquit, erat potissimum, talis ludere, id est tesseris, et uim cuiusque casus nosse. (2) *dextrum senionem* dicit p ropitium, q uia i n i actu t alorum s emper b oni a liquid a ffert. (3) tali in hoc loco tres tesserae sunt, numerum impressum tenentes in alea. (4) senio autem et canicula et Venus propria nomina iactus tesserarum sunt. (5) uerbi gratia, dum tres seni proueniunt, is iactus senio est. (6) in quo notandum quia interdum etiam est sinister: dum uero tres uni, canicula; Venus autem dum iactus iuxta rationem numeri optime conectuntur. (7) quam conexionem unio, id est canicula, in fine tabulae efficere solet.

49 § DAMNOSA CANICVLA QVANTVM RADERET *canicula* pro c ane q ui i n c alculis e x o mni i actu t alorum q uinque detrahit, excepta Venere, in q ua sola prodest. (2) *canicula* genus aleae quod de numero quinque subtrahantur.

50 § ANGVSTAE COLLO NON FALLIER O. collo amphorae ex distanti loco ait nuces mittere ut manus non erret; qui ludus

turbines MRVin : turbones LU *44(9)* hic M | puerilia MLR : pueritia UTVin *46(1)* non sano] insano RVin | m. l. m. M | a. *om.* LTB *46(2)* sano M : uel sano *s.l.* R² | quid M : quod U | iudicio *om.* M *47(1)* § *om.* LU | pater² *om.* RTB | sollicitatus U | filii recitantis MRVin : recitantis filii LU *48(1)* i.s. q. d. s. f. s. e. i. u. M | id summum *om.* LU | q. d. s. f. R (s.—u. *om.*) | inquit michi U *48(2)* dextrum MUBVin : dexterum LR | qui R | iactu MLR : actu U : iactura TBVin | aliquid RTBVin : quid LU : *om.* M | affert aut senior maior missus ut sena immerito (immerito *om.* U) inquit flebam ista cum semper laudarem MLUVin : aut—laudarem *om.* RTB *48(3)* tali—solet (48[7]) R : *om.* MLUTBVin *49(1)* c. q. r. M | q. r. R | canicula² TBVin : caniculam MLUR | qui—excepta *om.* U | in calculis RTBVin : calculatorum ML | omni] homini M *50(1)* c. n. f. o. M | extistanti U | lusus M

ubique celebratur et ita praestat ut extra collum missas nuces non colligat. (2) ludo nucum orcae collum ponitur, et qui certo ictu iacit in eodem collo, ipse uictor extitit. (3) *orca* est amphorae species.

51 § NEV QVIS CALLIDIOR BVXO T. F. *buxo* id est turbine buxeo ludere peritior. (2) *flagello,* ut Virgilius: 'dant animos plagae' (*Aen. 7, 383*).

52 § HAVD TIBI INEXPERTVM CVRVOS DEPREHENDERE M. interrogatiue legendum, tamquam si dixisset: ignotum tibi non est corrupti mores qui sunt intellegere, id est praui? certe degustasti philosophiam? (2) item *haud tibi inexpertum c. d. m.* aut interrogatiue aut pronuntiatiue legendum, dicens non illi esse incognitum prauos et turpes et peccantes mores, quos curuos appellauit. (3) ergone uidisti dextrum litterae Pytagoricae? (4) aut magis pronuntiatiue: certe degustasti philosophiam.

53 § QVAEQVE DOCET SAPIENS BRACATIS I. M. P. Atheniensem porticum dicit, in qua picta erat pugna Atheniensium eorumque qui cum Xerxe ad oppugnandam Graeciam uenerant gesta apud Marathonios campos. (2) quam porticum *sapientem* dixit, quoniam sapientes in ea philosophantur, ex qua etiam Stoici dicti sunt; Graece enim porticus στοά dicitur, quam etiam Πεισιανάκτειον uocant.

et RTBVin : *om.* MLU | ut RTBVin : cum MLU | non RTBVin : *om.* MLU   *50(2)* icto MLUR : iactu BTVin | collo MVin : loco LU : *om.* RTB | extitit MLR : exstitit UT : existit RVin   *51(1)* nec L : n++ U | c. b. t. f. M | buxum *Persius* | buxo² *om.* RTBVin | id est—buxeo *om.* U | potior RVin   *52(1)* c. d. m. M | c. d. R (m. *om.*)   *52(2)* haut t. i. c. d. m. M | aut¹ *om.* R | pronuntiue U | mores] mores d. R | appellauit R : appellauit a corpore curuo appellauit corripere M : appellauit a corpore curuo LU   *52(4)* aut RTBVin : an MLU | pronuntiatiue aut pronuntiue certe U   *53(1)* s. b. i. m. p. M | braccatis L : braccati U | ponticum U | atheniensem MLUR (*s.l.* uel sium) T : atheniensium BVin | eorum RTVin | xerxe persa Vin : persen MLU : porsenna R (*s.l.* uel xerxen)T | gratiam M | marathonios RTVin : marethonios LU : maurethonios M   *53(2)* philosophantur MLURT : philosophabantur BVin; *cf. Isid.* 8.6.8 | στοά Vin | πεισιανάκτειον *Rutgersius* : pisianaction ML : pisianactio U : pision action R : ipsi ανάκτιον Vin

54 § INSOMNIS QVIBVS ET DETONSA IVVENTVS nosti etiam et illa praecepta quibus inuigilat iuuentus intonsa, id est philosophi, qui non tondebantur.

55 § SILIQVIS ET GRANDI PASTA P. id est naturalibus cibis uiuere contenta, id est leguminibus et farre, uel uictu facili esuriem suam implens. (2) aut ideo quod philosophi carne non utantur, dicentes animas animabus non debere dari, ut Ouidius: 'heu quantum scelus est in uiscere uiscera condi congestoque cauum pinguescere corpore corpus alteriusque animans animantis uiuere leto!' (*Met. 15, 88sqq.*).

56 § ET TIBI QVAE SAMIOS DEDVXIT LITTERA RAMOS subaudis: haud tibi inexpertum est quae Pytagoras Samo insula ortus praecepit, qui Y litteram ad modum uitae humanae figurauit, quae in infantia uel initio monitione pedagogi et paterno metu secta non est, et postquam in adulescentiam quis uenerit diuiditur. (2) et in sinistra parte rami uelut uitia sunt, quae deuexioribus facilem ad se praestat ascensum, et altera dextera, in qua uirtutis opera celebrantur, arduum ac difficilem limitem pandit; qua qui euaserint, quieta sede excipiuntur. (3) quas partes quisquis ab anno sextodecimo o ptinebit, i n h is f uerit staturus. (4) q ua similitudine

---

54(1) q. e. d. i. M | et *om.* LUT   *55(1)* § *om.* U | e. g. p. p. M | p. p. R | id est¹ RTBVin : et MLU | uel MLUTBVin : id est R   *55(2)* quia RTBVin | non (*om.* T) utuntur (utentur *ante corr.* R : utantur Vin) carne RTBVin | animas] animam M | debere RTBVin : *om.* MLU | in *om.* M | inuisere U | cauum MRT : auidum LUBVin, *codd. Ouidii* | animans R : animam MBVin : animantem L : animantemque U   *56(1)* q. s. d. l. r. M | diduxit U | l. r. U | r. R | est¹ TVin : et MLUR : est et B | ad] in M | initio] initio R (*s.l.* in) : in initio Vin | monitione LURTB : monitioni M : monitionum Vin | secta non est TBVin : secta est R : insecta est LU : insecta M | quis RTBVin : *om.* MLU | diuiditur *Jahn* : diuidit RTBVin : diuidi MLU   *5 6(2)* et si in M | u itia s unt R TBVin : u itiosa MLU | deuexioribus RTBVin : deuexiori MLU | dextera] est dextra LU | pandit RTBVin : pandens MLU | qua RVin : quae MLUB : quem T | euaserit RTBVin; *cf. 56(6)* | excipitur RTBVin   *56(3)* decimo M | optinebit RTBVin : optinebat MLU | fuerit *Jahn* : erit RTBVin : fuerat MLU : fueris Vin   *56(4)* qua *nos* : de qua MLUVin : *om.* R; *cf. 56(7)*

docebat per uitia ad perniciem cito tendi, ad felicitatem per uirtutem tarde ueniri. (5) aliter: litteram Y Samius Pytagoras inuenit instar humanae uitae, quae in dextera parte angustiorem ascensum commodat, habens in summitate planitiem, in sinistra uero facilem descensum, sed nullum cacuminis retentaculum, qua per uitia eundum est; et ideo praecipitari necesse est qui illuc ascendunt et perueniunt. (6) altera, in qua uirtutis opera celebrantur, arduum ac difficilem habet limitem; quem qui euasissent, experirentur quietissimas sedes. (7) qua similitudine docebat per uitia ad perniciem cito tendi, per uirtutem ad felicitatem tarde ueniri.

57 § SVRGENTEM DEXTRO MONSTRAVIT LIMITE C. arduum ac difficilem sed gloriosum ac certum.

58 § STERTIS ADHVC cuius aetas apta est sapientiae et praeceptis philosophicis.

58 (2) § L AXVMQVE C APVT C OMPAGE S OLVTA i d e st crapula marcidus, uix caput sustinens iuncturis maxillarum extensis in rictum et uehementer patefactis.

59 § OSCITAT E. crapulam significat, ut est illud Virgilii: 'hesterno uenas ut semper Iaco' (*Buc. 6, 15*).

docebat *nos* : dicebat MLURVin | per uitia R : pueritiam MLUVin | tendi R : tendi ac perueniri MLU : tendere ac peruenire Vin | felicitatem] felicitatem uero LU; *cf. 56(7) 56(5)* aliter *om.* MLU | littera RTVin | Y RTB : Y quam MLUVin | ad instar M | angustiorem ascensum RTBVin : angustior et ascensui MLU | commodat R : commodata MLU | retentaculum MR (*s.l.* uel retinaculum)Vin : retinaculum TB : receptaculum habens LU | quia L | esset RTBVin | ideo eos RTBVin *56(6)* ac] et RTBVin; *cf. 5 6(2), 57(1)* | habet RTBVin : *o m.* M LU | experientur U *56(7)* docebat ut dictum est RTBVin *57(1)* d. m. l. c. M | l. c. R | arduum ac (et T) difficilem sed gloriosum ac (et Vin) certum RTBVin : arduus ac difficilis sed gloriosus ac certus MLU *58(1)* a. MLU *58(2)* § *om.* M | laxumque caput compage soluta BVin : stertis adhuc MLUR | id est RTVin : et MLU; *cf. 55(1) 59(1)* § *om.* M | significat RTBVin : significat id est intentionem (tentionem M) animi uel (uel *om.* M) ingenium MLU | semper iaco R : s. i. MLU

60 § EST ALIQVID QVO TENDIS ET IN QVO DIRIGIS A. AN PASSIM SEQVERIS CORVOS TESTA Q. L. Q. SECVRVS QVO P. F. Q. E. T. V. interrogantis est: proposuistine tibi genus aliquod uitae quod sequi debeas et in quo neruos animi tui extendas? (2) an uagus sine p roposito uitae peragrans tempus, ut libuit, omnia facis? (3) coruos lapidibus insectaris, quod est inertium et stultorum indicium. (4) *ex tempore uiuis* hoc e st non quo te sapientia, sed quo uitiorum impetus duxerit traheris. (5) *coruos* adulteros.

62 § ATQVE EX TEMPORE VIVIS cum tu nihil putes interesse quo te pedes ferant, ad horam et nihil de crastino cogitas. (2) habes, inquit, iam propositum rectioris uitae. (3) an adhuc titubans nondum inuenis firmiorem sententiam quae te cogat aliquod remedii genus quaerere, ut tuae uitae uictus iam turpitudine subuenias?

63 § ELLEBORVM FRVSTRA CVM IAM CVTIS AEGRA T. P. V. solent quidam stulti inueteratis in se uitiis medendi remedia implorare, cum utique primo cauendum sit ne quis sanis membris morbus irrepat. (2) allegoricos a medicis tractum intellege: sic hominibus captis turpitudine subueniri non posse, sicut a medicis non potest ualitudine diuturna uictis subueniri. (3) *elleborum* autem medicaminis genus est quod hydropici saepe bibunt, quod si nimium sumpserint necat.

64 § VENIENTI OCCVRRITE MORBO ET QVID OPVS CRATERO M. P. M. in prouerbio est 'montes aureos'; grandia

---

60(1) § *om.* L | q. t. e. i. q. d. a. a. p. s. c. t. q. l. q. s. q. p. f. q. e. t. u. M | d. a. U | s. c. U | q.¹ *om.* LU | et—u. *om.* R | uitae RTBVin : *om.* MLU | extendas] extendas an eris uagus sicut coruus o puer ut secundum libitum tuum agas corui enim pro libitu feruntur sic et tu sine dispositione uiuis L *60(2)* tempus ut LU : ut tempus M : ut RTBVin *60(3)* et coruos RTBVin *60(4)* id est RT *62(1)* § MR : *om.* LU | uiuis] u. M | et RTBVin : *om.* MLU *62(3)* cogat M : non cogat LUR | non subuenias R *63(1)* § *om.* U | f. c. i. c. ae. t. p. u. M | cutis e. t. p. u. R | stulti membris R TBVin | 6 3(2) t ractus i ntellectus R TBVin | s ic] n unc U | subueniri¹ RBVin : subuenire MLUT *63(3)* ΥΔΡΟΠΟCΙ M | si nimium MR : nimium si LU *64(1)* o. m. e. q. o. c. m. p. m. M | morbo] m. R | quidem U | opus est R

enim promittunt qui in periculo sunt. (2) antequam morbus ueniat cauete; satius est ipsis uenientibus morbis occurrere. (3) ut quid enim prodest post morbos sera remedia quaerere et Cratero medico multa promittere? (4) hic Craterus Augusti temporibus medicus nobilis fuit, de quo Horatius dicit: '"non est cardiacus" Craterum dixisse putato' (*Serm. 2, 3, 161*). (5) per hunc omnem medicum uult accipi.

66 § DISCITE O MISERI ET CAVSAS C. R. id est philosophiam, ut Virgilius. (2) debere dicit unumquemque discere omnium rerum rationem ut sciat quis ipse est et ob quam rationem natus est. (3) sed et finem uitae debet intueri et quae fugiat, quae exoptet, quem modum in cupiditate habeat, quod bonum, quod asperum nummus habeat, uel quantum suis parentibus largiri oportet. (4) 'felix qui potuit rerum cognoscere causas' (*Verg. Geo. 2, 490*). (5) sapientem ergo felicem esse dixit qui rerum potuit cognoscere causas. (6) *discite* aut naturalem philosophiam aut moralem. (7) naturalis est quae tractat de rerum natura, moralis quae de moribus nostris. (8) et hoc dicit: utrum in quem usum nascimur uicturi an qualiter uicturi et quid futuri.

67 § QVID SVMVS AVT QVIDNAM V. G. quia mortales sumus et homines rationis capaces et a ceteris animalibus sola ratione discernimur, quam nos sequi decet; nam ideo facti sumus ut cum hac uiuamus. (2) quae ratio officiorum et quae finis beatae

---

64(2) cauete Vin : caute et MLU : cautis RTB   *64(3)* ut (et T) quid enim (etiam TB) prodest TBVin : ut quid (quidem *ut uid.* U) etiam MLU : ut quid etiam pridem R | ut] uel *Zetzel*   *64(4)* hic *om.* LU | medicus nobilis R : nobilis MLUTBVin; *cf. Porph. ad Hor. Serm. 2,3,161*   *64(5)* medicum *om.* U | accipere RTBVin   *66(1)* o. m. e. c. c. r. M | ut uirgilius MLU : *om.* RTBVin   *66(2)* debere RTBVin (dicit unumquemque debere) : *om.* MLU; *cf. 66(4)* | quis] quid RTBVin   *66(3)* et¹] in R | debet RTBVin : *om.* MLU | et² RTBVin : *om.* MLU | optet R | quemadmodum RBVin : quomodo T | se habeat R : teneat se BVin : se teneat T | quod¹—habeat *om.* M   *66(4)* unde est felix RTBVin; *cf. 66(1)* | c. c. MLU | casus R   *66(5)* dixit esse LU | potuit *om.* M | causas] c. R   *66(8)* utrum MLU : discite RTBVin | an MLUR : aut TBVin   *67(1)* a. q. u. g. M | nos sequi LU : nosse qui M : nosse quemque RTBVin | nam R : et MLU

uitae, uel facilis uitae finis aut breuis, uel quam cito uita nostra terminetur, quam debemus uirtute protendere.

67 (3) § ORDO QVIS DATVS AVT METAE QVAM MOLLIS FLEXVS ET VNDE id est unde et ubi uertamur, uel quem ordinem uiuendi natura constituerit; quia decet sapientem, ut in bono uitae proposito constitutus, si flecti necesse est, ad meliora flectatur.

69 § QVIS MODVS ARGENTO id est quis habendi diuitias modus sit.

69 (2) § QVID FAS OPTARE quid maxime optandum sit, quia solent stulti saepe sibi optare contraria.

69 (3) § QVID ASPER VTILE NVMMVS H. hoc est quid in se utilitatis diuitiae habeant, quia ille bene diuitias possidet qui eis non a butitur s ed c um honestate d ispensat. (4) *a sper n ummus* a ut male partus aut criminosus.

70 § PATRIAE CARISQVE PROPINQVIS Q. L. D. quomodo patriae uel propinquis sit largiendum, siquidem largitatem remuneratio, tenacitatem poena subsequitur, ut Virgilius haec uolens ostendere ait: 'et qui diuitiis soli incubuere repertis n. p. p. s.' (*Aen. 6, 610sq.*) et Horatius: 'cur eget indignus quisquam te diuite?' (*Serm. 2, 2, 103*).

71 § QVEM TE DEVS ESSE I. hoc est rationabilem et disciplinae capacem.

72 § ET HVMANA QVA PARTE LOCATVS ES IN RE id est in humana re ad quos usus constitutus sis nisi ut sapientiam consequaris. (2) uel quod regnum teneas inter omnia animalia.

67(2) uel[1] MLU : uel si R | exterminetur U   *67(3)* q. d. a. m. q. m. f. e. u. M | datur R | flexus et u. R : f. et unde LU | in *om.* LU | flecti RBVin (inflecti) : flectitur MLU   *69(1)* modis U | modus (modis U) sit LUR : sit modus M   *69(2)* § *om.* L | sibi *om.* U   *69(3)*a. u. n. h. M | n. h. LU | eis RTBVin : illis MLU   *70(1)* pro. q. l. d. M | l.] e. R | largitatem] largientem M | hoc LUVin | insoli cubuere M : tunc incubuere R | repertis] r. R. | p.[2]] n. U   *71(1)* §] s.s. L | d. e. i. M | rationalem L   *72(1)* q. p. l. e. i. r M | p. l. R (es in re *om.*) | id est RBVin : s. T : *om.* MLU | r e[2] *o m.* M | n isi] s cilicet R TBVin   *7 2(2)* q uod RTBVin : quo M : quia LU

73 § DISCE NEQVE INVIDEAS QVAM MULTA FIDELIA PVTET IN L. PENV D. P. V. hoc est disce philosophiam et non inuideas diuitibus, quia sapientiae non est. (2) in quorum cellariis tanta est dapium abundantia ut etiam putescant epulae, quae consumi prae multitudine nequeunt; quae cellaria muneribus pinguium Vmbrorum uel clientum referta sunt, quibus defensionem patrocinando praebent. (3) *pingues* autem *Vmbros* dixit nobiles populos Tusciae, ut Virgilius: 'totaque turiferis P. p. h.' (*Geo. 2, 139*). (4) et bene *penu* dixit, non penore, ut Virgilius: 'quinquaginta intus famulae q. o. l. c. p. s.' (*Aen. 1, 703sq.*), quia ab eo quod est penus facit huius penoris, ab hoc penore, ab eo quod est penum, huius peni, ab hoc peno. (5) id est inter cunctas quas tibi partes iniunxerit deus in conuictu qui cum hominibus est, summa omnium est philosophari; nec te abstraxerit miratio abundantiae et potentiae causidicorum, quod plerisque iuuenibus accidit.

75 § E T P IPER E T P ERNAE M . M . C . su baudis *p utent*. (2) *monumenta* sunt munera quae memoriam efficiunt, eo quod haereant memoriae qui ea dant, aut quod mentem moneant.

76 § MENAQVE QVOD PRIMA NONDVM D. O. *mena* salsamenti genus est ex pisce minuto, quae sic locupleti oblata est prius quam finiret quae in cellario primum habuerat.

77 § HIC ALIQVIS DE GENTE HIRCOSA CENTVRIONVM DICAT QVOD SAPIO S. E. M. *hircosa* dixit aut ab odore

---

73(1) quam] quod *codd. Persii* | q. m. f. p. i. l. p. d. p. u. M | p. i. l. p. R (d. p. u. *om.*) | in] i. n. LU | hoc est disce] disce subaudi RTBVin | quia] quod RTB   *73(2)* dapum LU | putescant M : putescunt R : putrescant LTBVin : p utrescunt U | clientum] dicentium U | referta sunt] refertas M | § quibus LU | praebet R (*s.l.* s. persius) : praebet persius BVin : persius praebet T   *73(3)* populos tusciae umbria enim tuscia est RTBVin : populos MLU; *cf. Isid. 14.4.20*   *73(4)* penu] peno RTBVin | intus *om.* U | est[1] *om.* M   *73(5)* id est inter cunctas (iunctas M) MLU : ergo RBVin : itaque T | conuictu LR : conuictū M : cum uictu U : uictu TBVin | admiratio RTBVin | causidicorum a sapientia RTBVin | sperne L | e. p. m. m. c. M   *75(1)* piger U | *75(2)* quod[2] RT : quia Vin : *om.* MLUB | moueant L   *76(1)* q. p. n. d. d. o. M | n. d. o. R | sic *om.* RTBVin | finiet U | quae[2] LUTBVin : quam R : quod M   *77(1)* d. g. h. c. d. q. s. s. e. m. M | centurionum d. R (quod—m. *om.*)

corporis, quia ex labore et cibo multo ac somno fetidum sudat, aut ad mores barbaros retulit, quod eorum quidam dici putidi solent. (2) et hoc poeta dicit: me de philosophia tractante si quidam militum audiat, hoc dicat: *quod satis est sapio mihi,* hoc est sufficit mihi naturalis sensus nullaque ex philosophia eruditione delector.

78 § NON EGO CVRO ESSE QVOD ARCHESILAS E. Q. S. nec curo hoc esse quod Archesilas philosophus aut Salon, qui etiam apud Athenienses philosophus et legislator erat, qui duas tabulas legibus addidit. (2) *Salones* autem Romano more dixit, ut Catones, Camillos, Drusos. (3) *aerumnosos* autem quia frugalitas philosophorum misera uidetur luxuriosis et prodigis eo quod animum colentes corporis culturam abiciant. (4) *Archesilas,* Scythi filius, Pitaneus, Cirenaticus philosophus perfectissimus fuit, qui Academiam primus inuenit.

80 § OBSTIPO CAPITE quod tacita et intenta cogitatione quasi obstupidi uideantur. (2) *obstipo* id est inclinato et grauitatem simulante et cum obliquitate fixo.

80 (3) § ET FIGENTES L. T. luminibus in terram immobiliter fixis, ut Virgilius: 'obtutuque haeret d. i. u.' (*Aen. 1, 495*), et alibi: 'illa solo fixos o. a. t.' (*Aen. 6, 469*).

81 § MVRMVRA CVM SECVM ET RABIOSA SILENTIA R. id est cogitationes atque inuentiones suas susurro immurmurantes et disputationes minutas et sensim prolatas.

82 § ATQVE EXPORRECTO TRVTINANTVR V. L. AEGROTI VETERIS MEDITANTES SOMNIA GIGNI DE

quod] ut RTBVin   *77(2)* tractantem Vin | satis est sapio MLUVin : sapio satis est RTB | hoc est RTBVin : hoc M : id est LU | nullamque . . . eruditionem M   *78(1)* e. q. a. e. q. s. M | e. s. R | cura M | qui²— addidit RTBVin : *om.* MLU; *cf. ad 78(3)*   *78(3)* autem dixit LU | prodigis RTBVin : prodigis qui duas tabulas legibus addidit MLU   *78(4)* sciti MUR : sicti L | cirenaticus MRB : sirenaticus LU | philosophus aut salon qui etiam apud athenienses philosophus perfectissimus U   *80(1)* obstipite capite M   *80(2)* obstipo id est Vin : obstupefacto id est B : obstupefacto MLUR | cum *om.* L   *81(1)* c. s. e. r. s. r. M | s. r. LU | ē sensu U | perlatas R   *82(1)* ex p. t. u. l. ae. u. m. s. g. d. n. n. i. n. n. p. r. M | § aegroti L | aegroti—r. *om.* R | somnia meditantes LU

NIHILO N IHILVM I N N . N . P . R . i d e st d ialectico more u erba
examinantes, quorum disputatio talis est ut quasi diu aegrotantium
hominum somnia uideantur, hoc disputantes: *gigni de nihilo*
nihilum, in n. n. p. r. (2) prima physicorum quaestio est, et de qua
inter o mnes c onuenit, n ihilum d e n ihilo n asci e t n ihil i n nihilum
solui; et mundus de nihilo factus est et in nihilum redigitur. (3)
ideo autem mundum nihil esse dixit, non quia hoc est, sed eo quod
erit, quia ex nihilo est, in nihilum uadit. (4) quae omnia negat
centurio uelle se discere, et dicit: ita philosophi sibi oculis formant
de quibus scripturi sunt, ut sunt diuturna infirmitate homines,
quibus siccitate febrium et insomnietate diuersorum imagines
oculis eorum formantur. (5) Stoici asseuerant non posse ad nihilum
aliquid reuerti et aliquid non in nihilum dissolui; nam corpus
atomis constat, quod cum decidit, in atomos dissoluitur. (6) et ad
utrumque respondet, posse gigni de nihilo nihilum, ad nihilum
nihil reuerti posse.

85 § HOC EST QVOD PALLES CVR QVIS NON
PRANDEAT HOC EST ipse adhuc loquitur: ex tali studio palles?
ecce ieiunii fructus, quia tam diuturna cogitatio uel lucubratio uel
inedia pallorem corporibus inicit.

86 § HIS POPVLVS RIDET id est de talibus uerbis.

86 (2) § MVLTVMQVE TOROSA IVVENTVS INGEMINAT
TREMVLOS N . C . C . i stis e rgo d isputationibus r idet p opulus e t
torosa iuuentus. (3) aut *multum ridet* aut *multum cachinnos*
ingeminat aut *multum tremulos* aut *multum naso crispante.*

id est RTBVin : et MLU | p. n. n. r. U   *82(2)* physicorum prima M |
philophorum RT | et[4]—est[1] (*82[3]*) *om.* U   *82(4)* uelle se LRBVin : se
uelle UT : uelle M | et[1] RTBVin : *om.* MLU | oculis MRTBVin : oculos
LU | insomnitate U : in insomni aetate L   *82(5)* ad nihilum aliquid
MURVin : aliquid ad nihilum L | nihilum[2] RTBVin : nihil MLU |
resolui U | quod RTBVin : *om.* MLU | athomos (atomos Vin) MTVin :
atomis (athomis LUB) LURB   *82(6)* gigni MR : *om.* LU | nihilum[1]] in
nihilum R | nihil *bis* L | posse reuerti RTBVin   *85(1)* p. c. q. non p. h. e.
M | h. e. LU | ieiunii fructus RTBVin : ieiunus afficeris M : (*lac. 7-8*
litt.) sufficis L : uinus sufficit U   *86(1)* § *om.* LU | p. r. M | ridet] ridet
uerba poetae RTBVin   *86(2)* t. i. i. t. n. c. c. M | i. t. n. c. R

88 § INSPICE NESCIO QVID TREPIDAT MIHI PECTVS de his nunc dicit qui infirmitate inualidi uitia cupiditatum suarum superare non possunt et ebrietate aut aliis desideriis tracti in maius aegritudinem suam corroborant, ut etiam usque ad mortem peruenant. (2) et sunt uerba aegri loquentis impatienter quod salutem suam neglegat. (3) item *inspice nescio quid trepidat mihi p.* ad superioris sensus uim redit: 'helleborum frustra cum iam cutis ae. t.' *(63)*, et plus hic inuehitur in eos qui non libenter opus esse medicina sibi dicunt et dant poenas huius contumaciae.

88 (4) § ET AEGRIS FAVCIBVS EXVPERAT GRAVIS HALITVS *grauis* male olens, ut Virgilius: 'et grauiter spirantis c. t. f.' *(Geo. 4, 31 sq.)* et: 'graue olentia c.' *(Geo. 4, 270).*

89 § INSPICE SODES *sodes* aut sodalis aut antiquae affectionis est, ut soluto eo quidam usi sunt [dic mihi si audes], ut Plautus, qui per resolutionem sic ait: 'dic mihi, si audes, quae est ea quam ducere uis uxorem' *(Aul. 170).*

90 § IVSSVS REQVIESCERE POSTQVAM TERTIA COMPOSITAS VIDIT NOX C. V. hoc poeta dicit: postquam ille aeger a medico iussus est requiescere et tertia dies eum sanum inuenit, rogat famulos ut de nobili apotheca lagena plena Surrentino uino sibi antequam lauet adducatur. (2) *Surrentum* oppidum Campaniae quod bona uina mittit, id est electa, lenia. (3)

88(1) quid R : quod LU | q. t. m. p. M   *88(2)* inpatientem U   *88(3)* n. q. t. m. p. M | q. t. m. p. R | § helleborum LU | f. c. i. c. ae. t. M | plus hic inuehitur in eos R : plus in eos (eo B) hic inuehitur TB : in eos inuehitur Vin : plus hic dicit eos M : plus hic adicit eos LU | libenter *om.* RTBVin | medicinam RTBVin | dicunt et dant] dicunt et dat RT : dicunt dat et B : dicunt dant et Vin : dare MLU   *88(4)* f. ē. g. ha. M | superat LU | grauis²] id est RTBVin | f.] s. U : *om.* R   *89(1)* sodes² *om.* RTB | dic mihi si audes¹ *om.* Vin | dic mihi si audes quis ea est quam uis ducere uxorem *Prisc. GLK 3, 9, 3* : dic mihi quaeso quis ea est quam uis ducere uxorem *codd. Plauti*   *90(1)* r. p. t. c. u. n. c. u. M | t. c. u. n. c. u. R | surrentino RTBVin : sirentino LU(syr-) : ++rentio M | lauet MLUVin : lauetur RTB | adducatur MLUT : prius adducatur RBVin   *90(2)* surrentum R : surrentinum TBVin : sirentinum MLU

uel uina Surrentina cum sint fortissima, unde et Horatius:
'Surrentina uafer qui miscet faece Falerna uina' (*Serm. 2, 4, 55sq.*).

92 <§> MODICE SITIENTE id est non ualde plena, quod non impleatur nisi usque ad collum. (2) [§] *modice sitiente* minus plena, uel quod uetustate decoquatur ac per hoc sese tamquam sitiens ebibat.

94 § HEVS BONE TV PALLES uerba medici ad aegrotum, quae ostendunt non finitum esse laborem. (2) et introducuntur monens et monitus loquentes, quorum alterna responsio est.

94 (3) § NIHIL EST uerba aegri curam spernentis. (4) et medicus: *uideas tamen istud, quicquid id est.* (5) *at tu deterius palles* item aegrotus excandescit, ut dici solet: 'quid me mones? at tu deterius palles'. (6) [*at tu deterius palles*] *ne sis mihi tutor* quem ego iam pridem [tutorem meum] extuli, id est obrui.

95 § SVRGIT TACITE TIBI LVTEA P. id est tumescit. (2) hydropicis enim luteus color est, id est subcroceus.

97 § TV RESTAS id est resistis. (2) aut certe: tu alter tutor es aut quem sepeliui.

97 (3) § PERGE TACEBO et medicus: quia perseueras non curari, sileo et discedo.

98 § TVRGIDVS HIC EPVLIS ATQVE A. V. L. ostendit neglegentiae esse hoc dum impatientia gulae tantos cibos sumit

---

90(3) u el R BVin : *o m.* MLU | s urrentina[1] R BVin : s irrentina M : sirentina LU | cum R (*s.l.* uel quia) : quia BVin : quae T | sunt RTBVin | surrentina[2] R : sirentina MLU   *92(1)* § *om.* MLU   *92(2)* § modice MLU | dequoquetur R : concoquatur U   *94(1)* non finitum] infinitum U   *94(2)* monens et monitus ML : monens U : moriens et monitor RTBVin   *94(3)* est *om.* L   *94(4)* tamen i. q. q. i. e. M : tamen istud quicquid i. e. LU : tunc istud quicquid idem R   *94(5)* t. d. p. M | excandescit *Wessner* : scandescit MLU : incandescit RTBVin | ut dici solet] et dicit RTBVin   *94(5-6)* at[2]—palles *om.* Vin, *Jahn*   *94(6)* t. d. p. M | mihi tutor RVin : m. t. M : t. m. LU | quem] cum R : *om.* Vin | ego *om.* M | tutorem meum *om. Jahn* | id est *om.* L   *95(1)* t. t. l. p. M | tibi *om.* L | id est RTBVin : *om.* MLU   *95(2)* enim] autem U   *97(2)* es RTBVin : sis MLU | aut MLU : aut ille Vin : ab eo R | sepeliui RTBVin : sepelli L : sepeli U : sepeliam M   *97(3)* § M : *om.* LU | et[1]] ait L : aut U   *98(1)* hinc R | h. e. a. a. u. l. M | atque a. u. l. *om.* R | hoc esse U

quos digerere difficile sit. (2) *turgidum* dicit crudum, indigestum.
(3) *albo uentre* hydrope pallido.

99 § GVTTVRE SVLPHVREAS LENTE E. M. non coctum
cibum ructans. (2) *sulphureas mephites* a loco fetido dixit qui in
Italia grauiter spirat, ut Virgilius: 'saeuamque e. o. m.' (*Aen. 7,
84*), id est per indigestionem uomitus sulphurei. (3) uel *sulphureas
mephites* indigestas [corruptum] ructans aut putidas.

100 § CALIDVMQVE TRIENTAL EXCVTIT E. M. *triental*
dicit calicem talem qui tertiam partem sextarii capit, aut tres
heminas capientem.

103 § HINC TVBA CANDELAE quia sepultura tubis apud
antiquos celebrabatur, ut Virgilius: 'it caelo clamorque uirum
clangorque tubarum' (*Aen. 11, 192*). (2) *candelae* etiam in
sepulturis ante mortuos procedebant, ut idem Virgilius: 'et de more
uetusto f. r. f.' (*Aen. 11, 142sq.*).

103 (3) § TANDEMQVE BEATVLVS ALTO C. L. *beatulus*
dicit, n on q uod b eatus s it, s ed q uia n umquam splendidior h abitu
fuerit quam eo quo effertur. (4) aut certe quia Romanae
consuetudinis fuit simpliciter sepelire. (5) merito etiam funeris
ambitionem irridet [non est enim Romanae consuetudinis sed] quia
pretiosiore in funeribus ueste stragula ceterisque etiam pauperculi
exponebantur.

99(1) s. l. e. m. M | l. e. m. R   *99(2)* qui RTBVin : quod MLU |
sulphurei MLUVin : sulphurei odoris R   *99(3)* corruptum *del. nos*
100(1) triental[1] R : trientem LU | t. e. e. m. M | e. e. m. R | triental[2]]
trientem M   *103(1)* hic L | candelae Vin : *om.* MLURTB | tubis *om.* M
| celebrabatur LU : celebratur R : celebrant M | canorque U   *103(2)*
etiam RTBVin : quoque etiam MLU | praecedebant Vin   *103(3)* b. a. c. l.
MR | eo RTBVin : eo lecto MLU   *103(5)* irridet non est enim romanae
consuetudinis sed quia R : irridet non quia macares (M : marce L :
macaret et marce U) dicuntur mortui non est enim romanae consuetudinis
apocrisnos (M : apocrinos LU) derisum significant sed quia MLU |
non—sed *deleuimus* | pretiosa RBVin | ceterisque RTB : caeterique Vin
: ceteraque MLU

104 § CRASSISQVE LVTATVS AMOMIS IN PORTAM RIGIDAS CALCES E. id est multis oblitus unguentis foras pedibus exit mortuus de domo sua.

103 (6) § ALTO COMPOSITVS L. quia lecto melius strato in porta effertur quam eo quo dum uiueret utebatur.

105 § AT ILLVM HESTERNI CAPITE INDVTO S. Q. *hesterni,* ait, a defuncto pridem manumissi, id est liberti et ciues Romani facti. (2) *capite induto* quia manumissi pilleati incedebant ante funus. (3) *subiere* quod plerumque ipsi manumissi manumissoris corpus portandum subirent.

107 § TANGE MISER VENAS ET P. I. P. D. de his dicit qui desidiae suae consulentes infirmitatem fingunt, quam mox uisis cupiditatibus suis abiciunt ut uel auaritia uel libidine trahantur. (2) *in pectore* ideo dixit quia quotiens plus solito aut salit aut calet infirmitatis indicium est. (3) considera, inquit, tui corporis qualitatem et ex uenarum motu sanum te esse cognosce. (4) sed si aut pecuniae capiendae spes fuerit aut puella mollis forsan riserit, caleas, inquit, necesse est et corde palpites donec effectum res quam desideras sortiatur. (5) modo in auarum eumque luxuriosum inuehitur et dicit: intellegito te male ualere.

108 § SVMMOSQVE PEDES ATTENDE M. Q. N. F. econtra digitorum summitas siue in manibus siue in pedibus si frigida fuerit, infirmitatem insinuat. (2) ergo 'nil calet' et 'nil friget', quod ait, aut ipsius aegroti interrogantis uerba sunt et aliter pronuntiandum est, quoniam ex cupiditate manuum summitates pedumque frigescunt, aut uerba sunt respondentis.

104(1) § *om.* L | l. a. i. p. r. c. e. M | pedibus *om.* MLU   *103(6)* c. l. M | l. *om.* R | utebantur M   *105(1)* hesterni[1] RTBVin : externi MLU | c. i. s. q. M | hesterni[2] RTBVin : externi MLU | liberati M : libertati U *105(3)* ante manumissoris RTBVin   *107(1)* m. u. e. p. i. p. d. M | suae *om.* M | ut *om.* L   *107(4)* spes capiendae MT | forsitan UVin | riserit forsitan Vin | arriserit M   *107(5)* inuehitur RTBVin : *om.* MLU | ualere UR : uiuere ML   *108(1)* attende] attinge RTB | n. f. *om.* R | econtra *om.* RTBVin   *108(2)* nil[1]] nihil U | nil[2]] nihil MU

109 § VISA EST SI FORTE PECVNIA SIVE CANDIDA VICINI SVBRISIT M. P. C. T. R. S. haec dicit esse uitia quibus produntur hi qui infirmitates simulant. (2) *rite* autem dixit, iam non ut infirmi sed recte quasi sani.

111 § POSITVM EST ALGENTE CATINO DVRVM HOLVS ET P. C. D. F. TEMPTEMVS FAVCES TENERO L. V. I. O. P. QVOD H. D. P. R. B. ad illum dicit qui sese mollitiei dedicauerat: fingis quod non possit os tuum delicatum cibos durissimos transgluttire et panem non deliciosius cribro discussum, sed plebeium tuis non conuenire fastidiis. (2) panem plebeium de populi annona, id est fiscalem. (3) sed frustra haec fingis; alia enim sunt a nimi t ui uitia u el ulcera, q uae non p ossunt l euibus purgari remediis. (4) est alter sensus: non leuibus aut popularibus cibis tui fastidii ulcera possunt purgari; hoc est quod ait *plebeia radere b.* (5) *radere* autem ait extergere, ut Horatius: 'hoc potius quam gallina tergere palato' (*Serm. 2, 2, 24*). (6) in timidum et iracundum dicit frigidum ex febre frigida habentem.

111 (7) § ALGENTE CATINO non frigidum pulmentarium habente, sed misero et egestuoso, quales sunt qui algent. (8) positum est in catino holus et posita est farina non scilicet in catino. (9) *farinam* n unc p anem d icit, e t h unc fingit gregalem e t plebeium esse positum. (10) hoc ualet: f ingamus apponi tibi, qui consuesti elegantius uiuere.

113 § TEMPTEMVS FAVCES inuitantis uerba. (2) *tenero*

109(1) s. f. p. s. c. u. s. m. p. c. t. r. s. M | s. c. u. s. m. p. R (*om.* c. t. r. s.) *109(2)* ut *om.* M *111(1)* § *om.* LU | c. d. o. e. p. c. d. f. t. f. t. l. u. i. o. p. q. h. d. p. r. b. M | tenero] t. R | i. *om.* LUR | quod] q. R | h.] a. LUR | delicioso M | sed] id est RTB *111(3)* hoc LUVin | purgare R : pugnare U *111(4)* est¹] et MB | aliter U | radere] r. MLU *111(5)* tergere] extergere MTBVin | palatum Vin, *Hor.* *111(6)* iracundum RVin : irandum M : tirannum LU | dicit et R | habentem RVin : habentibus MLU *1 11(7)* n on M LUVin : uel R | s ed M LU : u t R | misero e t egestuoso MLU : miserum et egestuosum R | quales sunt qui algent MLU : uel tale qui (*s.l.* ut) sumunt algeant R : quales qui subalgent Vin *111(8)* posita] positum M | si licet LU *111(10)* qui] quibus RTBVin *113(1)* § ML : series U | fauces RT(f.)BVin : fauces tenero latet LU : f. t. l. M

allegoricos uitium labii dicit usum uescendi. (3) *quod haut deceat* [aut] quod non oporteat quod impatiens sit. (4) *radere* hinc exasperare dicit ulcus.

115 § ALGES CVM EXCVSSIT MEMBRIS TIMOR ALBVS ARISTAS NVNC FACE SVPPOSITA F. S. E. I. SCINTILLANT OCVLI DICISQVE F. Q. QVOD IPSE INSANI ESSE H. I. I. O. additur etiam quod instabilitas mentis furiosum te facit, siquidem modo frigore, id est timore, tremebundus efficeris et pilos erigis— *aristas* enim pro pilis posuit—modo in iram calefacto sanguine commutaris et ea dicis et ut etiam ipsis furiosis furiosa uideantur. (2) *timor albus* dicit pallidus eo quod timor pallidos homines faciat, sicut 'pallida mors.'

117 § SCINTILLANT OCVLI id est nimio ardore inflammantur, et cum times frigore horrescis.

113(2) labi MLU | dicit TBVin : *om.* R (*s.l.* s. dicit)MLU | usum RTBVin : usu MLU   *113(3)* haut] aut MLU : aut non RT : autem non BVin | aut *del. Wessner   113(4)* hinc LUTB : et hinc R : hic M : hoc Vin | ulcus R (*s.l.* uel uulgus)TBVin : uulgos MLU   *115(1)* m. t. a. a. nunc f. s. f. s. e. i. scintillant oculi d. q. f. q. q. i. insani e. h. i. i. o. M | aristas] a. R (nunc—o. *om.*) | erigit LU   *115(1)* in iram] intra M   *115(2)* mors equo pulsat pede RTBVin; *cf. Hor. Carm. 1, 4, 13   117(1)* oculi] o. LU | id est] quod U | ardore] calore RTBVin

IN SATIRAM QVARTAM

1 § REM POPVLI TRACTAS de his dicit qui honoris cupidi supra modum aetatis suae publici moderaminis gubernacula quaerunt suscipere, quod significat per Alcibiadem, qui relictus a patre sub tutela Pericli philosophi prae nobilitate et divitiis puer rem publicam Atheniensium ministrauit. (2) et est sensus: cum puer es, possis rem publicam ministrare?

1 (3) § BARBATVM HAEC CREDE MAGISTRVM D. SORBITIO TOLLIT Q. D. C. hoc est: puta Socratem loqui cum Alcibiade suo, qui Socrates in carcere cicutam bibit et periit ob hoc quod in hunc discipulum diceretur infamis. (4) hic autem Socrates, cum incriminaretur de turpi amore Alcibiadis discipuli sui, uenenum in carcere accepit quo puniretur. (5) ille autem postquam bibit crimen suum purgauit. (6) et dum ei diceretur ut illud uenenum quod sumpturus erat accusatoribus daret noluit; ut ostenderet nihil esse mortem absolutus a crimine sumpsit.

3 § QVO FRETVS id est unde praesumis ut rem populi tractes?

3 (2) § DIC O MAGNI PVPILLE P. merito dicit *pupille* quia tutela Pericli philosophi, auunculi sui, fungebatur; et pupillos suos dicunt tutores, quibus tutelam gerunt.

4 § SCILICET INGENIVM ET RERVM PRVDENTIA VELOX ANTE P. V. D. T. Q. C. credendum tibi ante pubertatem

---

tit. DE HIS QVI AMBIVNT HONORES ANTEQVAM AD ETATEM PERVENIVNT L : *tit. om.* MUR   *1(1)* alcibiaden M : alcipiadem R *et similiter infra* | a pericli M | atheniensium publicam R   *1(3)* h. c. m. d. s. t. q. d. c. M | mag. d. (sorbitio—c. *om.*) R | puta RTBVin : putas MLU   *1(4)* dum UT   *1(5)* ille autem postquam bibit] et RTBVin   *1(6)* ut²] sed ut RTBVin | mortem (morte L) absolutus RLU : mortem absolutius M : morte absolutius TBVin   *3(1)* praesumis RTBVin : praesumptus MLU   *3(2)* dic o R : dico LU : dic hoc M | m. p. p. M | pupille²] pupille p. R : pupille pericli TBVin | tutela UR : sub tutela MLTBVin | fungebatur] degebat TBVin   *4(1)* i. e. r. p. u. a. p. u. d. t. q. c. M | prudentiam U | t] tc. L : it. U | p. u. a. (p.—c. *om.*) R | tibi MLU : est tibi RTBVin magnum ingenium uel prudentiam uenire ut scias quid uel loquaris uel taceas. (2) *uelox prudentia* ideo dixit quod celeritate sua pubertatem praeueniat. (3) sapientia autem antequam pili nascantur debet intellegi. (4) *pilos* autem pro barba posuit.

6 § ERGO VBI COMMOTA FERVET PLEBECVLA B. F. A. C. F. S. T. M. MANVS sensus: cum commota plebs fuerit, poterisne manu tua seditionem populi sedare? (2) [§] *calidae turbae* id est feruore iracundiae excitatae. (3) uel peritus es dicendorum et tacendorum. (4) *maiestate manus* quia tamquam magna et profutura hominibus locuturi tacere iubent mouentes manum. (5) *Quirites* abusiue pro ciues; Quirites enim ciues Romani sunt.

8 § Q VID D EINDE L OQVERE e rgo c um s editio o rta f uerit, quibus eam uerbis compesces?

10 § SCIS ETENIM I. GEMINA S. L. ANCIPITIS L. R. D. V. I. C. S. V. C. F. P. R. V. hoc per ironiam dicit: reuera scis iustitiam in lance pensare et ipsius dubiae lancis rectitudinem calles discernere, et regula momentanae ubi inter curua subit pede uaro cognoscis. (2) *regulam* dicit ipsum momentanae stilum.(3) *uaro pede* torto, hoc est decliui post pondus. (4) *scis etenim iustum* aestimare huc illuc inclinans iudicium donec in liquido stet sententia.(5) *lance* libra. (6) *pede uaro* inflexo et aliorsum quam ad rectitudinem d educto. (7) a ut *r egula* n unc p ro n orma a busus e st; est enim ea uara.

---

uel[1] MLUBVin : *om.* RT   *4(2)* pubertate U   *6(1)* u. c. f. p. b. f. a. c. f. s. t. m. m. M | p. b. f. a. c. f. t. m. LU | b. f. a. c. (f.—manus *om.*) R | cum RTB : dum MLUVin; *cf. infra 8(1)* | reserare L   *6(2)* § calidae MLU | i racundie. a. L : iracundia U   *6(4)* t amquam] q uasi T BVin | magna RTBVin : magni MLU | *8(1)* § *om.* M   *10(1)* etenim i. g. s. l. a. l. r. d. u. i. c. s. u. c. f. p. r. u. M | etenim gemina i. f. l. (ancipiti—u.[3] *om.*) R | gemina i. L : i. g. U | ancipitis L : a. U | regula *nos* : curua regula RTB : curuam regulam Vin : curtam regulam LU *et hic* M; *uide (3) infra 10(1-2)* momentanae—regulam *om.* LU *et hic* M; *uide (3) infra* | inter curua V in : i nter R TB *e t* M   *(3) 1 0(3)* d ecliui a liter e t c urtam r egulam momentanae ubi inter subit pede uaro cognoscis regulam dicit ipsum momentanae stilum post pondus M   *10(4)* in aliquo U   *10(7)* est—uara *om.* R | uaria M

13 § ET POTIS EST NIGRVM VITIO P. T. *potis est* possibile est, ut Virgilius: 'at non Euandrum potis est uis u. t.' (*Aen. 11, 148*). (2) est sensus: potesne damnare uitium et tuo iudicio annotare, id est sua nota? quoniam iudices litteram theta apponunt ad eorum nomina quos supplicio afficiunt. (3) merito *theta* ἀπὸ τοῦ θανάτου, id est a morte, eo quod quasi habet telum suum ideoque triste intellegitur uel mortis signum. (4) unde quidam ait: 'o multum ante alias infelix littera theta.'

14 § QVIN TV IGITVR SVMMA NEQVIQVAM PELLE D. ANTE DIEM B. C. I. P. *quin tu*, id est numquid tu, desinis ante diem populi fauorem adulationibus captare, quorum adiumentis honore fungaris, cum sis summa tantum pelle et non animo pulcher? (2) *ante diem* autem dicit in comitiis, quia comitiales dicebantur dies in quibus ad futuros honores homines designabantur. (3) ideo autem *summa pelle* quod uerborum blanditiis malitiam sui cordis donec ordinentur abscondant populo. (4) *blandiri* translatio est a canibus, qui cum blandiuntur dominis caudam mouent. (5) *popello* diminutiue ab eo quod est populo. (6) desine igitur, speciose, populi iudicia adulationibus captare, et elleborum potius bibe ut purgatus conualescas, ne optes quod implere non possis.

16 § ANTICYRAS MELIOR SORBERE M. pro tali ergo animi cupiditate eum insanum poeta simulat, quem et dicit non nisi multo elleboro posse purgari. (2) *Anticyras* oppidum Phocidis ubi elleborum nascitur, quod propter ingenium meliorandum percipitur. (3) unde et Horatius: 'nescio Anticyram ratio illis destinet omnem' (*Serm. 2, 3, 83*). (4) merito pluraliter *Anticyras* dixit, ut appareat eius tam magnae insaniae unam sufficere non

---

13(1) e. n. u. p. t. M | u. t.] ut L   *13(2)* potes *om.* U | theta Vin : thetam MLUR   *13(3)* ἀπὸ τοῦ θανᾶτου Vin : apotu thanaton R : opotu thanaton LU : aput thanaton M | eo RTVin : et MLU : ideo B | ideoque RVin: ideoque quod MLU : ideo TB   *14(1)* i. s. n. p. d. a. d. b. c. i. p. M | ante—p. *om.* R | numquid tu] numquidem tu U | pulcher] decorus (*s. l.* pulcher) M   *14(2)* incomitus MLU   *14(3)* abscondent *ante corr.* L   *14(6)* desine MLU : uel desine RTBVin | quod] qui U   *16(1)* s. MLU | insano poetae U | ellebore U   *16(2)* elle horum U   *16(3)* nescio an *Hor.* : nescius R

posse. (5) ideo adiecit et *meracas,* ac si diceret pingues. (6) *Anticyras* tropicos dixit [id est moraliter]; neque enim ipsa ciuitas sorbetur, sed elleborum quod in ea nascitur.

17 § QVAE TIBI SVMMA BONI EST adhuc hic sermo Socratis est ad Alcibiadem, et quaerit quid summum bonum aestimet. (2) culpat per hunc etiam eos qui in cultura corporis student et ingenia neglegunt. (3) quod et Horatius ironicos dicit: 'si bene qui cenat uiuit bene, lucet, eamus quo ducit gula' (*Epist. 1, 6, 56 sq.*). (4) in luxuriosum et otio deditum interrogatiue consequente responsione quod summum bonum in cena lautiore et in nitore c orporis d ucat, h oc e st n itido c ultu e t e pularum urbano apparatu. (5) in quo fine beatam uitam reponis? potest et respondentem eum facere.

17 (6) § VNCTA VIXISSE PATELLA traditur autem Socraten ita Alcibiadi ad aurem dixisse, sed turpe responsum est. (7) itaque sic subaudiendum est, nempe *uncta uixisse patella.*

18 <§> SEMPER ET ASSIDVO CVRATA CVTICVLA S. *curata* scilicet a cromatiariis; nam cromatiarii dicuntur colorarii, qui toto die in harena sunt uel in sole, ut Iuuenalis: 'nostra iuuat uernum contracta c. s. effugiatque togam' (*11, 203 sq.*).

16(6) id est moraliter *om.* RTBVin | enim *om.* M | quia LU   *17(1)* t. s. b. e. M | est² *om.* R   *17(2)* eos etiam U   *17(3)* ironicos *om.* RVin | quis L | bene uiuit *Hor.* | uiuit RVin *et post corr.* M : bibit L *et ante corr.* M : bibat U   *17(4)* in *om.* RTBVin | interrogat RTBVin | in coena lautiore Vin : in cena lautius RT (cenam T) B : in boni cenare lautius M : in boni lautius cenare L : boni in latius cenare U | hoc est nitido cultu et epularum urbano apparatu R : hoc est nitida et epularum urbanis munditiis apparata MLU   *17(5)* fine RTBVin : finem MLU   *17(6)* uncta u. p. M | autem *om.* U | socrates RTBVin   *17(7)* nempe *om.* LU   *18(1)* § *om.* MLU | semper et assiduo curata s. R : uncta uixisse p. s. et assiduo curata cuticula s. LU :   uncta u. p. s. e. a. c. c. s. M | curata²—nam RT(nam *om.* T)BVin : *om.* MLU | scilicet Vin : s. RTB | cromatiarii autem U | colorarii UR: id est colorarii ML | colorarii MLU : colorarii uel ungentarii R : colorarii uel TBVin | iuuat MR : uiuat LU : bibat Vin, *Iuu.* | contacta UR

18 (2) § ET ASSIDVO C. C. SOLE antiqui enim unguebant se et in sole erant ut oleum corpus inbiberet.

19 § EXPECTA HAVD ALIVD R. H. A. *expecta* inspice, ut Lucanus: 'omnis in Ionios s. n. f.' (*3, 3*). (2) et hoc dicit: inspice si non ea quae dicis quaelibet anus respondeat.

19 (3) § I NVNC DINOMACHES EGO SVM et Alcibiades quasi ita respondet. (4) et poeta: *suffla*, id est extende te et intumesce nobilitate quod Clitiae et Dinomaches filius sis, quorum Alcibiades filius traditur. (5) *Dinomaches* filius subaudis.

20 § SVM CANDIDVS ESTO DVM NE DETERIVS SAPIAT PANNVCEA BAVCIS C. B. D. CANTAVERIT OCIMA V. i nunc et suffla et iacta te Dinomaches esse filium. (2) consentio te et diuitem esse et formosum dum a te non minus intellegat Baucis pannucea, quae quotiens ocimum uendit non sine modulatione uocis ementes clamat. (3) *Baucis* nomen fictum inopis anus. (4) *pannucea* uulgariter pro pannosa dixit, id est pannis obsita. (5) dicit etiam hoc, summum bonum esse cenandi anum esse dicturam. (6) *discincto uernae* a seruitiis absoluto uernaculo, uel quod secure ac simpliciter uiuat, uel quod praecincta tunica linteo amiciuntur.

18(2) et—sole[1] *om.* RB | ut—inbiberet *om.* M   *19(1)* haut M : aut LU | a. r. h. a. M | ionios Vin, *Luc.* : ioios *ante corr.* R : ionio MLU   *19(2)* quilibet L   *19(3)* § i—respondet *om.* U | i nunc dinomaches ego sum R : i n unc d . e . s. M   i n hunc d inomaches e go s. L | et *om.* RTBVin | respondit ML   *19(4)* et poeta suffla *Clausen* : poeta suffla RTBVin : suffla et poeta MLU | id est MUBVin : idem R : *om.* LU | clitiae R : cliciae M : clitie LU : cliniae Vin | dinomachis LU | alcipiados M   *19(5)* dinomaches filius sub RT *et* subdis *u t u id.* B : d inomaches filius subaudi Vin : filius subaudis et (subaudisset M) dinomaches MLU   *20(1)* esto dum n e d eterius s apiat p annucea b aucis (s. p. b. U) e. b. d. (c. U) cantauerit ocima escariola (escaliora U) u. LU : e. d. n. d. s. p. b. c. b. d. c. ocima escaliora u. M : e. d. n. d. s. p. baucis escariola R | dinomaches BVin : dinomachis MLURT | esse filium MRB : filium esse LU | filium esse dinomachis T   *20(2)* a *om.* MVin | uendit LRTBVin : uendet MU *et post corr.* L | modulatio M | ementes RTBVin : uendentis MLU   *20(4)* pannucea RTBVin : pannucia M : pannutia LU | obsita RTBVin : obsitam MLU   *20(5)* esse te nandianam esse dictura U   *20(6)* seruitus U | uel[1]—uiuat *om.* M : uel[1]—tunica om. U | quod[1] RVin : *om.* L

(7) *uernae* dicuntur qui Romae nati sunt, aut serui domi nati, aut utroque modo dicuntur. (8) est autem uerna proprie domi natus. (9) aut dicit, qui pridie uerna fuit, uel absolute uerna dictum.

23 § VT NEMO IN SESE TEMPTAT DESCENDERE N. S. P. S. M. T. id est ut nemo intrinsecus se consideret, nemo se uult experiri. (2) *sed praecedenti spectatur m. t.* Aesopus apologorum scriptor dicebat unumquemque hominem duas manticas ferre uitiis plenas, et in ea, quae ante pectus est, aliena uitia, in ea uero, quae a tergo est, nostra, eoque euenit ut alterutra potius delicta quam propria uideamus. (3) merito Persius ait *praecedenti tergo,* hoc est pectore, ubi aliena uitia cernimus. (4) et hoc dicit: quam difficile est ut quis se ipsum intellegat, quia cum omnes propriis uitiis palleant, aliena tantum uitia culpant.

23 (5) item § VT NEMO IN SESE TEMPTAT DESCENDERE N. facilius enim quis aliena uitia notat quam sua. (6) ab Aesopo tractum, qui ait nos manticas, id est duos folles uitiis repletos, ferre, et in ea mantica, quae ante pedes, aliena uitia esse, in ea, quam a tergo ferimus, nostra. (7) Δοπύριος autem φυσιόλογος de uultu hominum mores agnoscebat; qui cum ad Socraten ueniret ait ei: 'libidinosus es.' Alcibiades risit. (8) illum iniuriis discipuli

20(7) qui MLU : uel qui RTBVin | romae RTBVin : roma MLU
20(7-9) aut¹—absolute R BVin : an s eruos d omi n atos a n u troque modo dicuntur an romanus seruus et an pro domi natus pridie puer uerna sit an alicuius uerna sit et absolute MLU   *23(1)* i. s. s. t. d. n. s. p. s. m. t. M | d. (n.—t. *om.*) R | id est—experiri *hic* RTBVin (uult sese experiri) : *ante* § MLU | consideret MLUTB : considerat RVin   *23(2)* sed praecedenti spectatur m. t. RB : sed praecedenti s. TVin (spectatur) : *om.* MLU, *fortasse recte* | aesopus RTBVin : aesiopus MLU : aesiodus M² | tergo nostra ferri RTBVin | eoque] eo quod R | et uenit M | alterutra] alterius LU : aliena Vin   *23(3)* tergo] ergo M   *23(4)* ut quis RTBVin : quis ut MLU   *23(5)* item MLUTBVin : *om.* R | i. s. s. t. d. n. M | n. *om.* R   *23(6)* aesopo ut diximus RVin | id est] uel U | ferremus U | quam R : quae MLU | nostra *nos* : nostra cernimus R : nostra cernamus MLU; *cf.* 23(3)   *23(7)* ⲗⲟⲡⲩⲣⲓⲟⲥ MR : ⲗⲟⲡⲩⲡⲓⲟⲥ L : ⲗⲟⲓⲧⲩⲅⲡⲟⲥ *ut. uid.* U | aut MLR | φυσιόλογος ed.1601 : ⲫⲩⲥⲓⲟⲗⲟⲅⲟⲩⲥ R : ⲫⲩⲥⲓⲟⲗⲁⲩⲧⲟⲩⲥ M : ⲫⲩⲥⲓⲟⲗⲟⲅⲟⲓⲥ U : ⲫⲩⲥⲓⲟⲗⲱⲅⲟⲓⲥ L | ei] enim M   *23(8)* at illum R

afficere uoluerunt, q uod d e magistro e orum iniuriose l ocutus sit. (9) t unc i lle a it: 'parcite, su m q uidem libidinosus, s ed meum e st ipsam libidinem uincere.'

25 § QVAESIERIS NOSTIN VETIDI P. CVIVS DIVES ARAT C. QVANTVM NON MILVVS E. ab aliquo quaerit an norit Vectidi praedia. (2) quorsum hoc dicat ambigitur, nisi ostendit quod de alienis u itiis dicere solemus. (3) prudens a utem iniquitates hominum notat, ex quibus iniquitatibus nec sordidi nec mundi placent. (4) Vectidium autem quendam dicit in Sabinis possidentem praedia non pauca. (5) *Curibus*, quod est nomen loci, unde et Iuno Curitis dicitur, quia ibi uehementer colitur. (6) *quantum non miluus oberrat* quod dici solet secundum prouerbium: 'quantum non milui uolant', quia milui multum uolant. (7) uel yperbolicos ex prouerbio tantam dicit regionem quam uolans miluus circumire non possit. (8) inducit ergo diis iratis et malo genio natos, qui cum diuites sint, esuriunt et sale et cepe uescuntur et poscam etiam in sacrificio bibant, dum non uelint dolium uini reserare. (9) hoc ergo aut poeta loquitur aut ille quem aliena uitia culpantem inducit, et dicit alio: 'quaesieris "nostin Vectidi praedia?"', et ille: 'cuius?', et poeta: 'diues arat Curibus quantum non miluus errat', et ille: 'hunc ais?', et poeta: 'hunc'. (10) et sequitur 'diis iratis genioque sinistro' et natum

25(1) n. u. p. c. d. a. c. q. n. m. e. M | p. *om.* LU | cuius *om.* U | cuius—e. *om.* R | miluus e. L : m. e. U | queris RBVin | uetidi LU *25(2)* nisi RTBVin : an MLU | quod de BVin : quid de MR : quid L : quod in U | soleamus RB *et ut uid.* T *25(4)* uetidium LU | autem *om.* R : uero B | dicit quendam LU | sanibis M *25(4-5)* praedia—loci RTBVin : *om.* MLU *25(5)* est nomen R : nomen est TB | et RTVin : *om.* MLU | curitis TBVin : curites R : curritis M : accurritis LU | qui U *25(6)* quantum non (non *om.* B) miluus oberrat TBVin : *om.* RMLU *25(7)* dicit tantam M | quam] uel quantam *sscr.* R² | miluus] m. U | circuire RTB *25(8)* sunt RT | cepe RTB : coepe MLU | puscam R : puscum T : pastum B | bibant MLU : libant RTBVin | dolio R | uenire serare M *25(9)* alio *om.* RTB : alii Vin | uetidi LU | cuium LU | et poeta Vin : poeta RMU : *om.* L | a. c. q. n. m. e. M | n. m. o. e. R | e. LU *25(10)* diis RTBVin : diues diis MLU | genioque s. MR : g. q. s. LU | et natum subaudis] natum subaudi RTBVin subaudis. (11) *genioque sinistro* id est natum quasi sibi sinistro quod diues esuriat et sale et cepe uescatur. (12) quod et Terentius ait: 'suum defraudans genium comparsit miser' (*Phorm. 44*).

30 § TVNICATVM CVM SALE MORDENS CEPE multis coriis purgatum. (2) non comedit nisi pultem et farra et cepam pueris plaudentibus atque ea desiderantibus. (3) uel quia pueri pultes amant.

28 § QVI QVANDOQVE IVGVM PERTVSA AD C. F. qui quotiens diem festum aratro fixo in compitis celebrat, timens seriolam uini aperire aceto potatur. (2) *compita* sunt loca in quadruuiis quasi turres, ubi sacrificia finita agricultura rustici celebrabant. (3) merito *pertusa* quod per omnes quattuor partes pateant. (4) item *pertusa compita* dicta sunt, id est uetusta. (5) aut proprie a compotando, id est simul bibendo. (6) *pertusa* autem quia peruius transitus est et uiris et feminis. (7) uel *compitum* est non solum in urbe locus in quem plurimis uiis itur, sed etiam uiae publicae ac diuerticula aliquorum confinium, ubi aediculae consecrantur patentes, ideo *pertusa ad compita*; in his iuga facta ab agricolis ponuntur uelut emeriti et laborati operis indicium, siue quod omne instrumentum existiment sacrum. (8) uel *compita* dicuntur ad quae plurima itinera competunt. (9) *ad c. f.* quamuis rei diuinae operatur, nec sic tamen ab auaritia discedit, timetque aperire dolium diu seruatum.

25(11) genioque—natum *om.* RTBVin | sinistro LU : s. M | sibi quasi U : sibi *om.* BVin | quod RTB : uel qui MLU | et cepe] caepeque U *25(12)* defraudans RTVin : defraudaris M : defraudens LU : defrudans *Ter.* | compar sit LU *30(1)* § M : *om.* LU | c. s. m. c. M | coepe L : c. MUR | coriis] c. U *30(2)* cepam R : coepam M : caepa U : coepe LTVin : sepe B | ea *om.* M *30(3)* amant pultes M *28(1)* i. p. a. c. f. M | a. c. R (f. *om.*) | aratri U | compositis U | ad seriolam uinum M | acoeto ML : ace. U | potatur RTBVin : potabatur MLU *28(2)* composita U | finita] pro RTB *28(3)* pateant seriola est orcarum ordo directus uel uas fictile uini MLU; *cf. infra 29(1)* *28(5)* comparando R *28(6)* peruius transitus RB : transitus peruius T : per transitus uasarius ML : per trantus uarius U | *28(7)* diuerticula R : diuerticuli MLU | patentes] p. U | compita *om.* U | uelut (ueluti LU) emeriti et laborati MLU : uelut ab emeritis quod est elaborati RVin | indicium] initium M | omnes LU *28(9)* ad c. f. R : ad c. f. i. MLU : ad compita fingit T : figit B | sit U | reseruatum L

29 <§> SERIOLAE V. M. D. L. *seriola* id est orca uel uas fictile uini u el d oliolum uel apotheca. (2) *l imum* p ro l uto p osuit, quo dolia oblinuntur.

32 § PANNOSAM FECEM MORIENTIS SORBET ACETI *morientis* dicit euanescentis, et mira auxesis non boni uini saltem in aceto morientis. (2) saepe enim uidemus ut euanescenti sapore corrumpatur, quod uulgo uappa dicitur.

33 § AT SI VNCTVS CESSES ET FRICAS IN CVTE SOLEM EST PROPE TE I. C. QVI T. ET A. D. hoc dicit: at si econtra corpori curando indulgeas et uncto corpori, non deerit qui alium cubito tangendo de moribus loquatur. (2) et infra subicit dicens quemquam tam peruersos mores habere ut excrescere barbam sinat, quam pectat et balanino unguento unguat et pilos in pudendis uellat. (3) est iuxta te quem nescis qui te sic uitiis deditum emendet et sputo castiget.

35 § HI MORES PENEMQVE ARCANAQVE LVMBI R. E. P. M . P. V. depilantem; *runcari* enim proprie segetes uel herbae dicuntur cum exstirpantur. (2) *uuluas* dicit secreta pudendi corporis, quae inhoneste et muliebriter uiuens libidini dedicauit.

35 (3) § ARCANAQVE LVMBI sedem, podicem, et notandum singulariter *lumbi*.

29(1) seriolae—apotheca RBVin : *om.* MLU : seriolae—l. *om.* T; *uide supra ad 28(3)   29(2)* limum] l. U | quod M | dolia oblinuntur RTBVin : dolium oblinuntur M : dolium oblinitur LU   *32(1)* f. m. s. a. M | auxesis] a. U | saltem MLUVin : *om.* RTB   *32(2)* mappa ML   *33(1)* u. c. e. f. i. c. s. e. p. t. i. c. q. t. e. a. d. M | cessas et figas U | est prope te i. c. qui t. et a. d. R : e. p. t. i. c. q. t. et a. d. LU | at Par.Lat.8272 : ac MLU : *om.* RTBVin | curandi U | corpori² RTBVin : corpore MLU | cubito alium LU   *33(2)* aliquem RTBVin | et crescere M | sinat UB : non sinat MLRTVin | peccat UR | balanino L : balbanino M : balano URTBVin | pilo (*corr. in* pilum) imprudenter euellat U   *33(3)* emendet RTBVin : emendat MLU | puto LU   *35(1)* p. q. a. q. l. r. e. p. m. p. u. M | penemque] p. que U | lumbi R: l. MLU | e.—u. *om.* R | dicuntur] d. U   *35(2)* dicit] d. U | corporis—libidini *om.* M | dedicauit] d. U   *35(3)* sedem MLRT : sedere B : i. U : scilicet Vin | prodicem M

36 § ET POPVLO M. P. V. *uuluas* pro natibus posuit. (2) *uuluas* multo audacius posuit, nam feminarum loci uuluae sunt. **37** § TV CVM MAXILLIS BALANATVM GAVSAPE P. INGVINIBVS QVARE DETONSVS G. E. balanum genus unguenti, unde et Horatius: 'et pressa tuis balanus capillis' (*Carm. 3. 29. 3 sq.*). (2) et hoc dicit: cum barbam nutrias et unguento madidam pectas, quare inguina tua sylotro denudas? (3) item *gausape* dixit propexam barbam. (4) id est cum pexa barba delecteris, quam in maxillis tuis uelut gausape habeas unguentatam et d efricatam b alano, c ur p ubem u ulsam habes? (5) g urgulionem nunc penem dicit, cum proprie in gutture sit gurgulio. (6) hinc iterum translationes sunt fortes. (7) sic fere a tonsoribus curantur ut in maxillis pexa sit barba et unguentata, infra mentum autem detondeatur. (8) ideo dixit gurgulionem detonsum extare, id est libidini alienae. **39** § QVINQVE PALAESTRITAE LICET HAEC PLANTARIA V. ELIXASQVE NATES LABEFACTENT F. A. N. T. I. F. V. M. A. sensus: licet athletae aut certe tonsores tuos capillos semper euellant, fieri tamen non potest ut euulsi non amplius crescant, quemadmodum filix herba, quae multas radices mittit; et licet aratro uellantur, non tamen eius radices funditus

36(1) populo m. p. b. M : populo m. p. l. L : p. m. p. u. U : *om.* RTBVin | uuluas L : bulbas M : *om.* U : uuluas uero BVin : uuluas quoque R *(s. l.* uero) *36(1-2)* pro—sunt] p. natibus p. u. m. a. posuit nam femi. loci u. s. U *36(2)* et uuluas RTB(ulnas)Vin | posuit *om.* RTBVin | locus R *(s. l.* uel loci) T : loca Vin *37(l)* m. b. g. p. i. q. d. g. e. M | g. p. R (inguinibus—e. *om.*) | detonsus L : d. MU | pressa tuis] pressat uis M : p. t. U | babanus M : balans LU : balanum RT *37(2)* hoc—quare] h. d. cum b. nutrias et u. madidam p. q. U | syrotro M | denudas RTBVin : denudes MLU *37(3)* dixit] d. U | propexam RTB : propexam (p. a. U) id est propexam barbam MLU *37(4)* barba—gausape] b. delecteris q. in m. t. u. g. U | delecteris delecteris M | unguentata LU | defricata b. U | uuluam U *37(5)* panem M | dicit] di U *37(6)* iterum] igitur LU | fortes *om.* RTB *37(7)* curantibus RTBVin | sit pexa LU | detondeantur R : detondatam *ut uid.* T : detondant B *37(8)* id est] scilicet R : sed TBVin | libidine M *39(1)* p. l. h. p. u. e. q. n. l. f. a. n. t. i. f. u. m. a. M | h. p. u. t. n. R (labefactent—a.² *om.*) | tamen *om.* L

extricantur. (2) et bene ait *plantaria* permanens in metaphora, pro quo superius dixit 'runcantem'. (3) *elixasque nates* sylotro demollitas. (4) *labefactent* pilis demptis expolient.

42 § CAEDIMVS INQVE VICEM PRAEBEMVS C. S. allegoria a sagittariis, qui aliena crura sagittis feriunt et sua ferienda aliis praebent; et ad superiorem sensum pertinet, quo dixit: 'sed praecedenti spectatur m. t.' (*24*). (2) ita et nos uitam obiurgamus aliorum et alii nostram, et hoc omnibus esse commune dicit, quod inuicem nos carpamus inter nos atque alios reprehendimus et reprehendimur.

43 § VIVITVR HOC PACTO SIC NOVIMVS ut culpemur et culpemus.

43 (2) § ILIA SVBTER CAECVM VVLNVS HABET SED LATO BALTEVS A. P. a gladiatoribus tractum, qui accepta uulnera inaurato balteo tegunt. (3) ita et nos uitia nostra aliquo dignitatis uelamine uel praetextu diuitiarum celamus.

44 § SED LATO BALTEVS AVRO P. hoc est: nobilitas celat uitia, et hoc de turba uideri potest tamquam omnes aliquid uitii habeant quod occultent. (2) id allegoricos expressum; intellectum a gladiatoribus, nam et nos habitu et dignitate tegimus mala nostra cum ipsi eis assentiamur.

45 § VT MAVIS DA VERBA ET DECIPE N. SI P. qui uulnus accipit dissimulat et aliorum uisus uel suspiciones illudit, ceterum

---

extricantur RTB : extricat MLU : extirpantur Vin   *39(3)* syrotro M | demollitas LRTVin : demolitas M : emollitas U   *39(4)* expolient MLRT : exilient U : expoliant BVin   *42(1)* in q. u. p. c. s. M | feriunt] fertur U | quod L | sed RTBVin : s. MLU   *42(2)* dixit UB *et ante corr.* R   *43(1)* § *om.* U | uiuere L | h. p. s. n. M | s. n. R   *43(2)* c. u. h. s. l. b. a. p. M | habet R : h. MLU | sed—p. *om.* R | accepta uulnera *Eremita* : accepto uulnere MLURTBVin   *43(3)* praetextu RTBVin : praetexta MLU   *44(1)* l. b. a. p. M. | auro R : a. MLU | cuius (cui U) hoc de turba MLU : et hoc R : et uel hoc T : uel et hoc BVin   *44(2)* id *om.* RTBVin | expressit RTBVin | a gladiatoribus L : gladiatoribus MU : gladiatoris RTB : gladiatorum Vin | nam] namque LU | assentimur RTBVin   *45(1)* d. u. e. d. n. si p. M | s. LUR | accipit MLUTB : accepit RVin | uel *om.* U

neruis, id est uiribus suis, uerba non potest dare, id est non potest fallere conscientiam suam.

46 § EGREGIVM CVM ME V. D. N. C. uerba illius culpati interrogantis poetam: 'si bonus et honestus uulgo uidear, non credam aut iudicio populi fidem non habeam?' at boni uulgo dicimur: quid ad rem si sine ratione uiuimus?

47 § VISO SI PALLES IMPROBE NVMMO S. F. I. P. Q. T. V. A. S. P. M. C. V. F. N. P. B. D. A. si cupidus es et ad conspectum pecuniae pallescis, si libidinosus et grauis debitoribus faenerator, superuacuo aures tuae laudantium uocibus inflammantur. (2) *puteal* uicus est apud urbem ubi faeneratores debitoribus pecuniam credebant. (3) *puteal* autem dictum quod ibi debitor creditori dans bona sua tamquam in puteum mittat. (4) *uibices* dixit cicatrices allegoricos, quod faeneratores debitoribus suis usuras innouantes tamquam uulnerum in eis cicatrices aperiant. (5) *flagellas* dixit flagitas, ad exigendum eos commouens. (6) haec omnia faciens frustra opinioni uel aestimationi popelli credulas aures accommodas. (7) quid enim ad rem pertinet si uitiosis moribus sumus et sine ratione ac modo uiuamus? (8) tunc bonum te, inquit, ciues iudicabunt si contempnens pecuniam incorrupte uixeris. (9) faeneratores ad puteal Scribonis Licini, quod est in porticu Iulia ad Fabianum arcum, consistere solebant. (10) *puteal* autem dictum quod ibi debitores bona sua tamquam in puteum deiciant. (11) *puteal* dicebatur locus in quo faeneratores deambulabant. (12) est ergo ypallage, id est sensus conuersio: non

---

id est²] uel L   *46(1)* cum me R : si m. MLU | culpanti R | uideatur M | iudicio] uitio M | at—uiuimus *om.* U | at M : ad L : at si R : aut si TBVin | quod L   *47(1)* § *om.* M | uiuo M | s. p. i. n. s. f. i. p. q. t. u. a. s. p. m. c. u. f. n. p. b. d. a. M | q.—a.² *om.* R | f. n. M : f. n. q. L : n. f. q. U | superuacue LBVin | inflantur RTBVin   *47(2)* debitores faeneratoribus R (*corr. in* debitoribus faeneratores)   *47(3)* mittit U   *47(4)* appareant RTB : inueniant U   *47(5)* flagitas] id est RTBVin | commouens M LU : commoues RTBVin   *4 7(7)* et] ac L   *4 7(9)* licinii RTBVin   *47(10)* puteal—deiciant *om.* M   *47(10-11)* quod—locus *om.* TBVin   *47(12)* id est *om.* L

puteal flagellas, sed debitores qui illo conueniunt. (13) *multa uibice* id est multa et graui usura. (14) siquidem ut uibices, hoc est cicatrices plagarum, faciunt homines recordari, ita usurae damnum patrimonii facientes cogunt maerere debitores. (15) *uibice flagellas* asperas usura pecuniae. (16) *uibices* sunt plagarum tumores ac liuorum uestigia.

51 § RESPVE QVOD NON ES id est respue laudibus capi, quas in te non habes nec agnoscis.

51 (2) § TOLLAT SUA MVNERA CERDO adulationis. (3) barbatus ille, imperitus nescio quis ex populo, sibi habeat quod te laudat; aut unus ex uicinis quem alloquitur habeat falsum testimonium. (4) per cerdonem plebeiam turbam significat; ideo *cerdo* populus dictus ἀπὸ τοῦ κέρδους. (5) κέρδος lucrum dicitur.

52 § TECVM HABITA id est nemo magis quid sis scire potest quam tu, qui conscius es tui.

52 (2) § NORIS QVAM SIT TIBI CVRTA S. hoc est quam multa tibi desunt ut sis uir egregius. (3) translatio ab angusta re familiari.

47(14) merere LR : metere U : mori M : mendicare TBVin   *47(15)* usuras RTBVin | pecuniae RTBVin : pecuniae flagellantes MLU   *47(16)* liuoris R | u estigia] u estigia u el u ibicem d icimus g enus a rboris l entae quod uulgus biduuium uocat R   *51(1)* q. n. e. M   *51(2)* s. m. c. M   *51(3)* te *om.* L   *51(4)* per—significat *om.* R | cerdo RVin : cerdon MLU | dicitur dictus U | ἀπὸ τοῦ Vin : apo tu MLUR | κέρδους Vin : cerdusae RT : cerduce B : cerdisse ML : cedisse *ante corr.* U | κέρδος Vin : cerdon MLUR   *52(1)* h. M | quod U   *52(2)* q. s. t. c. s. M | quam²] qui *corr. in* quae R | tibi *om.* M | desunt MLUTB : desint Vin : desinit *corr. in* desint R   *52(3)* familiari MLU : familiari ad inopiam uirtutum RTBVin

IN SATIRAM QVINTAM

1 <§> VATIBVS HIC MOS EST CENTVM SIBI POSCERE VOCES CENTVM O. ET L. O. I. C. C. hanc satiram scribit ad Cornutum, in qua eos culpat poetas qui solent ad ornanda carmina sua, tamquam sint grauia et difficilia, centum linguas uel centum uoces exposcere, quodcumque uelint opus scribere, siue bella siue tragoedias. (2) dicit autem sibi his uocibus opus non esse, utique qui mediam et uilem satirici carminis materiam scribit. (3) superciliosa poemata scribentibus mos est forsitan intra se optare hoc, alioquin in nullo carminum notorum tale uotum est, sed tantum yperbole.

3 § FABVLA SEV MAESTO PONATVR H. T. sensus: siue tragoediam siue bella describant. (2) *maesto* dixit rem maestam scripturo, quoniam fere omnes tragoediae sceleribus constant et earum argumenta ex rebus luctuosis sumuntur. (3) *ponatur* scribatur, ut idem Persius: 'nec ponere lucum a.' (*1, 70-1*). (4) *hianda* a uocis magnitudine uel oris diductione, uel etiam ab habitu personarum quas acturi accipiunt.

4 § VVLNERA SEV PARTHI DVCENTIS AB INGVINE FERRVM siue heroico carmine uirorum fortium facta narranda sunt. (2) specialiter *Parthi* nomine usus est cum generaliter

---

tit. AD CORNVTVM MAGISTRVM SVVM LUR : *om.* M *spat. rel.* *1(1)* § *om.* MLU | atibus M | est mons U | e. c. s. p. u. c. o. e. l. o. i. c. c. M | centum²—c.² *om.* R | o.¹ *om.* U | carmina sua MLURB : sua carmina TVin *1(2)* autem *om.* R | sibi *om.* M | utrique M | quam U *1(3)* tale aliquid R : tale MLU | notum M | sed tantum yperbole MLU : *om.* R *3(1)* s. m. p. M *3(2)* earum LURTVin : eorum MB *3(4)* magnitudinem M | deductione UB | ab habitu RTBVin : ad habitum MLU *4(1)* s. p. d. a. i. f. M | ing. f. R | ferrum L : f. U *4(2)* parthi RTBVin : partho M : *om.* LU

[Parthos] barbaros significet. (3) hoc et Horatius ait: 'uel labentis equo descripsit uulnera Parthi' (*Serm. 2, 1, 15*).

5 § QVORSVM HAEC AVT QVANTAS ROBVSTI CARMINIS O. I. VT P. S. C. G. N. hoc dicit: quo proficit hoc, ut carminibus tuis centum ora poscas? numquid habes in robore et crassitudine t uorum s criptorum t am i mmensas d elicias ut possint centum patentia ora implere? (2) ita dictum est quamuis principii talis fuerit [ob tumorem uatum centum uoces] et ideo progressus reprehendit se et hoc dicit: poeta satiricus simpliciter ad singulorum uitia lingua una posse sufficere. (3) uel quae tanta materia est ut centum linguis opus sit?

7 § G RANDE LOCVTVRI N EBVLAS E . L. g randia, i nquit, locuturis huiusmodi poetis concedendum ut nebulas, id est spiritum dicendi, ex fonte Elicone captent ut insolita et tumida carmina scribant. (2) ideo Elicona petunt quod Musis sacer sit.

8 § SI QVIBVS AVT PROGNES AVT SI QVIBVS O. T. F. illi scilicet Elicona petunt quibus propositum et libitum est carmina uel tragoedias de rebus luctuosis facere. (2) nam Progne ob stuprum sororis, quod a marito est compressa, dolens, filios suos, quos de Theseo marito habuit, occidit et ei epulandos apposuit. (3) similiter et Atreus Thiestis fratris filios interfecit propter quod eius uxoris adulterio utebatur—(4) *ollam* dicit in qua occisorum corpora decocta sunt.—et ei de filiis suis epulas praeparauit. (5)

parthos *del. Zetzel* : per parthos U | uel] aut *Hor.* | labentis equo R : labenti sed quod (quid M) MLU | scripsit U : describit *Hor.* *5(1)* a. q. r. c. o. i. u. p. s. c. g. n. M | r. c. o. i. ut p. (s.—n. *om.*) R | i.] l. LU | tuorum RTBVin : *om.* MLU | possit U *5(2-3)* ita—uel *om.* RTBVin *5(2)* tamuis M | ob—uoces *del. Zetzel* | lingua una M : non LU *7(1)* l. n. e. l. M | n. e. l. LU | e. l. R | locuturis RTBVin : locuturi MLU | poetis RTBVin : poetae MLU | concedendum ut (*om.* TB) nebulas id est spiritum RTB : concedendum esse uanos sibi spiritus praeterea (per ea LU) musis nebulas (nebula si est LU) spiritum MLU | captent RTBVin : captant MLU *7(2)* quod MUR : quia L : qui Vin *8(1)* si quibus aut prognes aut s. o. t. f. LU : si quibus a. p. a. s. o. t. f. M : si quibus o. t. f. R | petunt MLU : petant RVin | quibus] quod U | et] aut LU *8(2)* progne LURTB : procne M | quod LURTB : quia M | compressa est U | theseo MLURT : thereo B : tereo Vin | marito MR : *om.* LU *8(3)* interfecit LUR : occidit M | quia M | uxoris Vin : uxore MURB : uxorem L

qui Atreus dicebatur habere agnum purpureis uelleribus, de quo
oraculo responsum fuerat tam diu imperaturum donec esset qui
eum immolaret; et cum eum adultera moecho tradidisset
immolandum, ille re cognita filios adultero comedendos apposuit,
ex quo maximo crimine tragoedia scripta est.

9 § SAEPE INSVLSO CENANDA GLICONI hic Glicon
tragoedus fuit Neronis temporibus. (2) *insulso* quod sine iocis fuit,
uel moribus i nsulsus. (3) a lii G liconem p antomimum s ignificant.
(4) *cenanda* bene dixit, tamquam intersit feralibus cibis qui de
talibus rebus assidue tragoediam componit. (5) Glicon tragoedus
populo mire placuit et ideo a Nerone manumissus est, datis
Virgilio tragoedo, domino eius, pro parte dimidia quam possidebat
sestertiis trecentis milibus. (6) hic fuit staturae longae, corporis
fusci, labio inferiore demisso, antequam subornaretur deformis,
iocari nesciens, propter quod insulsum eum Persius dixit.

10 § TV NEQVE ANHELANTI COQVITVR DVM MASSA
C. F. P. V. hoc dicit: tu non describis more poetico Vulcani
officinam in qua dicuntur follibus clausi uenti ignes tam diu
adiuuare quamdiu rigor ferri mollescat. (2) unde et Horatius ait: 'et
tu c onclusas h ircinis f ollibus a ures u sque l aborantes d um f errum
molliat ignis, ut mauis, imitare' (*Serm. 1, 4, 18-20*). (3) tu cum
scribis, n on i nflas t e ut fabrilem f ollem uentos e xprimentem. (4)
folle premis non profers res tumentes.

8(5) fuit U | esset qui *om.* U | recognita re U | tragoedia scripta est
MR : scripta tragoedia est Vin : tragoediae scriptae sunt LU   *9(1)* i. c. g.
M | cenandi U | g. R   *9(2)* quod LR : qui U : quia M   *9(4)* qui de
RTBVin : qui e M : quae LU | componit MLUVin : composuit R   *9(5)*
alii glycon R | a nerone *om.* M | uirgilio MRTBVin : uergilio LU; *cf.*
22(1) | domino] do M | sestertiis R : sesterciis M : sestercus L : se
stercus U : sestertiorum Vin   *9(6)* hic fuit RTBVin : nam (nam dicunt U)
adhuc uiueret minax est (est *om.* M) MLU | saturae LU | dimisso MRTB
| antequam] cum RT : cum non uel antequam B | propter eum insulsum
U   *10(1)* a. c. d. m. c. f. p. u. M | c. d. m. c. (f. p. u. *om.*) R | qua] quam
R   *10(2)* et¹ *om.* R | et²] at Vin, *Hor.* | imitare *bis* LU   *10(3)* uel tu cum
TB (cum t u B) V in : u el *in m g. R*   *1 0(4)* p rofers V in : p erfers R TB :
perferes ML : praeferes U

11 § NEC CLAVSO MVRMVRE RAVCVM N. Q. T. G. C. I. mos est alta cogitantium carmina frequenti deambulatione donec apta reperiant tacite secum murmurare. (2) et hoc dicit: tu, Cornute, neque tecum cornicaris, id est modo cornicis lentus cum murmure incedis, quae raucum quiddam secum murmurat. (3) nam de incessu eius Virgilius ait: 'et sola in sicca secum s. h.' (*Geo. 1, 389*). (4) *cornicaris* nouum a poeta uerbum compositum. (5) *cornicaris* submurmuras et quasi cornicis uoces profers, id est et summe scribis et summe pronuntias; pro tecum cum murmure loqueris et in modum cornicis murmuras. (6) uel certe iratus, ut cornices, clamas superflue tumido gutture. (7) uel succinis Homerice.

13 § NEC STLOPPO TVMIDAS I. R. B. sensus: neque talia scribis quae uentosis et inanibus uerbis inflata sint, sed quae aequalitate sua sint robusta et pinguia. (2) *stloppo* dixit metaphoricos a ludentibus pueris qui buccas inflatas subito aperiunt et totum simul flatum cum sonitu fundunt.

14 § VERBA TOGAE SEQVERIS apta paci uel forensia, quibus causidici in sermone cotidiano utuntur. (2) sic scribis ut sermo tuus urbane atque apte iungatur.

14 (3) § I VNCTVRA C ALLIDVS A CRI O . T . M . h oc dicit: praecepta philosophica plane et bene aptatis uerbis exequeris, doctus morbosis morbum eradere et sale satirico uitiosorum culpas signare, bona compositione tantum, id est uersificatione, discedens a uulgo. (4) *ore teres* ita formato ore ut compte loquentibus figuratur. (5) *teris* expolis. (6) *modico* breui sermone.

11(1) m. r. n. q. t. g. c. i. M | raucus R | nescio R | q.] p. LU   *11(2)* quoddam RT | murmurat RVin : murmurant MLU   *11(3)* spatiatur arena R   *11(5)* et in] in RVin   *11(6)* superflue] super flumine et R   *11(7)* uel— homerice *om.* R | siccinis M : siccis U | hometrice U   *13(1)* s. t. i. r. b. M | t. i. r. b. R | sint¹] sunt M   *13(2)* afflatum U   *14(1)* s. M | pacis M   *14(2)* sic ergo RTBVin | scribe R   *14(3)* c. a. o. t. m. M | a. (o. t. m. *om.*) R | hic LU | captatis RTBVin | moribosis morbum LU : morbis morbum M : morbos RTB | sale] facile RT | uitiosorum *Clausen* : uitiorum MLUB : uitio R : uitia T; *cf. infra 15(2)* | culpa M | id est bona RTB | uersificatione RBVin : uersificatione tantum MLU   *14(4)* ceres U | teris m. RBVin (modico) : t. m. T | id est ita RTBVin | firmato U | opere M | figuretur RTBVin | *14(5)* teris *bis* U

15 § PALLENTES RADERE MORES DOCTVS peritus mores obtrectare uitiosos scribendo satiram et obiurgationis animaduersione corrigere, ut medici radere dicuntur carnem de uulneribus putrem dum ad uiuum perueniunt, quo facilius curent. (2) *pallentes* aut conscientia uitiosos generaliter aut aegros.

16 § ET INGENVO CVLPAM DEFIGERE L. id est liberali ludo. (2) *defigere* id est ferire culpam uel ingenuis iocis notare; subaudis cautus. (3) *defigere* autem dixit notare. (4) *ingenuum ludum* dicit satiram, quoniam nisi ingenuus et liber a criminibus non iocatur.

17 <§> HINC TRAHE QVAE DICIS M. Q. R. M. CVM CAPITE ET P. id est aut ex simplicibus uerbis aut ex hoc ludo; id est de moribus corrigendis scribe et tragoedias praetermitte. (2) *cum capite et pedibus* dixit ad superiorem sensum referens, ubi Atreum Thiesti filios suos coxisse commemorauit. (3) deinde cum ille minus quod comedebat agnosceret, capite et pedibus filiorum oblatis intellexit.

18 § PLEBEIAQVE PRANDIA NORIS securos et sine sceleribus cibos, id est satiram; aut allegoricos mediocritatem sectare.

19 § NON EQVIDEM HOC STVDEO P. V. M. N. P. T. nec studium meum tale est ut more Graecorum culpatus tragoedias scribam, sed contentus sum satiram scribere. (2) *pullatas* autem *nugas* tragoediarum ait propter tristes fabulas et quia maxime pulla

---

15(1) r. m. d. M | m. d. R | perueniant RTBVin   *1 5(2)* autem conscientia aut uitiosos RBVin | generaliter autem egrotos U   *16(1)* ingenio R | c. d. l. M | id est liberali ludo R : hoc est (est *om.* L) uitiosos generaliter an tales sunt et ingenuo liberali lusi MLU   *16(2)* defigere id est *om.* MLU | culpa LU | uel RBVin : *om.* MLU | catus M   *16(3)* uel defigere RBVin | autem *om.* RBVin   *16(4)* uel ingenuum RTBVin | a *om.* U   *17(1)* § *om.* MLU | q. d. m. q. r. m. c. c. e. p. M | dicas RTBVin | cum—id est *om.* R : id est *om.* TB | aut eximplicibus uerbis *om.* U (*in mg. add.* U²) | aut²] id est aut R | hoc *om.* RTBVin | de *om.* RTVin | praemittite R   *17(2)* thiestis RBVin : tieste T   *17(3)* cognosceret R | filiorum suorum *ante corr.* M   *18(1)* plebeia L | celeribus U   *19(1)* § *om.* U | h. s. p. u. m. n. p. t. M | p.¹—t. *om.* R | contentus sum RTBVin : contentum me MLU   *19(2)* pullatas Vin : pullas M LURTB | quia] quam RTB : quod Vin

ueste, id est lugubri, tragoedi utebantur. (3) legitur et *bullatis,* id est ornatis. (4) non est hoc mihi propositi genus ut studeam pullatis nugis quicquam scribere, id est puerilibus iocis ac uerbis, sed nos loquemur digne grauibus uerbis, o Cornute. (5) *pullatis* palliatis Graecis.

20 <§> DARE PONDVS IDONEA FVMO quae digna sint incendio. (2) *idonea* sublimia carmina. (3) allegoricos quidem *fumo*, res uanas et leues extollere uel uilissimas res pro ponderosissimis commendare.

20 (4) § DARE PONDVS I. F. hoc dicit: sic est is qui uelit uanam rem et uilem materiam nobilibus uerbis describere et ad res nugosas centum uoces uel multa pectora exoptare, quomodo si uelit fumo pondera ferenda imponere.

21 § SECRETI LOQVIMVR haec quae scribimus digna non sunt theatro nec magnis auditoribus recitanda, sed tibi, o Cornute, placitura.

21 (2) § TIBI NVNC HORTANTE CAMENA EXCVTIENDA DAMVS PRAECORDIA id est tibi praebeo purganda carmina mea uel probanda.

22 § QVANTAQVE NOSTRAE PARS TVA SIT CORNVTE A. similiter ab Horatio de Virgilio: 'et serues animae dimidium meae' (*Carm. 1, 3, 8*).

22 (2) § QVANTAQVE NOSTRAE PARS TVA SIT C. A. ad Annaeum Cornutum philosophum, egregium uirum, qui eius auditor fuit, loquitur. (3) sententia a Pytagora tracta; ille enim

---

tragoedi *om.* M   *19(4)* hoc non est RTBVin | nugi U | pueribus U   *19(5)* palliatis] pilleatis L | uel pullatis id est palliatis uel grecis R : *om.* TB   *20(1)* § *om.* MLU | idonea fumo R : i. fumo M : i. f. LU   *20(2)* idonea sublimia carmina *om.* RVin   *20(3)* fumo *nos* : fumum MLUR | id est res R | ponderosissimis RVin : ponderissimis MLU   *20(4)* pondus R : p. M : pondis LU | i.—uerbis *om.* U | sic] si M | pecora U   *21(1)* l. M | quae *om.* U   *21(2)* § *om.* U | o. c. e. d. p. M | hortante R : ortante L : ornate U | e. d. p. R | p. U | praebeo tibi L   *22(1)* § quantaque—meae *om.* M | tua nostrae pars U | t. s. (cornute a. *om.*) R | uirgilio MURVin : uergilio L; *cf. supra 9(5)* | animum U | meae item LU   *22(2)* § quantaque—a. *om.* R | eius] ei U

interrogatus quid esset amicus, respondit quae Horatius sic posuit:
'et serues animae dimidium meae' (*Carm. 1, 3, 8*). (4) Persius
autem ut aliquid nouaret permisit Cornuto aestimare quantam
uellet propriae animae partem suam dici.

23 § TIBI DVLCIS A. O. I. aut carmina aut praecordia.

24 § PVLSA DINOSCERE C. Q. S. C. allegoria ab his qui
pulsando explorant an integra uasa sint. (2) et hoc dicit: scis enim
intellegere quid integrum aut uitiosum sit, ut idem supra:
'respondet uiridi non c. f. l.' (*3, 22*).

25 § ET PICTAE PLECTORIA LINGVAE id est qui nosti
hominum uitia, quae uerbis celantur, inuenire.

26 § HIS EGO CENTENAS AVSIM DEPROMERE VOCES
VT QVANTVM MIHI TE SINVOSO IN PECTORE FIXI V. T. P.
hoc dicit: ad hoc mihi centum uoces opto ut talem te dicam qualem
te in pectore habeo. (2) *sinuoso* dixit capaci. (3) *uoce pura* id est
fideli.

26 (4) § HIS EGO CENTENAS AVSIM DEPROMERE
VOCES non inconstanter sed yperbolicos: possim in hunc usum
uel illud quod spreui repetere, quantum mihi de te pertinet. (5) hoc
ad expressionem amoris, quia quos probant aut mirantur maxime
amant. (6) ergo ad hoc centum ora habere cupiam ut digne dicam
quanta mihi cura tui sit.

28 § TOTVMQVE HOC VERBA RESIGNENT Q. L. A. N. E.
F. et hoc totum quod te in intimo pectore et in imis praecordiis fixe
diligo uerborum reseretur indiciis.

22(3) interrogato U | quae R : quam MLU   *22(4)* quantam Vin :
quantum M : quia non LU : quo RTB   *23(1)* § tibi—praecordia *om.* RTB
| d. a. o. i. M   *24(1)* d. c. q. s. c. M | discere U | c.¹ *om.* LU | q. s. c.
om. R | c.²] c. § U | an] aut U   *24(2)* quid Vin : quod MLURB | sit *om.*
RTB   *25(1)* p. l. M | tectoria RVin : t. TB | omnium UR | uerba R
26(1) c. a. d. u. u. q. m. t. s. i. p. f. u. t. p. M | d. p. ut quantum mihi te
sinuoso i. p. f. t. p. U | d. u. (ut—p.² *om.*) R | te¹ *om.* M   *26(4)* § *om.* L |
e. c. a. d. M | centenas et d. u. U | a. d. u. R   *26(6)* quantum RTBVin |
cura tui MUB : tui cura RTL : curae tui Vin   *28(1)* h. u. r. q. l. a. n. e. f. M
| resig. q. l. a. (n. e. f. *om.*) R | quod RTBVin : qui MU : quia L | infimo
RTBVin | reseretur RTBVin : reserentur L : referentur U : deserentur M

30 § CVM PRIMVM PAVIDO C. M. P. C. dicit se poeta mox praetexta deposita Cornutum sequi. (2) praetexta enim uirilis est uestis q ua usque a d s edecim annos p ueri u tebantur, i n q uo c ultu dicit se sub disciplina esse. (3) *pauido* ergo ait timenti quod sub metu pedagogorum praetextati sunt, uel pueriliter magistros timent.

31 § B VLLAQVE S VCCINCTIS L. D . P. *bulla* g enus u estis est puerilis, quam solent pueri deposita pueritia diis penatibus dare. (2) uel certe ornamenti genus est quod ante pubertatem habeant, ut Iuuenalis: 'dic senior bulla dignissime' (*13, 33*), id est qui dignus es dici puer. (3) *succinctis Laribus* quia Gabino cinctu dii penates formabantur, obuoluti toga supra humerum sinistrum et sub dextro.

32 § CVM BLANDI COMITES adulatores dicit adulescentium seruos qui blandiri domino adulto consueuerunt, quos praetextatos cohercebant.

32 (2) § TOTAQVE IMPVNE S. P. S. O. I. C. V. *Subura* pars urbis frequentissima et illecebris plena. (3) et est sensus: cum mihi iuuentus concessit libere ambulare et sine correptione custodis quae uellem aspicere.

32 (4) § VMBO toga uirilis, qua iuuenes utebantur. (5) *sparsisse oculos* huc illuc detulisse.

32 (6) § PERMISIT SPARSISSE OCVLOS I. C. V. quia hoc turpe est praetextatis; idem in iuuenibus minus notabile est. (7)

30(1) primum p. c. m. p. c. M | c.¹] c. i. LU | c.—c.] p. c. p. R | praetexta deposita UR : praetexta deposito L : praetexto deposito M *30(2)* se *om.* RTBVin | *30(3)* quod RTBVin : qui MU : quia L | sunt LU : sint MR *31(1)* s. l. d. p. M | est *om.* R | donare RTBVin *31(2)* habeant ML : habent RTBVin : *om.* U | dici puer *bis* R *31(3)* cinctu *Zetzel* : cinctu id est habitu U : habitu cinctu L : habitu cincti M : habitu cinctuque RBVin | formabuntur U | et sub dextro (dextero L)] dextro nudo RTBVin *32(1)* comites] c. M | adulescentum R | domino *om.* LU | consueuerunt MLUTVin : consuerunt RB | cohercebant RTBVin : cohercebant et in eos res suas transferentes MLU *32(2)* i. s. p. s. o. i. c. u. M *32(3)* bibere LU | correptione M : correctione RTBVin : corruptione LU; *cf. infra ad 61(1) 32(4)* § umbo ML *32(6)* § permisit MLU | s. o. i. c. u. M | o. (i. c. u. *om.*) R | turpe est M : *om.* LU : turpe R | idem in R : id est MLU | munus LU

candidus umbo sinecdochicos pro toga; alioquin et in praetexta
candidus umbo est.

34 § CVMQVE ITER AMBIGVVM ET VITAE NESCIVS
ERROR D. T. R. I. C. M. adulescentiam uel pueritiam dicit inter
uirtutes esse et uitia nutantem ideo quod in ea positi nescientes
erremus dum ambigitur utrum ad uirtutes an ad uitia declinare
uelimus. (2) hoc etiam secundum Pytagorae rationem, qui Y
litterae similem uitam nostram esse dicebat. (3) *ramosa compita*
dicit plures uias habentia, ut in stemmate rami sparsi solent esse.
(4) *compita* proprie dicuntur ubi multae uiae conueniunt, ut
triuium uel quadruuium. (5) aut *error* qui est *uitae nescius*, id est
quomodo uiuendum sit; aut *uitae error* qui est *nescius*, pro
imprudens et stultus.

35 § DEDVCIT TREPIDAS RAMOSA IN COMPITA
MENTES alternare proposita facit et modo hoc modo illud iter
cogitatione apprehendere.

36 § ME TIBI SVPPOSVI tamquam aliquod pignus. (2) et est
ordo: cum primum pauido custos mihi p. c., me tibi supposui.

36 (3) § TENEROS TV SVSCIPIS ANNOS S. C. S. hoc est:
ineuntem adulescentiam meam sapientiae contubernio et morali
tuitione suscepisti. (4) et bene hic *suscipis* dixit propter quod ait
supra *supposui*.

37 § TVM FALLERE SOLLERS A. I. T. E. R. M. mox ut me
excepisti, apposita mihi a te regula uiuendi est, quae regula sollers
fallere intortos meos mores extendit, et de uitae prauitate ad

---

32(7) est *om.* L   *34(1)* iter *om.* U | a. e. u. n. e. d. t. r. i. c. m. M |
ambiguum e. u. n. e. (d.—m. *om.*) R | est et *codd. Persii* | uel RTBVin :
om. MLU | an ad MRTBVin : ad LU | uelimus RTBVin : *om.* MLU
34(2) qui *om.* U | litterae similem uitam nostram esse] literam similiter
uitae nostrae esse R : literam similem uitae nostrae BVin; *cf. 3, 56 (1 et 5)*
34(3) composita U | in RTBVin : *om.* MLU   *34(5)* aut[1]—aut[2] *om.* U | id
est—nescius *om.* M | pro] uel R   *35(1)* t. r. i. c. m. M | r. i. c. m. R | m.
U | alterna re L : alterna rem U | et *om.* M | hoc modo modo U |
illuditur U | cogitatione *om.* L   *36(1)* supposui RTBVin : s. M : seposui
LU   *36(2)* pauido custos mihi p. c. R : pauido custos m. p. c. M : p. c. m.
p. c. LU | seposui LU   *36(3)* teneros t. s. a. s. c. s. M | a. s. c. s. R |
mortali ML   *36(4)* subter U | seposui LU   *37(1)* s. a. i. t. e. r. m. M | ut
RTBVin : quod MLU | a te *om.* LU | de uitae] diuitiae M

melioris uitae rectitudinem adduxisti. (2) *sollers fallere* ideo dixit quia cum stultis obrepat, sapientes oportet recte cognoscere ut ipsa emendatio lente ac sine tormento fiat, ne asperitate doctrinae in ipsis rudimentis non tolerantes impatienter ferant corrigi. (3) uel si quid in me corrigendum fuit, ratione emendasti.

40 § ARTIFICEMQVE TVO D. S. P. V. praeceptis tuis ita formatur animus meus sicut artifices simulacra pollice et manu depingunt. (2) artificem uultum pro arte factum, secundum intellectum simulacrorum quae ab artificibus finguntur.

41 § TECVM ETENIM LONGOS MEMINI CONSVMERE S. *soles* dicit dies, ut Virgilius: 'tris adeo incertos caeca caligine soles e. p.' (*Aen. 3, 203sq.*).

42 § ET TECVM PRIMAS EPVLIS D. N. *primas noctes* pro primis partibus noctis posuit, ut: 'primaque oriens e. i.' (*Aen. 7, 51*).

43 § VNVM OPVS ET REQVIEM PARITER D. A. id est simul studiis exercemur, simul otiis fruimur.

44 § ATQVE VERECVNDA L. S. M. honestis iocis ad mensam utimur ut animus seriis remittatur. (2) ad mensam enim cuiuslibet rei relaxanda est asperitas, ubi nihil colloquimur.

45 § NON EQVIDEM HOC DVBITES A. F. C. C. D. E. A. V. S. D. quasi lege certa et decreto naturae consentire dies natalis dicit sui atque Cornuti. (2) hoc secundum astrologos dicit, qui dicunt natiuitates hominum in sideribus constare. (3) et hoc dicit:

37(2) stultis obrepat RTVin : stultis opprepatur ML : stultus increpatur U | cognoscere MLUVin : agnoscere RTB | asperitate MLU : asperitatem RT(*ut uid.*) : per asperitatem BVin *40(1)* t. d. s. p. u. MR : t. d. s. u. U *40(2)* per artem RTBVin, *fortasse recte* | quae RTBVin : qui MLU | ab *om.* U | pinguntur U *41(1)* § *om.* LU | l. m. c. s. M | c. s. U *42(1)* primas epulis R : primas e. LU : p. e. M | oriens] o. LU *43(1)* § *om.* L | o. e. r. p. d. a. M *44(1)* u. l. s. m. M | seriis RTBVin : seriis rebus MLU *44(2)* enim RTBVin : *om.* MLU *44(2)—45(1)* colloquimur § non—cornuti *Clausen* : colloquimur quasi—cornuti § non MLURTBVin *45(1)* e. h. d. a. f. c. c. d. e. a. u. s. d. M | e. *om.* LU | e.—d. *om.* R | et decreto naturae MLUR : *om.* TBVin | consentire R : § consentire M : et sentire LU | sui dicit RTBVin non puto discordare genesim in natiuitatibus nostris, sed ab uno sidere ambos nos procreatos.

46 § ET AB VNO SIDERE DVCI ab uno sidere praeualente in genesi nostra.

47 § VEL AEQUALI T. L. in diuersas eiusdem librae lances imposita aequale examen habuerunt. (2) *Libra* autem significat unum ex duodecim signis.

47 (3) § NOSTRA VEL AEQVALI S. T. L. P. T. V. *Parca tenax* id est fatum immutabile, ut Virgilius: 'desine fata deum flecti s. p.' (*Aen. 6, 376*). (4) *aequali Libra* quia mensurae uice fungitur in aequinoctio, ut Virgilius: 'Libra die somnique p. u. f. h.' (*Geo. 1, 208*), hoc est horam nostram, fatum, quod mutari nescit, Librae coniunxit.

48 § PARCA TENAX VERI S. N. F. H. D. I. G. C. F. D. quia tantum possunt Gemini quantum potest et Libra circa mathematicos. (2) ergo quia aut in Libra sumus nati aut in signo Geminorum merito concordant mores et animi nostri. (3) sub Geminis enim nati in amicitiis permanent, ut et ipsi concordissimi fratres sunt. (4) *seu nata fidelibus* ad generandos fideles inter se, quam ueri simile est in Geminis existere quia unum ex duobus corpus hoc signum est. (5) id est in signum Geminorum fata nostra diuidit, id est diuidendo coniungit. (6) sensus ab Horatio tractus: 'seu Libra seu Scorpius aspicit formidulosus' (*Carm. 2, 17, 17sq.*).

45(3) genesim in RTB : genesim ML : genes in U | ambos nos ML : nos TBVin : *om.* R | ambos—*(46[1])* sidere² *om.* U *46(1)* et ab uno duci ab uno sidere L | sidere d. R : s. d. M *47(1)* § uel aequali t. l. R : uel aequales MLU | diuersas RVin : diuersa MLUTB | lances RTBVin : lance MLU | imposita RVin : imposita MLU *47(2)* libra LU : libram MRTBVin | unum U : *om.* MLR : quae est Vin *47(3)* § M : *om.* LU | aequali] ae. M | desine—*(47[4])* uirgilius *om.* ML | sp. flecti s. p. U : f. s. p. R *47(4)* aequa R | uice U : uices R | somnique] s. R | quod mutari] promutari R | nescit] iussit *ante corr.* R | u. s. n. f. h. d. in c. f. d. M | c. f. d. *om.* R *48(2)* quia RVin : *om.* MLU | aut¹] autem U *48(3)* sunt MR : sint LUVin *48(4)* nata fidelibus Vin : n. f. T : fata MLUR | quam] quod Vin | hoc RBVin : in hoc MLU *48(5)* in *om.* M *48(6)* seu²] seu me *Hor.* | formidolosos U

50 § SATVRNVMQVE GRAVEM N. I. F. V. stellam Saturni grauem prae ceteris stellis dicit, meliorem autem Iouis stellam memorat. (2) nam Saturni stella malefica est quorum natalem diem aspicit, Iouis autem benefica, quae cum radiauerit, Saturni astrum frangit. (3) et hoc dicit: si quid erat quod malum geniturae meae signum Saturni inferret, prosperitate stellae Iouis depulsum est. (4) *Saturnum grauem* qui est grauis in genesi utriusque. (5) *frangimus nostro Ioue* quia mitis est aut *nostro Ioue* fauente hominibus et succurrente aduersus grauem Saturnum, ut non sinat obesse Saturnum.

51 § NESCIO QVID CERTE EST QVOD ME TIBI T. A. coniungit, aequalem facit. (2) hoc dicit: siue sub Libra siue sub Geminis nostra natiuitas uno astro lustrata est, credo tamen aliquod astrum me tibi concordare.

52 § MILLE HOMINVM SPECIES uarios homines exprimit et quasi reprehendit, et ut uultus esse dissimiles, ita actus diuersos esse demonstrat, ut Horatius: 'quot capitum uiuunt, totidem studiorum milia' *(Serm. 2, 1, 27sq.)*, et Terentius: 'quot homines, tot sententiae' *(Phorm. 454)*. (2) et hoc dicit: cum uariae hominum uoluntates sint et diuersa proposita, optimum est ea quae imbutus hortor etiam ceteros affectare. (3) aliter: ut uariae figurae hominum et rerum non unus usus, ita uariae quoque uoluntates, nec idem appetunt omnes.

52 (4) § ET RERVM DISCOLOR VSVS id est uariis actibus in uita utuntur.

53 § VELLE SVVM CVIQVE EST NEC VOTO VIVITVR VNO ut Virgilius: 'trahit sua quemque uoluptas' *(Buc. 2, 65)*.

50(1) g. n. i. f. u. M | i. *om.* R | iouis stellam MLVin : stellam iouis UR *50(2)* est MLURTB : est illis Vin | natalem RTBVin : enim natalem M : enim natalis LU *50(3)* quid Vin : quod MLURTB | est depulsum RBVin *50(5)* quia MR : quod LU | mitis est aut nostro ioue *Jahn* : et mitis a nostro ioue est MLURVin | ut R : uel MLU *51(1)* quid] quod U | q. c. e. q. m. t. a. | m. tibi t. a. R | a.] a. i. LU *51(2)* concordari R *52(1)* h. s. M | species est LU | et ut uultus] ut uultus U : et sicut uultus TB : ultus Vin : *om.* R *52(2)* ea quae RT BVin : tuum eaque MLU *52(4)* d. u. M | etatibus M | in *om.* U *53(1)* s. c. e. n. u. u. u. M | nec—uno *om.* R | ut] et Vin : *om.* R | s. q. u. M | uoluptas] sua uoluptas L

54 § MERCIBVS HIC ITALIS MVTAT SVB SOLE
RECENTI R. P. *sub sole recenti* dicit sub regione orienti uicina.
(2) et <*recenti*> nondum fatigato. (3) et hic sensus ab Horatio
tractus: 'hic mutat merces surgente a sole' (*Serm. 1, 4, 29*). (4) uel
hoc dicit: hunc delectant mercimoniorum lucra dum alias merces
aliis mercibus mutat. (5) *rugosum piper* bene dixit, epitheton ipsius
est.

55 § ET PALLENTIS GRANA C. quia et hoc pallidum, ut qui
id bibunt pallere soleant; aut quod pallidos faciat, non quod
palleat. (2) est enim contrarium sanguini, quo accepto hebescit
sanguis et nascitur pallor, ut Horatius: 'quod si pallerem casu,
biberent exsangue cuminum' (*Epist. 1, 19, 17sq.*).

56 § HIC SATVR IRRIGVO M. T. S. *turgescere* pinguescere,
quia pleniores fiunt uenae in somno et corpus eo inflatius. (2) *satur*
ergo cibo plenus. (3) alium dicit somno operam dare. (4) *irriguo* eo
quod somnus corpora irriget, ut Virgilius dixit somno irrigari
corpora (*Aen. 3, 511; cf. 1, 691sq.*).

57 § HIC CAMPO INDVLGET aut campo Martio pro
honoribus appetendis aut certe campo agriculturae. (2) item *hic
campo i.* hic lusibus et exercitationibus uacat uel militiae.

57 (3) § HVNC ALEA DEQVOQVIT alium studium aleae
labefacit et re familiari spoliatur, unde decoctores rerum suarum
uenditores dicimus.

54(1) h. i. m. s. s. r. r. p. M | m. s. s. r. (r. p. *om.*) R | r.—recenti[2] *om.*
U | dixit U | regione orienti uicina BVin : regione orienti uicinam UT :
regione uicinam L : regionem orienti uicinam R : regioni in orienti uicina
M   *54(2)* et] ut L | recenti *Jahn* : *om.* MLURTBVin   *54(3)* tractus est U
| surgente a M : surgent ea LU : surgente R   *54(4)* uel] et RVin |
mercimonii L : merci monui U   *55(1)* § *om.* LU | g. c. M | et] ex U |
qui id RTVin : quid id B : quod M : qui LU | solent LT | aut quod
RBVin : an MLU   *55(2)* biberem LU | exsanguem U   *56(1)* i. m. t. s. M
56(4) somnus corpora LU : somnum corpora R : corpora somnus M |
dixit] ait R   *57(1)* hic campo indulget RVin : hic campo i. M : hi (hic U)
campo indulgent LU   *57(2)* item (§ item L) hic campo i. (indulgent LU)
hic MLU : uel campo id est RTB | item hic campo i. (indulgent LU) hic]
uel campo id est RTB | et *om.* U | exortationibus R   *57(3)* hinc LU | a.
d. M | labefactat RTBVin

57 (4) § ILLE IN VENEREM PVTRIS alter assiduo coitu eneruis efficitur ad concubitum inutilis et solutus et libidinosus et ipsa re infirmus. (5) legitur et *in uenerem putrit*, id est putrescit, conficitur.

58 § SED CVM LAPIDOSA C. F. A. VETERIS RAMALIA F. *lapidosam chiragram* dicit articularem morbum, id est dolorem manuum, quia chiragricorum articuli tubercula habent, quae lapidis duritiam exercent et sunt ramorum fere tumidorum similitudine pares. (2) legitur et *fregerit* id est curuauerit, sicut uentus arbores uel earum ramos. (3) constat autem hoc libidinosis, quos morbidos ait factos, sero intemperantiae suae corrigere paenitentia, quoniam senectus eos debiles excipit. (4) uel quia dicuntur chiragricis lapides inter artus, id est inter nodos, exire, unde *articuli* dicti; qui morbus cum manus tenuerit, eius humor in lapides conuertitur et digitos frangit ac tortuosos facit, ut sint similes tortis ac ueteribus ramis fagi.

60 § TVNC CRASSOS TRANSISSE DIES L. Q. P. per intemperantiam et libidinem dicit homines debiles fieri et sero uitiorum suorum paenitentiam uelle agere; quae uitia emendare uolentes ingemunt, quod iam transacta ac meliori uita fraudati sint. (2) *crassos dies* dicit in quibus obtunse et sine ulla ratione uixerunt. (3) *lucem palustrem* obscuram propter nebulam quae de paludibus nascitur, sed hoc ad animi caecitatem transfertur.

61 § ET SIBI IAM SERI VITAM INGEMVERE RELICTAM eo quod uita eos linquit in uitio positos, id est non sufficiente ad correptionem tempore. (2) *uita relicta* tamquam non uiuant qui

---

57(4) i. u. p. M   *57(5)* in uenerem putrit MR : putret LU | et conficitur LU (conficiatur) *58(1)* c. f. a. u. r. f. M | c. f. (a.—f. *om.*) R | f.¹ id est fecerit | tubercula MBVin : tubernacula T : tabernacula LUR *58(2)* fregerit id est curuauerit *Wessner* : curuauerit MLUR; *cf. Clausen ad Pers. 5.59, infra ad 58(4), TLL s.v. curuo 1547.77* | uel *om.* M   *58(3)* consistat U | autem hoc RVin : hoc autem MLU | recepit U   *58(4)* morbus TBVin : *om.* MLUR   *60(1)* c. t. d. l. q. p. M | dies transsisse U | l. q. p. *om.* R | q. *om.* LU | agere uelle U | meliora U | sunt UTBVin *60(2)* obtuse RVin   *60(3)* palaestram R   *61(1)* tibi MLU | seri R : miseri LU | m. u. i. r. M | i. r. LU | eos] eius RB | correctionem TVin; *cf. supra ad 32(3)*

uitiis semper indulgent. (3) *ingemuere* autem bene expressit quia tales senectus excipit.

62 § AT TE NOCTVRNIS IVVAT I. C. uerum tibi, o Cornute, libitum est studendo de uigiliis pallorem contrahere.

63 § CVLTOR ENIM I. *cultor* ait, non cliens, sed emendator uel eruditor adulescentium.

63 (2) § PVRGATAS INSERIS A. FRVGE CLEANTHEA tractum ab agricolis, qui arbores infructuosas ut sint fertiles purgant et inserunt. (3) ita et tu persuasionibus tuis aures iuuenum a uitiis mundatas bono cultu doctrinae instituis. (4) *fruge Cleanthea* dicit fructu philosophiae uel Stoicorum praeceptis, cuius sectae Cleanthes philosophus fuit.

64 § PETITE HINC PVERIQVE SENESQVE F. A. C. M. Q. V. C. sensus: discite, o senes et pueri, quo debeat animus tendere, id est ad philosophiam, et senectuti uestrae ducite uiatica, hoc est praesidia uel solatia senectutis.

66 § CRAS HOC FIET uerba studiorum desidis ad poetam.

66 (2) § IDEM CRAS FIET Persius.

66 (3) <§>QVID QVASI MAGNVM NEMPE D. D. et ille studiorum deses: quasi magnum aliquid concedis si unius diei spatio otiosus sim.

67 § SED CVM LVX A. V. IAM CRAS H. C. et Persius: nulla dilatio e st i nterponenda i n studiis, siquidem h inc d ecipiuntur q ui tolerabile aestimant unam diem indulgere uacationi, qua transacta

---

62(1) § *om.* L | n. i. i. c. M | i. i. p. c. L : i. p. c. U : iuuat i. c. R | mihi U | pallorem *om.* MT   *63(1)* cultor enim i. R: cultor i. ML : cultori U   *63(2)* i. a. f. c. M | inseris] miseris U | fruge cleanthea *om.* R | de anthea U   *63(3)* et] ut R | mundatas M : mundatis LU : emundatas Vin : emendatas RTB | instituis RTBVin : instities MLU   *64(1)* h. p. i. (*s.l.* q) s. q. f. a. c. m. q. u. c. M | m.—c. *om.* R | discite] dicite LU | animus debeat U | ad *om.* R | nostrae (*corr. in* uestrae) senectuti U | ducite M : discite LURTBVin | praesidia uel] praesidialis U   *66(1)* h. f. M   *66(2-3)* c. f. (*s.l.* persius) q. q. m. n. d. d. M   *66(3)* § *om.* MLU | quid RTBVin : quod LU | n. d. d. R | desidens M   *67(1)* § *om.* LU | lux u. iam cras (cras *om.* L) e. c. LU | l. a. u. i. c. h. c. M | lux a. u. iam c. h. c. R | nullam dilationem interponendam M | decipiunt R : decipiantur U | tolerabile *Wessner* : tolerabilem MLURB : tolerabiliter TVin

delectabit uacare in alia. (2) sic dum leue uidetur una die esse otiosum, anni per singulos dies in otio consumuntur.

68 § ECCE ALIVD CRAS EGERIT HOS ANNOS id est hoc *cras*, quod ait, annos eliquat [id est consumit] uel praeterire facit.

69 § ET SEMPER PAVLVM ERIT VLTRA id est differendo semper studium desidia nullum finem inueniet, quia dum u enerit cras, aliud superest quod iterum differas.

70 § NAM QVAMVIS PROPE TE QVAMVIS T. S. V. V. S. F. S. C. CVM ROTA P. C. ET I. A. S. hunc locum poeta per similitudinem redae, quod est uehiculi genus quattuor rotarum, exprimit dicens: licet sub uno temone praecedens et subsequens rota decurrat, numquam tamen posterior praecedentem consequitur, licet paruo spatio interposito, tantundemque prior quantum et posterior uoluitur. (2) ita et nos docet, quia diem, quem differendo doctrinam perdimus, numquam diei subsequentis studio reparamus.

73 § LIBERTATE OPVS EST ad sapientiam hortaturus materiam hanc sibi delegit, dicens solum liberum esse sapientem. (2) constat autem Aristippum sic iuuenes solere ad studium sapientiae hortari. (3) *libertate opus est* tamquam si diceret: sapientia omnibus necessaria est.

73 (4) § NON HAC VT QVISQVE VELINA P. E. S. T. F. P. non illam libertatem dicit quam quisque per manumissionem ciuis Romanus factus consequitur et in tribu Velina censetur publicum

---

uacare *om.* M | alia MRTBVin : aliam LU   *67(2)* esse otiosum MRTB : esse uitiosum L : otiosum esse UVin   *68(1)* a. c. e. h. a. M | annos hoc B : hoc RT | id est [2] RTB : *om.* MLU : et Vin | id est consumit *del.* Zetzel   *69(1)* p. e. u. M | uenerit] ueniet M | aliud RTBVin : illud MLU | superest] semper est LU   *70(1)* nam] nec U | p. t. q. t. s. u. u. s. f. s. c. c. r. p. c. e. i. a. s. M | u.[2]—s.[4] *om.* R | s.[3] *om.* LU | rote U | genus uehiculi UVin | temone RTBVin : tempore MLU | consequitur Vin : sequitur MLUR; *cf. 73(4)* | prior RTBVin : prior est MLU | quantum] licet M   *70(2)* in quem U | diei subsequentis studio] die subsequenti ad studia R   *73(1)* sibi elegit hanc U   *73(2)* et aristippum RBVin   *73(4)* h. u. q. u. p. e. s. t. f. p. M | s.—p. *om.* R | quisque RTBVin : quis MLU | manum missionem U | factus *om.* LUT | sequitur U | in *om.* U

frumentum accipere, sed eam libertatem quae de studio
philosophiae nascitur. (5) *Velina* tribus numero aliarum tribuum
accessit; nam qui circa Velinum lacum habitabant Romam translati
sunt. (6) Romae autem erat consuetudo ut omnes qui ex
manumissione ciues Romani fiebant in numero ciuium
Romanorum frumentum publicum acciperent. (7) ergo sensus est:
libertate, hoc est sapientia, utendum est, non autem illa quam
Publius emeruit, qui [Publius] per tesseram scabiosum far possidet,
id est corruptum et putre frumentum.

75 § HEV STERILES V. id est ignari ueritatis. (2) sunt qui
existimant libertatem per solam manumissionem adquirere.

75 (3) § QVIBVS VNA QVIRITEM V. F. quia quotiens
manumittebant, eos alapa percussos circumagebant et liberos
confirmabant, unde manumissio dicta eo quod manus eis
mitteretur. (4) *Quiritem* autem singulariter abusiue dixit licentia
poetica; nam sicut pater conscriptus non dicitur, ita nec Quiritem
dicere possumus.

76 § HIC DAMA EST NON TRESSIS AGASO quasi
interrogatus poeta dicit: hic, qui liber factus est, iam Dama est, id
est nobilis senator est et non seruus. (2) *agaso* iumentorum
minister deputatus appellatur, quem sic nullius meriti esse dicit, ut
eum tribus nummis ualere concedat.

77 § VAPPA LIPPVS ET IN TENVI F. M. *uappa* proprie
sordes aceti sunt. (2) *lippus* prauus. (3) hunc autem prauis moribus
significat et fraudulentum quia necdum iumentorum cibariis se
temperat.

78 § VERTERIT HVNC DOMINVS M. T. E. M. D. *hunc* ait
qui liber efficitur.

accipere] habere U   *73(5)* locum U | habitabant RTBVin : habitant
MLU   *73(6)* fiebant ciues romani U | acciperent RTBVin : accipiebant
MLU   *73(7)* publius² *om.* RTBVin   *75(1)* § *om.* LU | s. u. M   *75(2)*
estimant UT | manus missionem U   *75(3)* u. q. u. f. M | manum
mittebant U | eo *om.* RTBVin   *76(1)* § *om.* U | n. t. a. M | a. UR |
quilibet U | est et] est RB : et Vin : *om.* T   *76(2)* agaso RTBVin : agaso
seruus MLU | deputatus *om.* U | eum] cum LUVin   *77(1)* e. i. t. f. m. M
| i. f. m. R   *77(2)* paruus *ante corr.* R   *77(3)* qui LU | necdum RTBVin :
nec MLU | cibariis se RTBVin : cibaria MLU   *78(1)* § *om.* LU | h. d.
m. t. e. m. d. M | ait qui M : atqui L : atque U : qui RTBVin

79 § PAPAE interiectio, quasi uox admirantis.

79 (2) § MARCO SPONDENTE RECVSES C. T. N. *spondente* id est fidem dicente.

80 § MARCO SVB IVDICE P. hoc ironicos dicit, quia neque illo fidem dicente pecuniam credere dubites, neque illo iudicante formides. (2) dignus enim is est qui iudicet apud quem non timeas ne iniuste damneris.

81 § MARCVS DIXIT ITA EST A. M. T. *assigna* id est sigilla.

82 § HAEC MERA LIBERTAS hanc tu arbitraris certissimam libertatem quam ex seruo factus ciuis Romanus acceperit?

82 (2) § HAEC NOBIS P. D. serui, qui beneficio dominorum manumittebantur, ut superius dixit: 'at illum hesterni c. i. s. Q.' (*3 105sq.*).

83 § AN QVISQVAM EST ALIVS LIBER NISI DVCERE V. C. L. V. V. L. V. V. N. S. L. B . p ropositio sy llogismi e st t alis: alius liber non est nisi cui licet uitam secundum suam uoluntatem producere. (2) assumptio est haec: mihi autem licet uiuere ut uolo. (3) deinde infertur conclusio: sum igitur Bruto liberior.

85 § MENDOSE COLLIGIS INQVIT S. H. A. M. L. A. H. R. A. L. I. E. V. V. T. contradicit autem philosophicis propositionibus hic Persius syllogismi dicens falsam esse eius collectionem, quod omnis quidem qui uiuit sicut uult liber sit. (2) hic autem, secundum quod in assumptione superius dixit, non uoluntati suae seruiens uiuat, cum uitiis sibi dominantibus trahatur. (3) *mordaci aceto* dixit acri et pungente sapientia eruditus.

79(2) s. r. c. t. n. M | recuses L : r. U | recuses—spondente *om.* RTBVin | fide LU　*80(1)* s. i. p. M　*80(2)* dignus is est *Jahn* : dignus enim id est (idem R) MLUR　*81(1)* i. e. a. m. t. M | a. m. t. *om.* R　*82(1)* m. l. M | ciues LU　*82(2)* p. *om.* LU | dominorum] domo U | ut] et RTB | ast L | hesterni] e. M　*83(1)* e. a. l. n. d. u. c. l. u. u. n. s. l. b. M | d. u. c. l. u. u. (l.—b. *om.*) R | u. u. n. *om.* U | licet] libet LR　*83(2)* est haec MRB : haec est LT : est U　*85(1)* c. i. s. h. a. m. l. a. h. r. a. l. i. e. u. u. t. M | h.²—t. *om.* R | u. t.] uit LU | aut LU | philosophis U | hic TBVin : hinc R : huic MLU | syllogismi TBVin : syllogismum MLU : per syllogismum R | e ius *om.* L, *Jahn, Wessner* | non sit M　*85(2)* assumptionem LU | uiuat LURVin : uiuit M

88 § VINDICTA POSTQVAM MEVS A PRAETORE RECESSI r ursus i lle manumissus p roponit e t d icit: e x q uo meus praetoris uindicta factus sum, cur mihi non liceat secundum uoluntatem meam uiuere, excepto quodcumque tituli prohibent. (2) *meus* dicit, id est liber, mei iuris. (3) *uindicta* uirga est qua manumittendi a praetore in capite pulsantur, ideo dicta quia eum uindicat libertati. (4) hic Masurius Albinus legis consultus fuit, cuius rubricam uocat minium, quo tituli legum annotabantur.

91 § DISCE SED IRA CADAT NASO R. Q. S. DVM V. A. T. D. P. R. et poeta: disce, inquit, et desine irasci quo possim, dum subsannationem posueris, aniles fabulas, quas nutris, de tuis praecordiis extrahere.

91 (2) § IRA CADAT NASO tractum a canibus, qui iram rugosis naribus monstrant. (3) *ueteres auias* dicit aut aniles ineptias aut inueteratam stultitiam.

93 § NON PRAETORIS ERAT STVLTIS DARE T. R. O. A. V. R. P. V. sensus: officium praetoris est libertatem non sapientiam stultis concedere. (2) *tenuia rerum officia* ait subtile acumen sapientiae. (3) *usum rapidae uitae* eandem sapientiam dicit. (4) *rapidae uitae* celeris, citius transeuntis.

95 § SAMBVCAM CITIVS C. A. A. *calones* dicuntur militares serui. (2) *alto* dixit quia proceri eliguntur propter belli necessitatem, aut certe *alto* quod alte cingantur, aut *alto* quod superbi sint. (3) significat autem rem ineptam facilius doceri quam necessariam. (4) *sambucam* genus ligni fragilis, unde quasi tibiae componuntur.

88(1) p. m. a. p. r. M | p. r. RU | meus] omnis R | cur] cum L | meam uoluntatem RT *88(3)* a—capite *bis* U *88(4)* masurius URTBVin : maurius L : mansurus M | albus U : sabinus Vin *91(1)* i. c. n. r. q. s. d. u. a. t. d. p. r. M | r.—r. *om.* R | q. *om.* LU | dum subsannationem posueris *om.* RTBVin *91(2)* ira c. n. M | monstrant MR : monstrabant LU : demonstrant TBVin *93(1)* § *om.* LU | s. d. t. r. o. a. u. r. p. u. M | t. o. r. L | a.—u.² *om.* R *95(1)* c. c. a. a. M *95(2)* alto¹ TBVin : altum MLUR | cingatur LU *95(4)* sambucam U : § sambucam ML : sambuca RTBVin (sambuca est)

96 § STAT CONTRA RATIO ET SECRETAM G. I. A. NE L. F. I. Q. Q. V A. hoc dicit: resistit ratio, id est sapientia, ne alicui liceat illud facere quod agendo peius uitiosum efficiat. (2) *secretam in aurem* dicit in intimo pectore.

98 § PVBLICA LEX HOMINVM N. Q. C. H. F. V. T. V. I. D. A. tam publica quam ipsius naturae lege cautum est licita permitti fieri, illicita prohiberi, ut illa quae mala efficienda non sunt ignorantiae tradamus. (2) *inscitia debilis,* id est ignorantia, quae ratione caret.

100 § DILVIS ELLEBORVM CERTO COMPESCERE PVNCTO NESCIVS EXAMEN VETAT HOC NATVRA MEDENDI s ensus: *d iluis* d ixit l auas, q uoniam l auatur e lleborum primo ut acrimonia letali carere possit. (2) aut certe *diluis* aliis herbis admisces.

100 (3) § CERTO COMPESCERE PVNCTO NESCIVS EXAMEN non ad trutinam sed ad stateram retulit, quae punctis et unciis signatur. (4) *compescere* id est temperare.

102 § NAVEM SI POSCAT SIBI PERONATVS ARATOR LVCIFERI RVDIS E. M. P. F. D. R. hoc dicit: si uelit rusticus nauem gubernare cum nec freta nec siderum rationem nouerit, exclamet Melicerta nullum esse pudorem. (2) templum enim pudoris est frons. (3) Melicertes deus marinus, Inoos filius, in deorum numero relatus, qui Graece Palaemon, Latine Portunus dicitur.

96(1) c. r. e. s. g. i. a. n. l. f. i. q. q. u. a. M | contrario (*s.l.* rati) e. s. g. i. a. (ne—a. *om.*) R | ne] n. e. LU : n. M | quod] malum quod RTBVin *98(1)* h. n. q. c. h. f. u. t. u. i. d. a. M | u.¹—a. *om.* R | u.² *om.* LU | promitti L | quae mala MLUR : mala quae TBVin *100(1)* diluis e. c. c. p. n. e. u. h. n. m. M | c. c. p. n. u. h. n. n. LU | sensus est RTBVin *100(3)* c. p. n. e. M | p. n. e. U | n. e. L | untiis U : incus L *100(4)* temperare RBVin : temptare MLUT *102(1)* p. s. p. a. l. r. e. m. p. f. d. r. M | s. p. n. a. l. r. e. m. p. f. d. r. LU | e.—r. *om.* R | rusticus uelit RTB | exclamat RTB *102(2)* enim pudoris est RBVin : enim pudoris T : enim pudori est M : esse pudori est L : enim p. U *102(3)* inoos M : inoo RLU

104 § TIBI RECTO VIVERE TALO ARS DEDIT ET V. S. D. C. N. S. A. M. T. A. licet possint simpliciter ad Cornutum dicta intellegi, manifeste tamen ironicos ad illum quem castigat dicit. (2) <*ars dedit*> id est doctrina rectum uitae tramitem dedit. (3) *et ueri speciem* et ita callidus es similitudinem ueritatis agnoscere ut aes auro obuolutum percutiendo intellegas, sicut nummularii faciunt, qui nondum instructi denarios infectos pro auro accipiunt, quia usum dinoscendarum earum rerum non habent.

106 § SVBAERATO MENDOSVM TINNIAT AVRO *auro* dixit allegoricos uitia hominum uerbis decoris ornata intellegi, ut Horatius: 'uerbisque decoris obuoluis uitium' (*Serm. 2, 7, 41 sq.*) .

107 § QVAEQVE SEQVENDA FORENT Q. Q. V. V. scis etenim quae sequenda, quae respuenda sint.

108 § ILLA PRIVS CRETA MOX H. C. N. et modo, quae probata sunt, creta, quae damnanda sunt, carbone annotas, ut Horatius: 'quorsum habeant, sani creta an carbone notandi?' (*Serm. 2, 3, 246*).

110 § IAM NVNC ASTRINGAS IAM NVNC G. L. scias quando parsimonia opus sit, quando large uiuendum sit.

111 § INQVE LVTO F. P. T. N. id est sordidum lucrum spernis, aut certe uisum in luto nummum praetermittis, quia solent pueri, ut ridendi causam habeant, assem in silicem plumbatum figere, ut qui uiderint se ad tollendum eum inclinent nec tamen possint euellere; quo facto etiam pueri acclamare solent.

112 § NEC GLVTTO SORBERE S. M. hoc dicit: cupidi pecuniae, cum lucrum effulserit, uelut gulosi uisis deliciis saliuam

---

104(1) u. t. a. d. e. u. s. d. c. n. s. ae. m. t. a. M | u. t. a. d. et u. s. d. c. (e. U) n. s. a. m. t. a. LU | e.—a.³ *om.* R | simpliciter *om.* LU | cornutum] c. U *104(2)* ars dedit *Jahn* : *om.* MLURTBVin *104(3)* et ueri speciem BVin : *om.* MLUR | calidus U | infectos pro auro infectos U *106(1)* sub errato R | sub ae. m. t. a. M | t. a. LU | intellegit R *107(1)* s. f. q. u. u. M | q. u. u. R | quae sunt sequenda RBVin | sint] sunt R : *om.* TBVin *108(1)* p. c. m. h. c. n. M | m. h. c. n. R | c. n.] u. e. U | et *om.* RTBVin | abeant Vin, *Hor.* *110(1)* a. i. n. g. l. M | g. l. LU *111(1)* § *om.* LU | l. f. p. t. n. MR | causa U | silice UBVin | ad tollendum] adtollent U *112(1)* g. s. s. m. M | sorbere] scribere U

gluttiunt. (2) *Mercurialem* ideo dixit quia ipsum deum lucri dicunt, unde cum sacello pingitur et a negotiatoribus plurimum colitur.

113 § HAEC MEA SVNT TENEO CVM VERE DIXERIS ESTO LIBER Q. A. S. P. A. I. D. dinumeratis eis quae sequi uel quae spernere sapiens debeat, cum tua esse dixeris et apud te uerius detinueris, tunc te esse liberum dico tam Ioue quam praetore propitio. (2) *Iouem* ad libertatem animi, id est ad sapientiam, *praetorem* dixit ad eam libertatem quae seruitutis caret condicione.

115 § SIN TV CVM FVERIS NOSTRAE PAVLO ANTE FARINAE P. V. R. E. F. P. [A. V. S. S. Q. D. S. R. F. Q. R.] sensus: si uero tu, qui te iam dudum de nostro numero philosophorum u num d icebas, p ristinis uitiis d etineris, q uae u itia sub pectore uirtutis abscondis, quae tibi dudum tamquam sapienti concesseram, tollam. (2) *nostrae farinae* dixit nostrae sectae, ac si diceret nostrae uitae. (3) aut ad illud intendit quod idem Persius supra dixit: 'quibus et detonsa iuuentus inuigilat siliquis et grandi pasta p.' (*3, 54sq.*). (4) *pelliculam ueterem* antiquum uitium.

117 § ASTVTAM VAPIDO SERVANS SVB P. V. id est fraudem et uersutias. (2) *uulpem* enim astutam et ad decipiendum callidam dixit.

118 § QVAE DEDERAM SVPRA REPETO F. Q. R. quia superius eum concesserat liberum ac sapientem si a uitiis quae enumerauerat recessisset. (2) *funemque reduco* [dixit] habenas meae licentiae, quas dederam, traho, dum libertatem, quam tibi concesseram, adimo.

---

gluttiunt LUTVin : gluciunt MB : glugiunt R   *112(2)* qui M | pingit U | colligitur U   *113(1)* s. t. c. u. d. e. l. q. a. s. p. a. i. d. M | dixit e. l. (q.—d. *om.*) R | a.¹] e. LU | tua] tu U | te adesse liberum dextro tam M   *113(2)* id est *om.* L | eam *om.* U | conditio L   *115(1)* c. f. n. p. f. p. u. r. e. f. p. (a.—r .³ *om.*) M | a. (i. U) f. p. u. r. e. f. p. a. u. s. s. q. d. s. r. f. (*om.* U) q. r. LU | p.¹—r.³ *om.* R   *115(2)* dixit n ostrae sectae MR : nostrae sectae L : d sectae U | uitae nostrae UT   *115(3)* autem U | ad *om.* R | attendit *ante corr.* L | s. e. g. p. p. MR   *117(1)* u. s. s. p. u. M | s. p. u. R   *117(2)* decipiendum MBVin : decipiendam LUR | dixit *om.* R   *118(1)* s. r. f. q. r. M | dederam (de terra R¹) supra r. (f. q. r. *om.*) R | concesserat eum U   *118(2)* dixit] uel TBVin | meae licentiae] ad me aƚ licentiae R

119 § NIL TIBI CONCESSIT RATIO id est sapientia tibi nihil sui permittit habere.

119 (2) § DIGITVM EXERE digito sublato ostende uictum te a uitiis esse. (3) tractum a gladiatoribus, qui uicti ostensione digiti ueniam a populo postulabant [ut de uilitate otium meruisset].

120 § ET QVID TAM PARVVM EST hoc est quam sapientia, siquidem accommodatum naturae studium facile capitur.

120 (2) § SED NVLLO TVRE LITABIS HAEREAT IN STVLTIS B. V. S. R. sed quamuis paruum sit sapientia, eam sacrificiis adipisci non possis, neque aliquam ipsius particulam minimam. (3) per *semunciam* enim minimam partem accipimus.

122 § HAEC MISCERE NEFAS id est sapientiam stultitiae commiscere impossibile est.

122 (2) § NEC CVM SIS CETERA FOSSOR T. T. A. N. S. M. B. *cetera* id est ad supremum. (3) et hoc dicit: cum sis fossor, non possis moueri uel ad tres numeros satyri Batilli, id est pantomimum imitari non possis. (4) *Batillus* autem pantomimus fuit, Maecenatis libertus. (5) ergo ut impossibile est rustico pantomimum imitari, sic impossibile est stulto sapientiam sequi. (6) *numeros* dicit tonos uel rithmos.

124 § LIBER EGO uerba culpati uitiosi, quibus ex populi responsione utitur.

124 (2) § VNDE DATVM HOC SENTIS TOT S. R. et poeta: quomodo te liberum esse dicis cum tot uitiorum seruus sis? (3) et transit ut doceat quam multos stulti dominos habeant, quamque nihil arbitrio suo sed iussu uitiorum efficiant.

119(1) c. r. M | nihil tibi sui RBVin   *119(2)* e. M | sub s. lato U | a *om.* U   *119(3)* uicti *om.* U | ostensionem L | postulabant MLBVin : postulant UR | ut—meruisset *om.* RBVin   *120(1)* et quid] equidem U | t. p. e. M | quia LU | capiatur L   *120(2)* t. l. h. i. s. b. e. s. r. M | h. i. s. (b.—r. *om.*) R | quam U   *120(3)* semunciam RTVin : semiuntiam MLU   *122(1)* misceri L : mi U | m. n. M | commisceri RTBVin   *122(2)* c. f. t. t. a. n. s. m. b. M | t.¹—b. *om.* R   *122(5)* stultos MU   *122(6)* nummos LU   *124(1)* ego cum baculpati U   *124(2)* s. r.] s. s. r. LU | d. h. s. t. s. r. M | t. s. r. R | liberum te LT   *124(3)* quamque] quam qui R : tamquam qui BVin

125 § AN DOMINVM IGNORAS N. Q. V. R. an aestimas nullum esse dominum nisi eum qui cum manumisit desinit esse dominus et dominatum uirga serui caput tangens dissoluit? (2) quia manumittendo tam seruus a domino quam dominus ab illius quem manumittit seruitio absoluitur.

126 § I PVER ET STRIGILES C. A. B. D. S. I. *strigiles* dicuntur illa uelaria, unde athletae post laborem terguntur, hoc est a tergendo.

128 § NEQVIQVAM E. I. Q. N. A. hoc est: si non te compellit seruitium proprium, uel minae meae tuam mentem exterreant.

129 § SED SI INTVS ET IN IECORE AEGRO N. D. Q. T. I. E. A. H. Q. A. S. S. E. M. E. H. colligit maius seruire eum qui uitio deditus est quam eum qui a domino ob segnitiam ministerii potest uerberari. (2) quo pacto te ergo seruum negas, cuius pectus animumque tot dominationes obsederunt? (3) id est auaritia, cupiditas, aliaeque res <quas> pro dominis posuit. (4) *scuticam* habenam dicit quod eius usus lori ad plagas apud Scitas inuentus sit.

132 § MANE PIGER STERTIS SVRGE INQVIT A. demonstraturus quae intra pectus hominis uitia dominentur inducit dormientem excitari ab Auaritia et ab ea obiurgari.

132 (2) § HEIA SVRGE NEGAS INQVIT SVRGE INSTAT et tu dicis: 'nequeo.' 'surge.' 'et quid agam?' 'rogat!' iterum ac saepius ille dominus excitatus tandem surgit, cuius uox est ad excitantem.

125(1) i. n. q. u. r. M   *125(2)* a seruitio R   *126(1)* e. s. c. a. b. d. s. i. M | s. i.] si dixeris R | uelaria RTVin : uellaria M : uelalia L : ueialia U : uela B | sterguntur LM² | est] post M   *128(1)* nequiquam MR : nequicquam LU | q. n. a. *om.* R | si non te RVin : non si te M : si non LU : numquid non te TB | minae meae] minimae U   *129(1)* e. i. e. n. d. q. t. i. e. a. h. q. a. s. s. e. m. e. h. M | q.¹—h.² *om.* R | maius R : minus MLU | segnitiem RTBVin   *129(2)* ergo *om.* M   *129(3)* aliaeque res quas *nos* : aliaeque res MLUR : aliaque uitia quae BVin   *129(4)* scitas RTB : squitas MLU   *132(1)* p. s. s. i. a. M | s. i. a. R | auaritiam U | eo U   *132(2)* eia L | instat surge inquit *Pers.* | surge² *om.* L | rogat] r. MLUR : *om.* Vin | excitat RVin

134 § ET QVID AGAM ROGAT EN SAPERDAS A . P. cui respondetur: 'rogas!' id est dicis 'quid agam?' 'en saperdas aduehe Ponto'. (2) *saperda* genus est salsamenti quod ex pisce fit.

135 § CASTOREVM subaudis aduehe.

135 (2) § EBENVM genus ligni nigri.

135 (3) § LVBRICA COA uina ex Coa insula. (4) *lubrica* dixit aut quod lenia sunt aut quod uentrem soluant.

136 § TOLLE RECENS PRIMVS PIPER E. S. C. *recens* dixit nuper de camelo depositum, *sitiente* autem quod illis regionibus rarae sunt aquae, aut quod prae ceteris animalibus sitim ferat.

137 § VERTE ALIQVID id est negotiare et speciem pro specie commuta.

137 (2) § IVRA hoc est falsitate peculium auge.

137 (3) § SED IVPPITER AVDIET uerba illius quem Auaritia excitat.

137 (4) § EHEV VARO REGVSTATVM DIGITO T. S. C. P. S. V. C. I. T. Auaritia ad illum: si Iouem testem et periurii tui uindicem putas, pauper necesse est uiuas et solo sale contentus discum digito tuo terendo pertundas. (5) *uarones* dicuntur serui militum, qui utique stultissimi sunt, serui uidelicet stultorum.

142 § NISI SOLLERS L. A. S. M. iam te suasionibus Auaritiae priuatum Luxuria castigat ac crebro uocat dicens: ideo nauigare uis ut locuples fias?

144 § QVID TIBI VIS C. S. P. M. B. I. QVAM N. E. V. C. sensus: quam rem cupis ut periculosum mare pertemptes? an

---

134(1) quidem agat U | a. r. e. a. p. M | en saperdas rogitas R | respondetur rogitas R | agam siperdas R | aduehe ponto RVin : a. p. MLU *134(2)* saperda RTBVin : en saperda MLU | est RTBVin : *om.* MLU *135(3)* coa uina] c. a. U | aut¹] autem U *136(1)* r. p. p. e. s. c. M | p. p. (e. s. c. *om.*) R | dixit *om.* M | sitientem R *137(1)* § *om.* U | aliquidem U *137(3)* audiet BVin : audit ML : audiat U : a. R *137(4)* eheu MBVin : heheu T : heu LUR | r. d. t. s. c. p. s. u. c. i. t. M | digito L : d. U | d. t. s. (c.—t.² *om.*) R | iudicem M | est ut U | pertundas RTBVin : pertundis MLU | pertundis terendo U *142(1)* s. *om.* U | priuatum] 'Videtur aliquid deesse, nam *priuatum* refertur ad v. *seductum*' (*Jahn*) | praeuatum U | ac crebo L : a. U *144(1)* quam] q. M | b.—c. *om.* R | sensus *om.* MVin

auaritiae furor sic tuum pectus incendit ut urna cicutae extingui tuus furor non ualeat? (2) *mascula bilis* dixit ualida cupiditas, cuius ardorem nec copiosa cicuta sanare potest. (3) *cicuta* autem liquoris genus est quod calorem in nobis frigoris sui ui extinguit. (4) ideoque sacerdotes Cereris Eleusinae, quibus usus Veneris interdicebatur, hoc liquoris genere unguebantur ut a concubitu abstinerent.

147 § VEIENTANVMQVE RVBELLVM E. V. L. P. S. O. hoc dicit: tu possis malum uinum in malo uase deterius pice uitiatum in naui sitiens potare. (2) *Veientanum rubellum* dicit uinum in Veiento oppido natum. (3) *rubellum* id est russeum sed non magni pretii, unde Horatius culpans auarum ait: 'qui Veientanum festis potare diebus' (*Serm. 2, 3, 143*). (4) *uapida* aceti faece uitiata. (5) *obba* genus uasis ex sparto factum.

149 § Q VID P ETIS V T N VMMI Q VOS H IC Q VINCVNCE M. N. P. A. S. D. cur nauigas? an ut pecunia, quae tibi quincunces uerecunde praestauit, cum periculo deunces praestet?

151 § INDVLGE GENIO id est conuiuare.

151 (2) § CARPAMVS DVLCIA absolute posuit; hoc est: deliciis fruamur.

151 (3) § NOSTRVM EST QVOD VIVIS mihi soli natus es, id est ad luxuriam; post mortem enim nihil es.

152 § CINIS ET MANES ET FABVLA FIES ac si diceret: haec quae te moneo uitae conueniunt; nam post mortem eis uti non licet.

---

furor] furor tuus LU　*144(3)* licoris LU | sua LU　*144(4)* ut] et U　*147(1)* ueientanumque MVin : uegentanumque RTB : uegentanum LU | rebellum U | e.] est L | r. e. u. l. p. s. e. M | e.—o. *om.* R | possis RTB : poscis MLUVin | portare LU　*147(2)* ueientanum MVin : uegentanum LURTB | rubellum rebellum U | uegento RTB　*147(3)* id est russeum RT : id est rufeum M : russeum L : r. U : id est roseum BVin | portare L　*147 (5)* hanthaba *supra* genus M² | sparto RTBVin : parto MU : partho L　*149(1)* u. n. q. h. q. (m.—quincunces *om.*) M | q. m. n. (p.—d. *om.*) R | a. s. d.] s. d. a. LU | ut RTBVin : *om.* LU | an p. que U | praestet RBVin : praestent MLUT　*151(1)* g. M　*151(2)* d. M　*151(3)* § *om.* LU | est *om.* R¹ | q. u. M　*152(1)* m. e. f. f. M | uitae] ut te U | conuenient LU

153 § VIVE MEMOR LETI id est sciens te moriturum deliciis utere.

153 (2) § FVGIT HORA id est hoc tempus quod loquendo transigimus de tuo perit, ut Horatius: 'dum loquimur fugit inuida aetas' (*Carm. 1, 11, 7sq.*).

154 § EN QVID AGIS DVPLICI IN DIVERSVM SCINDERIS A. rursus enim post Auaritiam et Luxuriam poeta alloquitur, interrogans quem de duobus dominis sequatur. (2) ecce te dissimilia uitia diducunt: hinc tibi Auaritia labores imperat, hinc Luxuria te uexari non patitur, tamen nec tu cum alterutri restiteris liberum te in totum credas.

155 § SVBEAS ALTERNVS O. A. O. D. A. O. sensus hic est: dum te uitia in diuersum trahunt necesse est ut modo isti, modo illi uitio oboedias.

157 § NEC TV CVM OBSTITERIS SEMEL INSTANTIQVE N. P. I. R. I. V. D. N. E. L. C. N. A. A. I. C. F. A. C. T. P. L. C. sensus: nec tu, cum imperantibus uitiis semel repugnaueris, continuo dicas solutum te a pessima seruitute. (2) est enim maxima uitiorum pars quae te quasi fugientem retineat. (3) nam licet et canis abrupto uinculo fugiat, partem tamen post se uinculi trahit.

161 § DAVE CITO HOC CREDAS IVBEO F. D. P. M. C. C. V. A. A. H. nunc de amoribus inducit adulescentem seruo loquentem. (2) hunc igitur locum ex Menandri Eunucho traxit, in quo Dauum seruum Chaerestratus adulescens alloquitur tamquam amore Chrisidis meretricis derelictus, idemque tamen ab ea reuocatus redit ad illam. (3) quod exemplum induxit ad

---

153(1) m. l. M   *153(2)* h. M | fugit LU : fuit M : fugerit (*s.l.* uel git) R, *Hor.*   *154(1)* § *om.* LU | a. d. i. d. s. a. M | i. d. s. (a. *om.*) R | enim *om.* RTBVin   *154(2)* deducunt UBVin | uexare RTBVin | alterutri M : alterutris LURTBVin   *155(1)* § *om.* L | subtrahas alternus o. a. o. (d. a. o. *om.*) R | o.[2] *om.* LU   *157(1)* § *om.* LU | c. o. s. i. q. n. p. i. r. i. u. d. n. e. l. c. n. a. a. i. c. f. a. c. t. p. t. (*corr. in* t. p.) l. c. M | semel i. n. (p.[1]— c.[4] *om.*) R | semel *om.* LU | n. p. b. r. i. u. d. n. e. l. c. n. r. a. i. c. f. a. c. (o. U) t. p. l. c. LU | sensus hic est LU | uitiis *om.* M | repugnaris U | discas R   *157(3)* et canis M : et LU : canis RTBVin   *161(1)* h. c. i. f. d. p. m. c. c. u. a. a. h. M | credas hoc R | c.[1]—h. *om.* R | a.[1]] u. LU

similitudinem uitiorum a quibus recedere non possumus. (4) hoc et
Horatius (*Serm. 2, 3, 259sq.*) et Terentius in Eunucho cum dicit:
'quid igitur faciam? non eam ne nunc quidem cum accersor ultro?'
(*Eun. 46sq.*). (5) hoc ergo ait: mihi crede, Daue, dispono praeteritis
renuntiare moribus.

163 § AN SICCIS DEDECVS OBSTEM COGNATIS *siccis*
dicit parcis. (2) et hoc ait: an frugi et sobriis affinibus uel cognatis
turpissime uiuens dedecus afferam?

164 § AN REM PATRIAM R. S. L. A. O. F. D. C. V. E. A. F.
E. C. F. C. a n mala e t i nfami o pinione h ereditatem a p atre mihi
dimissam diminuam dum ante fores meretricis ebrius extinctis
facibus canto? (2) *udas fores* dixit quas amatores solent unguento
perfundere, et ante ianuam earum noctem uigiliis et cantu
transigere.

167 § EVGE P VER SAPIAS [uerba Daui ad Chaerestratum]
DIS DEPELLENTIBVS A. P. hoc est: sacrifica cum te dii
depellant ab hoc turpi et damnoso amore. (2) aut hoc certe intellegi
potest: diis sacrifica depulsoribus, qui te inde depellunt uel a te
mala cohercent.

168 § SED CENSEN PLORABIT D. R. uerba adulescentis ad
seruum. (2) et hoc dicit: deliberas uel credis quia a me relicta
Chrisis non plorabit?

169 § NVGARIS S. P. O. R. N. T. V. A. A. R. C. sensus hic
est: tu qui te dicis ab amore meretricio iam discedere falleris; nisi

161(4) horatius MR : horatius similiter LU | ne *om.* U | accessor UR
161(5) praeteris LU   *163(1)* s. d. o. c. M | dicit MLUB : dixit RVin : id
est T   *163(2)* a finibus L | iuuenis U | afferat U   *164(1)* p. r. s. l. a. o. f.
d. c. u. e. a. f. e. c. f. c. M | l.—c.³ *om.* R | a.¹ *om.* U | e.² *om.* U | f. c.
om. L U | a n R TBVin : a ut MLU | mihi M R : *o m.* L U | e xtinctus
faucibus U   *164(2)* solent unguento MR : unguento solent LU |
perfundere RTBVin : p rofundere MLU | noctem LUVin : *om.* MR |
transire U   *167(1)* p. s. d. d. a. p. M | sapies U | uerba—cherestratum
om. MR | § dis LU | d. d. a. p. R | hoc est MLUB : hoc dicit R |
sacrificia U | cum te] cute R   *167(2)* hoc *om.* LU | cohercent RVin :
coherceant MLU   168(1) censen MTBVin : censem R : cessem LU | p.
d. r. M | ploraliter R : plorabit R²   *168(2)* deliber. a. U | credis R² :
heredis R | a me relicta MRTB : relicta a me LU | plorabit R²TBVin :
plorat MLUR   *169(1)* t.—c. *om.* R

festinus discedas, ne eius amoribus impliceris, ab ea rubra solea
uapulabis. (2) *solea rubra* muliebre calciamentum significat. (3)
artos casses dicit spissa retia. (4) tractum a feris quae inclusae
retibus, dum ea rodunt, se magis implicant.

171 § NVNC FERVS ET VIOLENS AT SI VOCET HAVD
MORA DICAS Q. I. F. N. N. C. A. E. V. S. A. hoc dicit: propter
quod nunc te excludere uisa est, merito eam quasi turpem amorem
respuens contempnis. (2) si uero te solita oblectatione illiciat, sine
dubio tecum tacitus dices: *quid faciam* si ad eam exclusus accedere
non ualui, neque uocatus accedam?

173 § SI TOTVS ET INTEGER ILLINC E. N. N. HIC QVOD
QVAERIMVS H. E. si autem turpi amore postposito etiam de
omnibus u itiis emergas, tunc te sapientem pronuntio. (2) *totus et
integer* dixit, ut ipso exeunte ne uel animo quidem apud
meretricem remaneat. (3) *quem quaerimus* hoc est sapientem.

175 § NON IN FESTVCA LICTOR QVAM IACTAT
INEPTVS sensus: ille qui manumittitur non in ea uirga qua a
lictore percutitur ius libertatis certissimum accepit, cum in animo
liber non sit et uitiis trahatur.

176 . . . praecipue tamen ei blanditur. (2) *cretata Ambitio* idest
quasi pulchra et a superficie illita ambitio, ut largiendo honores a
populo mereatur quibus innotescat.

177 <§> VIGILA ET CICER INGERE L. R. P. N. V. F. P. A.
M. S. sparge, inquit, populo cicer. (2) hoc enim in ludis Floralibus
inter cetera munera iactabatur, quoniam terrae ludos colebant et

discendas U | ne RTBVin : et MLU | amoribus MLUTBVin : *om*. R
169(4) rodunt LUR : rodant M | se magis implicant LU : magis implicant
se M : magis implicantur RTBVin   *171(1)* hunc f. e. u. a. s. u. h. m. d. q.
i. f. n. n. c. a. e. u. s. a. M | uiolens] u. U | d. (q.—a.² *om*.) R | amore
respueris M   *171(2)* illiciat L²UVin : illiceat RMLTB | tacitus dices Vin
: tactas dicens R : tractas dicens MLU | uocatus *om*. L   *173(1)* e. i. i. e. n.
n. h. h. q. q. h. e. M | illinc e. n. n. q. q. h. (e. *om*.) R | postposito amore
LU | praeposito R   *173(2)* retineat L   *173(3)* hoc est TBVin : h. est R :
h. e. M : h. e. id est LU   *175(1)* § *om*. LU | l. q. i. i. M | quam] qui R |
allictore U | liberatis LU   *176(2)* cretata M²LBVin : c. U : creatura M¹ :
certata R | id est *om*. LTBVin | a¹ *om*. M | innotescant *ante corr*. M¹
177(1) § *om*. MLU | cicer] r. U | e. c. i. l. r. p. n. u. f. p. a. m. s. M |
ingere l. r. p. (n.—s. *om*.) R   177(2) ludos terrae U

omnia semina super populum spargebant ut tellus uelut muneribus suis placaretur. (3) et hoc dicit: perfice ista omnia ut sic in memoria hominum sint ut etiam a senibus memorentur. (4) *apricos senes* dixit ad solem sedere consuetos.

179 § QVID PVLCHRIVS quam hoc facere?

179 (2) § A T C VM H ERODIS V . D . h ic d e su perstitionibus tractat, ostendens etiam qui superstitionibus sit deditus seruire. (3) hic H erodes a pud I udaeos r egnauit t emporibus Augusti i n p artes Syriae. (4) Herodis ergo diem natalem obseruant, aut etiam sabbata, quo die lucernas accensas et uiolis coronatas in fenestris ponunt.

182 § R VBRVMQVE AMPLEXA CATINVM C . N . T . t unc rubrum fictile, quod est Arietinum, cauda thinni amplectitur. (2) *amplexa* dicit aut breuitatem catini aut magnitudinem thinni ostendens. (3) *thinni* genus piscis quod ad templum diebus festis portare solebant ut ibi pro die festo epulis uescerentur.

183 § TVMET ALBA FIDELIA V. hoc est uino plena est, hoc est grande uas. (2) *alba* dicit aut a coloris proprietate aut certe argentea.

184 § LABRA M. T. ordo: tunc quando haec celebras labra moues tacitus. (2) tacite enim et murmurantes Iudaei preces effundunt.

184 (3) § RECVTITAQVE SABBATA P. instituta Iudaeorum significat propter circumcisionem, quod auctores suos secuti faciunt. (4) *<palles>* id est times sabbata recutita. (5) ideo *palles* quia eo die Iudaei non manducant.

---

uelut *om.* U   *177(3)* et] ut M | memoretur R   *177(4)* arpicos U : ad priscos R   *179(2)* herodis u. d. R : h. u. d. M : herodis LU | quia MU *ut uid.*   *179(3)* apud iudaeos regnauit apud iudaeos R   *179(4)* herodes R | natalem] natalem herodis R : natalem herodiani TBVin | aut] ut RTBVin   *182(1)* § *om.* L | rubrum R | a. c. c. n. t. M | n. c. t. R   *182(2)* dixit R | ostendens Vin : ostendit MLUR   *182(3)* thynni *Clausen* : thynnus *Jahn* : tinnum MLUR   *183(1)* § *om.* L | a. f. u. M | uini U | plena RTBVin : plenum MLU | hoc est *om.* MLU   *183(2)* § alba U | certe RTBVin : *om.* MLU   *1 84(1)* l ibra R   *1 84(2)* p reces o m. M   *1 84(3-5)* r ecutitaque— manducant *om.* LU   *184(3)* s. p. M   *184(4)* palles *Jahn* : *om.* MLURTBVin | idem M

185 § TVM NIGRI LEMVRES non dicit tunc cum hanc religionem obseruas, sed hoc dicit: diuersi generis te superstitio uersat. (2) *Lemures* autem deos manes dicit, quos Graeci demonas uocant, uelut umbras quandam habentes diuinitatem. (3) Lemuria autem dicuntur dies quando manes placantur.

185 (4) § OVOQVE PERICVLA R. sacerdotes, qui explorandis periculis sacra faciebant, obseruare solebant ouum igni impositum utrum capite an latere desudaret. (5) si autem ruptum effluxerat, periculum portendebat ei pro quo factum fuerat uel rei familiari eius.

186 § TVM G RANDES G ALLI *G alli* ministri M atris D eum. (2) *grandes* ait pingues sacrificiis.

186 (3) § ET CVM SISTRO L. S. *sistrum* sacerdotes Isidis portabant. (4) *lusca* ait quod omnes debiles aut deformes, cum maritos non inuenerint, ad ministeria deorum se conferant; uel quod Aegyptii tam deos quam sacerdotes de monstris habeant. (5) ordo autem praedictorum uersuum hic est: 'tum nigri Lemures ouoque pericula rupto, tum grandes Galli et cum sistro lusca sacerdos' concussere deos.

187 § INFLANTES CORPORA SI NON P. T. M. C. G. A. id est terrentes homines et malum futurum denuntiantes nisi hoc mane gustato allio expiassent. (2) nam et hoc dicunt: si allium ieiuni gustauerint, contra artem magicam remedium esse.

185(1) tam nigri l. M | te superstitio LU : superstitio te TBVin : superstitio MR   *185(2)* quandam MT : quasdam LRVin : q. U   *185(3)* lemuria *Wessner* : lemuri MLU : lemures RTBVin | dies] dii MRTBVin *185(4)* p. r. M | explorandis TBVin : pro explorandis R : exploratis MLU | sacra] obseruationem R | faciunt M   *186(1)* galli galli U : g. galli M : galli LR | ministri sunt RT   *186(3)* sistrum autem LU   *186(4)* lusca ait *Clausen* : luscam ait MLU : lusca autem RTBVin | conferant RTVin : conferent M : conferrent U : consecrent L | § uel LU | quod] qui U | tam R : *om.* M LU   *1 86(5)* p raedictorum *o m.* U | i ncussere R TBVin, *Pers.*   *187(1)* § *om.* U | c. s. n. p. t. m. c. g. a. M | adnuntiantes U | alio L : a. U   *187(2)* gustauerint RVin : gustarent MLU

189 § DIXERIS HAEC INTER VARICOSOS CENTVRIONES C. C. R. P. I E. C. G. C. C. L. si haec ante stultos milites dicas, qui solent etiam de sapientibus ridere, quantum cachinnis indulgeant, dicentes centum philosophos centum nummos n on u alere. (2) *centuse* licentia poetica abusus est; nam cum sit *centum* nomen monoptotum, id est indeclinabile, tamquam si per casus declinari posset et faceret nominatiuo casu centus, genetiuo centusis, ita quasi ablatiuum casum posuit dum dicit *centuse*. (3) *centuse curto* ergo dixit tamquam si diceret nonaginta nouem. (4) uarices sunt uenae mixtae neruis in pedibus nimio labore tumentes. (5) *centuriones* dicit absolute milites. (6) *crassum ridet* stultorum risum expressit. (7) *licetur* liceri enim est licitare, hoc est pretium ponere.

189(1) § *om.* L | h. i. u. c. c. c. r. p. i. e. c. g. c. c. l. M | c. c. c. r. p. i. (e.—l. *om.*) R | p.] s. U | stultos milites dicas MR : stultos dicas milites LU | et de prudentibus U | centum¹ LVin : c. MU : *om.* RTB | centum²] c. M | nummos RBVin : nummis MLU   *189(2)* poetica licentia RTBVin; *cf. 7 5(4)* | i d e st *o m.* R Vin | p ossit *ante c orr.* M | casum *om.* LU *189(3)* si diceret L : diceret RTVin : dicere M : *om.* UB; *cf 73(3)* | nonaginta nouem] xcuiiii MU   *189(7)* liceri LU : licere MTB : licire R

IN SATIRAM SEXTAM

1 ADMOVIT IAM BRVMA FOCO TE BASSE SABINO hanc
satiram scribit ad Caesium Bassum lyricum poetam, quem fama
est in praediis suis positum ardente Veseuo monte Campaniae et
late ignibus abundante cum uilla sua ustum. (2) hic ergo dum
uiueret de Roma ad Sabinos secesserat, ubi hiemali tempore in
calido loco carmina scribebat. (3) huic ergo Persius dicit, quod iam
propter hiemem foco calefaceretur, ut daret operam carminibus
quae scriberet, laudans grauitatem librorum et tenorem uersuum
eius. (4) se autem dicit Persius apud Liguriam fuisse in loco ubi
portus naturali flexu curuatus fluctus in se recipit, qui propter
curuationem Portus Lunae uocatur. (5) cuius etiam Ennius in
principio Annalium suorum meminit hoc uersu, quem etiam
Persius carminibus suis iunxit et refert ab Ennio ablatum; qui
Ennius hoc scripsit dum se somniasse in Parnaso dixisset et uisam
Homeri animam secundum Pytagorae dogmata per aliorum
corpora ad se uenisse. (6) scribit uero Persius in hac satira de his
qui heredibus rem suam auctam relinquunt, inedia se et laboribus
in uita conficientes. (7) se autem dicit in eo loco, id est in Liguria,

tit. AD CESSIVM BASSVM (BASSIVM *ante corr.* R) LIRICVM
(LYRICVM R) POETAM LUR : *om.* M *spat. rel.* *1(1)* A *init. om.* ML
spat. rel. | b. f. t. b. s. M | focos LU | t. b. s. MLU | cesium MB :
cessium LURT | praesidiis L | ueseuo MU : ueseuio L : uesubio *post
corr.* R | monte ueseuo U | campaniae *om.* U | haustum M (*sscr.* uel
ustum) *1(2)* uiuerit LU | de *om.* LU | secesserat LU : necesse erat M :
necessario transibat RTBVin; *cf. infra 2(1)* | loco calido U | scribebat
LU : scribebant M : scripserat RTB *1(3)* huic *Jahn* : hunc MLURTBVin
| iam *om.* U | focale faceret LU | calefaceretur M : calefieretur R :
caleret TBVin | ut *nos* : et ut RTBU²Vin : ut utrum M : et utrum L |
opera M | librorum eius et U *1(4)* uocatur] dicitur UT *1(5)* suis *om.* U |
ad se uenisse] aduenisse U *1(6)* satira] s. U

ubi positus erat, neque ambitione neque iniuria neque desideriis neque auaritia laborare et in nullo eis simulare quos culpat.

2 § IAMNE LYRA ET T. V. T. P. C. eundem Bassum interrogat, qui de urbe ad Sabinos secesserat, si iam scriberet. (2) *tetrico pectine* id est graui stilo et seuero ac si diceret graui carmine. (3) *pectine* plectro.

3 § MIRE OPIFEX NVMERIS V. P. V. A. M. S. F. I. L. sensus: mirande artifex uarietate numerorum, quam de Graecis metris excerpis et masculos sonos Latinis aptas carminibus. (2) *numeris* id est metris. (3) *marem strepitum* masculum et fortem sonum, non quo solent quidam uelut muliebria molli uoce cantare. (4) *fidis* genus citharae, quod tam singulariter quam pluraliter dicitur, ut Horatius: 'et fide Teia dices laborantes in uno p. u. q. c.' (*Carm. 1, 17, 18 sq.*); pluraliter, ut Virgilius: 'Threicia fretus cithara fidibusque canoris' (*Aen. 6, 120*).

5 § MOX IVVENES AGITARE I. *iuuenes iocos* ideo quod lyricum carmen de iuuenum sit amore compositum.

5 (2) § ET POLLICE H. E. L. S. quia citharizantes non solum plectro uerum etiam digito de chordis sonos educunt, ut Virgilius: 'iamque eadem digitis p. p. e.' (*Aen. 6, 647*).

6 § MIHI NVNC LIGVS ORA INTEPET HIBERNATQVE MEVM MARE Q. L. I. D. S. E. M. L. S. V. R. se ipsum Persius significat cessisse in Liguriae fines, uidelicet propter Fuluiam Sisenniam matrem suam, quae post mortem prioris uiri ibi nupta

---

1(7) labore R │ eis se R : se eis TBVin   *2(1)* t. u.] r. L   *2(2)* ac si diceret] id est TBVin   *2(3)* pectine plectro *om.* RTBVin   *3(1)* n. u. p. u. a. m. s. f. i. l. M │ a.—l. *om.* R │ artifex MTBVin : opifex R (*corr. in* artifex) : opifex LU │ metris graecis RBVin │ excerpis LR : exterpis U : excerptis M │ aptas UR : aptis L : apta M   *3(2)* nummis U   *3(3)* muliebria molli uoce] muliebria uoce R : muliebri uoce TB : muliebri uoce et molli Vin   *3(4)* citharae uel cordae RTBVin │ uno M : unum LUR │ f. q. c. MLU   *5(1)* i. a. i. M │ iuuenum sit amore MLR (iuuenem *ante corr.*) : iuuenum amore sit UB : amore iuuenum sit T   *5(2)* de chordis U : de cordis MR : discordis L │ sonum educunt B : sonum reducunt RT   *6(1)* l. o. i. h. q. m. m. q. l. i. d. s. e. m. l. s. u. r. M │ hora LU │ h. q. m. m. R (q.—r. *om.*) │ significat persius U │ sisenniam MVin : sisinniam U : sisennam LRTB

erat, uel quod in brumali frigore tepidum caelum praebeat. (2) *Ligus ora* ac si diceret Liguria ora. (3) *hibernat* dicit saeuit uel a nauigiis uacat, sicut et [naues hibernare dicimus quae non nauigant, sic et] mare hibernare dicimus dum non nauigatur.

7 § QVA LATVS INGENS DANT SCOPVLI ET MVLTA L. S. V. R. ubi scopuli ingens latus ponto obiciunt et inclusas intra se aquas naturalem efficiunt portum.

9 § LVNAI PORTVM EST O. C. C. ordo: o ciues, operae pretium est, id est delectabile est, portum in modum Lunae factum cognoscere. (2) *Lunai* autem secundum antiquam declinationem dixit, ut Virgilius: 'furit intus aquai' (*Aen. 7, 464*).

10 § COR IVBET HOC ENNI hunc uersum ad suum carmen de Ennii carminibus transtulit; merito ait 'cor iubet hoc Enni'.

10 (2) § POSTQVAM DESTERTVIT ESSE M. Q. P. E. P. sic Ennius ait in Annalium suorum principio, ubi se dicit uidisse in somnis Homerum dicentem fuisse quondam pauonem et ex eo translatam in se animam esse secundum Pytagorae philosophi definitionem, qui dicit animas humanas per palingenesiam, id est per iteratam generationem, exeuntes de corporibus in alia posse corpora introire. (3) ideo autem *quintus* dixit propter eam opinionem quae dicit animam Pytagorae in pauonem translatam, de pauone uero ad Euphorbium, de Euphorbio ad Homerum, de Homero autem ad Ennium. (4) uel certe quod cognomento Ennius diceretur.

12 § HIC EGO SECVRVS VVLGI *hic* id est apud Liguriam. (2) *securus uulgi* de uulgari aestimatione non sollicitus

fuit U | brumali frigore RTBVin : brumalia frigore M : brumalia frigora L : brumalia tempora U   *6(1-2)* ligus ora praebat U   *6(3)* saeuit *om.* M | uacat LRB : uocat MU | naues—et RB : *om.* MLU | quae—dicimus *om.* T | sic—nauigatur *om.* Vin | hibernare² *om.* U | non *om.* M   *7(1)* i. d. s. e. m. l. s. u. r. M | e. m. l. s. u. r. R | inclusis . . . aquis Vin | efficiunt naturalem U   *9(1)* p. e. o. c. c. M | est—c.²] p. R | pretium operae U   *9(2)* antiquam *om.* U | inter L   *10(1)* cor. i. h. e. M : c. i. h. enni U   *10(2)* d. e. m. q. p. e. p. M | q. p.] p. q. LU | dicit se U | quendam U | qui] quod R   *10(3)* autem *om.* RTBVin | autem² *om.* UTVin   *10(4)* uel—diceretur *om.* RTBVin   *12(1)* ergo U | s. u. M | u. R | hic] hic ergo U   *12(2)* estimatione de uulgi L : estimatione U (*s.l.* de uulgi)

quodcumque de me populus sentiat, quia nec eorum laudibus subleuor nec uituperatione deicior.

12 (3) § ET QVID PRAEPARET AVSTER I. P. S. nec illud timeo si auster morbidus pecori noceat, id est nec damno pecoris aut detrimento rei familiaris frangor.

13 § ET ANGVLVS ILLE VICINI NOSTRO QVIA PINGVIOR nec inuidia angor si uicini mei ager fecundus sit cum mihi sit ager sterilis.

14 § ET SI ADEO OMNES DITESCANT ORTI P. V. R. C. O. I. M. S. sensus: nec si humilium nati extiterint locupletiores, idcirco minui senectutem desiderem. (2) solent enim sibi optare mortem hi qui minorum substantiam crementari uident ne quos oderunt felices uideant.

16 § AVT CENARE SINE V. id est sine deliciis. (2) solent enim frugalitati indulgere nati ut opes maiorum sequantur si se eis aequare non possint. (3) horum ergo Persius ait se neutrum efficere.

17 § ET SIGNVM IN VAPIDA NASO T. L. quia solent auari signum in uasis uinalibus ponere et sic diligenter aspicere ut oculos propius admouendo a naso tangant. (2) *uapida* dicit acetosa.

18 § DISCREPET HIS ALIVS id est dissentiat his rebus a me qui uult; me mediocriter uiuente quilibet uult prodige, qui uult tenuiter, uiuat.

18 (2) § GEMINOS HOROSCOPE VARO P. G. sensus: horoscope, licet geminos sub una hora producas, dissimilibus

populus *om.* U | eorum *om.* L   *12(3)* quidem U | a. i. p. s. M | s. *om.* LUR | morbis pecus U | id est *om.* MT   *13(1)* i. u. n. q. p. M | u. n. q. p. R | angor inuidia RTBVin | sit² *om.* L   *14(1)* o. d. o. p. u. r. c. o. i. m. s. M | o. p. R (u.—s. *om.*) | c. *om.* LU | minui] dampno comminui U | senectute MTB   *14(2)* mortem optare U   *16(1)* s. u. M   *16(2)* nati *om.* R | sequantur maiorum U | se RTBVin : *om.* MLU   *16(3)* persius—efficere] neutrum persius ait facere U   *17(1)* i. u. n. t. l. M | uapido naso t. l. R | pauida U | l.] i. U | diligentes M | ut] ut si U | propius RTBVin : proprius ML : propriis U | amouendo M   *18(1)* h. a. M | uult me mediocriter u iuente M LU : uolo m ediocriter u iuere R TBVin | q ui RTB : *om.* MLU   *18(2)* § *om.* U | h. u. p. g. M | uaro *om.* R

tamen fatis et uoluntatibus eos in uitam trahis. (3) *horoscopus* autem est qui horas natiuitatis hominum speculatur. (4) *uaro genio* id est dissimili et diuerso fato.

19 § SOLIS NATALIBVS E. Q. T. O. S. M. V. I. C. E. auarum significat, qui tantummodo in diebus festis caules oleo unctos putans delicias comedit. (2*) ipse sacrum piper* quod parcitate sua sacrum a estimat. (3) *m uria* d icit l iquamen malum u el l iquaminis faeces uel, quod proprium est, aqua mixta cum sale. (4) *in calice empta* miseram parcitatem ostendit dum sibi in calice modicum liquaminis miseri comparasset.

21 § HIC BONA DENTE G. M. P. P. *hic* alium econtra significat prodigum. (2) et dicit: alius uero a pueritia bona sua consumit.

22 § VTAR EGO VTAR NEC RHOMBOS IDEO LIBERTIS P. L. NEC T. S. T. N. S. hoc de se poeta dicit: 'utar ego, utar', id est mediocritate, nec maiores delicias clientibus meis apponam, quia nec adeo in hac re callidus sum ut turdorum sapores discernam. (2) solent enim quidam gulae dediti tantae subtilitatis habere palatum ut cognoscant turdos, an cellarius an acinarius an uiuarius sit, et si masculus sit aut femina; quos uelut peritia procacis gulae facit in hac re attentos. (3) *turdarum* abusiue posuit cum turdorum dicere debuerit, ut Horatius: 'paene macros arsit

et *om.* U   *18(3)* speculatur] inspicit U   *18(4)* genio] fato U | et *om.* R   *19(1)* solis M : et solis LUR | s.—e.² *om.* R | e.] t. U | festis *om.* U   *19(2)* ipse RVin : et ipse MLU | sacrum—aestimat *post (4)* calice² TB, *post* comparasset Vin | quod RTBVin : quem MLU   *19(3)* dicit MRTB : dicitur LUVin | est RTBVin : et MLU | cum sale mixta UTB   *19(4)* calice empta M : calicem epta U : calicem L (*spat. post.* calicem *rel.*) : calice emptam R | calice²] calicem LU | misceri U | dicit comparasse RTBVin   *21(1)* bona] magna U | d. m. p. p. M | dente g. m. R (p. p. *om.*) | aliud U | e contra LR : et contra M : contra B : e contrario Vin : *om.* U   *22(1)* u. n. r. i. l. p. l. n. t. s. t. n. s. M | i. l. p. l. R (nec²—s.² *om.*) | ego *om.* U | mediocri re nec U | hac re] aere L | sum callidus U   *22(2)* palatum habere U | aut] an RTBVin | inattentos L : contemptos U   *22(3)* cum] ut cum M | debuerit RTB : debuerat MLVin : debuit U

dum turdos uersat in igne' (*Serm. 1, 5, 72*). (4) *rhombus* autem genus est piscis qui non priuatis sed diuitum mensis inseruit.

25 § MESSE TENVS P. V. E. G. F. E. E. Q. M. O. E. S. A. I. H. E. incertum an se hortetur an alium quemlibet dicens: ad modum reditus uiue. (2) fas est enim quod in terra nascitur consumere cum sit cultura reparabile, uel cum iam alter fructus in terra sit et succrescat. (3) *occare* enim est cum rustici satione facta bubus dimissis grandes glebas caedunt ac ligonibus frangunt. (4) dicta occatio quasi occaecatio, quod quasi cooperiat semina.

27 § AST VOCAT O.T. R. B. S. P. A. I. hoc dicit: uocat te officium, id est humanitatis lex aut certe philosophiae, quae hoc praecipit et cum magno sumptu dicit egenti uel naufrago amico debere succurrere, qui substantiam suam una cum uotis naufragio perdidit.

29 § IACET IPSE IN L. E. V. I. D. P. D. nauium tutelam dicit, quam quasi in puppibus uel habent uel pingunt.

30 § IAMQVE OBVIA M. C. RATIS L. iam illius pars naufragae ratis mergis occurrit. (2) *mergi* aues marinae sunt, de quibus Virgilius: 'et apricis statio g. m.' (*Aen. 5, 128*).

31 § NVNC ET DE CAESPITE VIVO FRANGE A. id est ex patrimonio tuo minue aliquid quod tribuas naufrago.

---

uersat *om.* U | ignes R : igni Vin *22(4)* rumbus LU | est *om.* U *25(1)* f. e. q. LU | e.³—e⁵ *om.* R | dicens *om.* R | reditus U : redditus L : reditui M : reditum RTVin, *fort. recte 25(2)* enim est RBVin | cum iam URTBVin : cum etiam L : autem iam M *25(3)* satione facta UTBVin : satio facta M : sationem factam R : sationem factis L; *cf. Isid. 17, 2, 4* | bobus LR *25(4)* dicta occatio quasi occaecatio TBVin, *Isid. ibid.* : dicta quasi occaecatio MLU : dicta occatio R | quod quasi MLURVin : quod T, *Isid. ibid.* | operiat *Isid. ibid. 27(1)* o.] c. LU | o. a. l. R (t.—p. *om.*) | humilitatis M | philosophia U | praecipit RTVin : praecepit MLUB | cum magno sumptu *Clausen* : eum magnum sumptum MLU : eum sumptum magnum R : eo magno sumptu TB : magno cum sumptu Vin | naufrago—uotis *om.* M | amico *om.* RTBVin; *cf. 37(2)* | debere RTBVin : *om.* LU *29(1)* in] i. M | e.] et R | uel¹ *om.* UVin *30(1)* obviam c. LU | m. c. r. l. MR *30(2)* fractio M *31(1)* d. c. u. f. a. M | f. R (a. *om.*)

32 § NE PICTVS OBERRET C. I. T. quia solebant naufragi casus suos in tabula pingere per quam ad misericordiam uidentes mouerent ut eorum miseriis subuenirent, ut idem superius ait: 'cantas cum f. t. i. t. p. e. u. p.' (*1, 89sq.*).

33 § SED CENAM FVNERIS HERES N. I. Q. R. C. V. uerba auari uel immisericordis ad Persium: hoc non faciam ne heres meus mihi irascatur quod largiendo hereditatem diminuam aut funeri meo, ut solet fieri, ne cenam quidem impendat. (2) nam in funeribus cenam deliciosam apparare solebant, quae ad rogum allata cum ipsis corporibus cremabatur; quod et Virgilius commemorat dicens: 'congesta cremantur t. d. <d.> f. c. o.' (*Aen. 6, 224sq.*).

34 § VRNAE OSSA INODORA DABIT aut *inodora* sine odore, hoc est sine unguentis, aut *inhonora*, id est mortis honore carentia, sine sepultura.

35 § SEV SPIRENT CINNAMA S. S. C. P. C. N. P. hoc est siue bonis siue corruptis unguentis corpus meum dealbetur, heres tamquam offensus diminuta hereditate negleget. (2) *surdum spirent* acutum odorem non reddant. (3) *seu ceraso peccent c.* quia solent pigmentarii ceraso casiam admiscere, sicut et alias merces adulterant et emptoribus uendunt.

37 § TVNE BONA I. M. uerba auari quae sibi a suo herede dicta fingit: tune rem familiarem ad me tua morte defluxuram minuas?

37 (2) § SED BESTIVS VRGET D. G. *Graios doctores* id est philosophos bestiarum more et ferocibus animis culpat auarus eo quod ipsi praecipiant largiendum esse amicis egentibus.

32(1) nec LU | o. c. i. t. M | pingere in tabula U | mouerent uidentes U : mouerent T | ut TBVin : et MLUR | eius LU | itidem R | ait *om.* RVin | f. t. i. t. p. e. h. p. R : f. t. i. t. p. e. i. u. p. LU : f. t. i. u. p. M *33(1)* § *om.* LU | f. h. n. i. q. r. c. u. M | h. n. i. R (q.—u. *om.*) | ne] ut U | ne² *Jahn* : nec MLURTBVin | impediat M : impendet RTB *33(2)* apparere MR | cremebatur RVin | t.] l. t. R | f. *om.* M *34(1)* i. o. d. M : in odara d. U | inodora²] in o. U | est¹ *om.* U | honore mortis U *35(1)* cinnama] c. M | n. p. *om.* R | negleget MR : neglegit LU *37(1)* qui L | a suo MR : ab U : *om.* L | tu M | ad tuam mortem M *37(2)* § *om.* U | sed] et RTB | u. d. g. M | praecipiant] iubeant U

38 § ITA FIT POSTQVAM SAPERE V. C. P. E. P. V. N. H. M. E. F. C. V. V. P. uerba heredis auari, et hoc dicit: eo modo contigit ut externam sapientiam pariter cum peregrinis mercibus emeremus. (2) *sapere hoc nostrum* dicit nostra sapientia. (3) *maris expers* quae nauigii ante ignara ad nos per mare uel per philosophos transiuit. (4) *fenisecae pultes* rusticorum uitam, quia edunt haec qui foenum secant. (5) *crasso unguine* quia cum rusticis oleum defuerit, adipem pecudum in pultes missum pro oleo accipiunt. (6) ergo haec tam dura uita, qua etiam philosophi utuntur, in largitatem nostrae uitae se mutauit.

41 § HAEC CINERE VLTERIOR M. uerba Persii ad auarum, qui s e d e u erbis h eredis s ui ne l argiretur i nopi e xcusabat, e t h oc dicit: numquid hoc postquam sepultus fueris timeas, ne sine odoribus heres tibi faciat sepulturam? (2) *cinere ulterior* postquam factus fueris cinis.

41 (3) § AT TV MEVS HERES Q. E. P. A. T. S. A. uerba poetae ad suum heredem futurum dicentis: tu heres meus, quicumque eris, semotus a turba audi, id est dissimilis esto ab istius cupidi heredis sententia.

43 § O BONE NVM IGNORAS M. E. A. C. L. I. O. C. G. P. uolens ostendere Persius et probare largitatem suam a quolibet

38(1) p. s. M | n.—p. *om.* R | auari heredis U | contigit UVin : contingit MLR : corripit TB | pariter] simul U *38(2)* nostram sapientiam LUB *38(3)* expers quae] esperseque L : expertem quae U | per mare] permanauit U *38(4)* fenisecae pultes M : § fenisecae pultes LU : fenisecae crasso (crassa R) u. (uiciorum T) u. p. RTBVin | uitam] uictum *Zetzel* | uitam dicit RTBVin | quia RTB : quam ML : quoniam U : quod Vin | haec RTBVin : hii MLU (hi) *38(5)* inguine R | adipem . . . missum TBVin : adipe misso MLUR | pulte M *38(6)* in Vin *et s. l. man. rec.* R : *om.* MLUR | se RVin : *om.* MLU *41(1)* c. u. m. M | m. *om.* LU | se *om.* U | sui] se sui U | excusauit U *41(2)* cinere MTBVin : cinere est LUR | postquam ulterior factus cinis fueris U *41(3)* h. q. e. p. a. t. s. a. M | q. e. *om.* LU | meus heres UVin *43(1)* n. i. m. e. a. c. l. i. o. c. g. p. M | m. a. c. l. R (e., i.—p. *om.*) | l.] b. U | p.] b. LU | a Vin : *om.* MLUR

herede nullo modo posse impediri, quemadmodum ille impediri se
ait qui naufrago non est largitus, heredi suo dicit: o heres meus, ne
te scire dissimules, cognosce Caesaris grandem de Germanis
triumphum, propter quod templa donis et arae uictimis ab omnibus
cumulantur. (2) et ego in honorem deorum uel principis genii
sacrificiis praeparo paria centena mactare, id est centum tauros et
centum oues.

44 § ET ARIS FRIGIDVS E. C. id est ad sacrificium arae
parantur, ut Virgilius: 'iam positum cinerem e. s. s. i.' (*Aen. 8,*
410).

45 § ET IAM POSTIBVS ARMA subaudis 'Caesonia parat',
quia captiuorum arma ob indicium uictoriae in postibus figebantur,
ut Virgilius: 'captiui pendent c. c. q. u.' (*Aen. 7, 184*).

46 § IAM CLAMIDAS REGVM et hic subaudis 'iam Caesonia
parat'. (2) ad splendorem triumphi uestes nobiles ipsius uxor
principis praeparat.

46 (3) § IAM LVTEA GAVSAPA C. deest 'parat Caesonia'.
(4) *gausapa* dicit genus pillei quo captiuorum capita induebantur.

47 § ESSEDAQVE INGENTES Q. L. C. R. *esseda*
uehiculorum genera sunt, ut Virgilius: 'Belgica uel molli melius f.
e. c.' (*Geo. 3, 204*). (2) *ingentes locat Caesonia Rhenos* quia
captiuos in conspectu triumphantis in ordine incedere faciebat,
unde Virgilius ait: 'incedunt uictae l. o. g.' (*Aen. 8, 722*).

49 § QVIS VETAT AVDE ut sciat se malum habiturum si de
largitate queratur. (2) hoc dicit: habeto audaciam in hac re obstare
mihi.

quemadmodum—impediri LUT : *om.* MRBVin | se ait] se ei R : sic
ei Vin | dissimules RTBVin : dissimiles MLU | caesarem M | omnibus
RTBVin : hominibus M LU | cumulantur—(*43[2]*) uel *om.* M   *4 3(2)*
honorem RTBVin : honore LU | genii RTBVin : genium MLU |
postpare LU | paria *Jahn* : omnia MLUR; *cf. Pers. 6, 48 'centum paria'* |
centum²] c. M : *om.* R   *44(1)* f. e. c. M | iam positum] impositum R,
Verg.   *45(1)* et *om.* M | arma¹] a. M | fingebantur R | ut *om.* RVin |
u.] s. *Verg.*   *46(1)* clamides RB | c. r. M   *46(3)* g. c. M   *46(4)* capita
captiuorum U   *47(1)* q. i. q. l. c. r. M | q. *om.* R | sunt *om.* U   *47(2)* l. c.
r. M | fecit U | l.] longo R   *49(2)* re *om.* R

50 § SI CONIVES OLEVM A. P. L. *si coniues* dicit: si illi auaro consentis et eo modo me prohibes non largiri, ut ille suum testatorem ne largiatur prohibet, omnia populo expendam. (2) hoc ait uolens ostendere hereditatem testatoris non heredis dominio subiacere.

51 § AN PROHIBES heredem interrogat.

51(2) § NON AVDEO INQVIS EXOSSATVS A. I. uerba heredis, quem dialogice secum poeta loqui inducit. (3) et hoc dicit: non te audeo prohibere quicquid uelis de hereditate tua ut facias, quia non adeo ager plenus lapidibus longe est quibus me contradicentem obruas. (4) *non exossatus ager* lapidibus est plenus [lapidibus] secundum eos qui definiunt lapides esse ossa terrae, ut Ouidius in Metamorphoseon ait: 'lapides in corpore terrae ossa reor dici' (*Met. 1, 393sq.*).

52 § SI MIHI NVLLA I. R. E. A. P. N. P. N. M. P. S. M. V. D. Q. A. N. S. E. hic poeta heredipetas tangit, qui quamuis nulla cognatione testatoribus adhaereant, se tamen propinquos uel heredes uideri uolunt. (2) *si mihi nulla iam r. e. a.* amita est soror patris. (3) *patruelis n.* id est filia patrui; patruus autem est frater patris. (4) *proneptis nulla m.* proneptis est filia nepotis. (5) *patrui sterilis m. u.* matertera patrui est soror auiae maternae. (6) *deque auia nihilum s. est* auia et patris et matris dicitur.

50(1) oleum] o. M | a. p. l. R : a. c. p. MLU | non *del. Jahn* | detestatorem U | prohibet o. a. p. l. omnia R   *50(2)* hereditatem] uoluntatem M *51(2)* § *om.* LU | i. e. a. i. M | poeta *om.* U | inducit] incipit U¹ *51(3)* te MR : *om.* LU | ut non facias RTBVin | adeo LU : audeo MR | contradicente M *51(4)* non] nam UR | lapidibus est plenus (plenus a. U) lapidibus secundum MLU : lapidibus plenus secundum RVin | lapidibus *del. Zetzel* | definiunt] dicunt U | esse ossa terrae RTBVin : ossa esse (est M) terrae ML : esse terrae ossa U | metamorphoseon MR : metaphoseon L : metaphorseon U *52(1)* nulla R : n. M : in ulla L : in uilla U | n².—u. *om.* LU | p.²—e. *om.* R | e] a. i. i. c. q. a. u. p. e. m. m. h. LU | cognatione RTBVin : cogitatione MLU | se TB : re MLR : *om.* UVin *52(2)* § si LU | nulla *om.* M | iam r. e. a.] iam ex amitis R *52(3)* n. *om.* RTBVin *52(4)* § proneptis¹ L | proneptis¹—m. *om.* RBVin | proneptis²] pronepta U *52(5)* § patrui¹ LU | patrui¹—u. *om.* RBVin | est patrui U | est] hoc est RB *52(6)* § deque LU | a. n. s. e. M : auia n. R (s. e. *om.*) | et¹ *om.* U

55 § ACCEDO BOVILLAS *Bouillae* sunt uicus ad undecimum lapidem Appiae uiae; quia aliquando in Albano monte ab ara fugiens taurus iam consecratus ibi comprehensus est, unde Bouillae dictae.

56 § CLIVVMQVE AD VIRBI quattuor milibus ab urbe est Virbii cliuus, qua iter est ad Ariciam et ad nemus Dianae, ubi Virbius c olitur, i d e st I ppolitus, q uod b is i n u ita p rolatus sit. (2) nam cum Ippolitus a Fedra ob pulchritudinem corporis amaretur, eam spreuit, patris thalamos nolens uiolare; et ne Ippolitus patri narraret, eum nouerca uerso crimine ultro Theseo marito accusauit. (3) quo agnito Ippolitus fugit, et dum curru in litore exerceretur petiit Neptunum Theseus ut ei focas, id est uitulos marinos, immitteret; quo facto equi eius pauescentes eum iactauerunt et mortuus est. (4) dolens Diana speciosum uenatorem amisisse, Asclepium medicinae auctorem petiuit ut eum sua arte ad uitam reduceret; quo facto Asclepius eum uiuum Dianae restituit, et acceptum Diana, in luco suo otiose ut uiueret, consecrauit et Virbium uocauit merito, quod bis in uita prolatus esset.

56 (5) § PRAESTO EST MIHI MANNIVS HERES ergo huc cum processero, aut ad Bouillas aut ad cliuum Virbii, continuo mihi Mannius occurrit, qui se heredem meum esse dicit, cum eum nesciam. (6) aut certe Mannium dicit deformem et ignotum hominem, eo quod maniae dicuntur indecori uultus personae, quibus pueri terrentur.

55(1) accedo bouillas c. a. u. R | b. M | qui LU | inde RTBVin
56(1) a. u. M | ad urbem uirbii U | qua UVin : quia L : qui MRTB | ariciam R : iritiam M : ariciam L : antiam U | et *om.* RTB | quod] qui M; *cf. 56(4)* | uitam Vin   *56(2)* fedra MR (freda) : fedra nouerca LUBVin | corporis *om.* U | ne RBVin : cum LU : *om.* M   *56(3)* in litore curru U | neptunum M : a neptuno LURBVin; *cf. 56(4)*   *56(4)* amisisse RBVin : omisisse MLU | petiit UBVin : uocat R | loco LUB | quod quia bis uita R   *56(5)* mihi mannius heres L : m. m. h. MU : mihi m. h. R | aut[1] *om.* U | ad[2] MRTBVin : in LU | occurret M | qui dicit se meum heredem esse U   *56(6)* dicit mannium U | manniae L | dicuntur URVin : dicantur ML | cultus RTB

57 § PROGENIES TERRAE hoc dicit: hic Mannius tam longe a me nascitur ut terrae filius uideatur.

57 (2) § QVAERE EX ME QVIS MIHI QVARTVS S. P. hoc dicit: si proaui a me nomen inquiras, non facile dicam. (3) *quartum* enim *patrem* dicit abauum, quia primus pater, secundus auus, inde proauus, deinde abauus.

58 § TAMEN ADDE ETIAM VNVM V. E. deest: ut dicam. (2) et est sensus: pone me scire atauum, pone etiam tritauum, hunc tamen Mannium ignoro.

59 § TERRAE EST ETIAM F. id est non secundum cognationis ordinem sed secundum humanitatis legem mihi propinquus est, cum sit terrae filius.

59 (2) § ET MIHI RITV MANNIVS HIC GENERIS P. M. A. E. hoc dicit: hic Mannius tam grandis natu est ut, si uere proximus parens sit, secundum generis ritum auunculus est mihi maior. (3) *maior* autem *auunculus* est auiae frater.

61 § QVI PRIOR ES CVR ME IN DECVRSV L. P. apud Athenas ludi celebrabantur in quibus iuuenes cursu certabant, et qui uictor erat primus facem tollebat, deinde sequenti se tradebat, et secundus tertio; similiter faciebant omnes, et sibi inuicem tradebant donec currentium numerus compleretur. (2) et est sensus: cum tu aetate me antecedas, cur hereditatem meam tradi tibi a me expectas?

62 § SVM TIBI MERCVRIVS V. D. id est uenio ad te cum lucro; Mercurium enim deum lucri dicebant.

57(1) t. M | hic] ita hic ML | a me UTBVin : ad me ML : ante R | filius uideatur *om.* L   *57(2)* e. me q. m. q. s. p. M | p.] p. a. LU | a me *om.* U | inquiras LUR : inquiris MVin   *57(3)* abauum RTBVin : abauum proauum MLU | deinde . . . inde U   *58(1)* a. e. u. u. e. M | u. u. e. LU   *58(2)* etiam *om.* U : et Vin   *59(1)* e. e. i. f. M | terrae autem etiam filius R | cognationis—secundum² *om.* M   *59(2)* r. m. h. g. p. m. a. e. M | natus M | si uere TB : si ei uere R : si et uere MLU | proximus *om.* U | ritu M | e st²] esset *Jahn*   *61(1)* § *om.* LU | e. c. m. i. d. l. p. M | celebrantur M : erant U | primus uictor fuit U : uictor primus erat TBVin | tradidit U | omnes faciebant UTBVin   *61(2)* antecedas me aetate LTB | meam *om.* U   *62(1)* u. d.] u. d. h. e. M | deum] dominum L | uocabant U

62 (2) § VT ILLE PINGITVR quia eum cum sacello pecunia pleno pingebant.

63 § AN RENNVIS aut forte ea quae tibi offero spernis?

63 (2) § VIS TV GAVDERE R. uis etiam tu gratis suscipere et gaudere ad ea quae tibi dimitto?

64 § DEEST ALIQVID SVMMAE M. M. S. T. T. Q. I. E. hoc dicit: accipe quod fero nec rationem exegeris diminuti patrimonii quia huic aliquid minuitur cuius fuit integrum. (2) si quid consumpsi, de meo fractum est; at quod superest, totum tibi est.

65 § VBI SIT FVGE Q. Q. M. Q. L. T. id est quicquid mihi a Tatio per legatum dimissum est ne requiras.

66 § NEV DICTA P. P. nec me more paterno discutias.

67 § FAENORIS ACCEDAT MERCES HVIC EXIME S. Q. R. E. . . . qui dicunt filiis suis: hoc, quod uobis lucri de faenore accessit, ad fructum, id est ad usum uitae, uobis proficiat, reliquum uero pecuniae reseruate integrum.

68 § RELIQVVM NVNC N. I. V. V. P. C. quia induxerat heredem computantem quid dereliquisset, ipse uelut indignatus hoc uerbum repetit dicens 'reliquum?'; deinde, uelut exardescat ira, lautius se et sumptuosius uiuere minatur et multo magis abuti suis rebus. (2) inde praecipit lautiores escas sibi iam parari. (3) *ungue puer caules* quod dixit, quia auarus prae nimia parcitate impensiores epulas putauit caules unctos oleo comedere.

62(2) p. M | sacello MLRTVin : saccello UB; *cf. 5.112(2)* | pecuniae RTBVin   *63(1)* affero U   *63(2)* gratis LR : grates M : graties U | gratis tu L   *64(1)* sume aliquid U | sume L | s. m. m. s. t. t. q. i. e. M | s.²—e. *om.* R | i. *om.* LU | quia—integrum *hic* TBVin, *post (2)* tibi est MLUR   *64(2)* si quid] quod U | aut UR : ad B   *65(1)* f. q. q. m. q. l. t. M | t. *om.* LU | mihi *om.* U   *66(1)* nec MRT : ne LUBVin   *67(1)* a. m. h. e. s. q. r. e. M | h. e. s. R (q. r. e. *om.*) | q.] quae LU | e.] f. L | qui] tractum est hoc (hoc *om.* T) a patribus qui TBVin; *lacunam ante* qui *statuit Wessner*   *68(1)* n. n. i. i. u. u. p. c. M | u .¹] c. U (*s.l.* i.) : p. R | c . *om.* U | reliquisset L | lautius se Vin : latius se MLUTB : latuisse R | praesumptuosius U   *68(2)* inde LU : in M : et RTBVin | praecepit L : iussit U   *68(3)* quod dixit quia MLVin : quod dixit U : dixit quia RT : dicit quod B | pro RTB | prae nimia] praemia M

69 § MIHI FESTA LVCE COQVETVR V. E. F. F. S. A. V. T. I. N. O. S. A. E. C. M. V. S. I. V. P. I. M. V. sensus: an ego fame moriar et festis diebus urtica uescar et sinciput fumosum, quod est dimidium caput porcinum, ut dum ego parce uiuo tuus n epos, id est filius tuus perditus, haec omnia, quae seruo, impensius uiuendo abligurriat et saturatus anserum iecineribus in patriciarum turpibus stupris bona mea consumat cum in eo libido exarserit?

73 § MIHI TRAMA FIGVRAE SIT RELIQVA A. I. T. O. P. V. hoc dicit: ego ad summam maciem uel tenuitatem admodum deducar ut ille deliciis pinguescat? (2) *trama figurae* tractum a muliebribus telis, quae sine stamine inanes uidentur. (3) *tremat omento* dicit pinguedine. (4) *popa uenter* pinguis, quia popeana genera sunt panis quibus sacerdotes et eorum ministri uescebantur, quibus assidue pasti pingues fiebant. (5) merito *popa uenter* pinguis significat.

75 § VENDE ANIMAM L VCRO u erba sunt poetae ad illum qui, ut multum heredi derelinqueret, ipse se in lucrorum desiderio atterit. (2) a ut c erte: p ericulis t e o bice l ucri c ausa, u t gladiatores faciunt, qui studio lucrandi animas suas morti opponunt.

75 (3) § MERCARE ATQVE EXCVTE SOLLERS OMNE L. M. mercis mutandae gratia ac pecuniae complicandae uniuersos recessus mundi percurre ne sit te quisquam mercatorum ditior.

76 § NEV SIT PRAESTANTIOR ALTER C. R. P. C. C. gladiatores significat: apud antiquos uenales gladiatores in catasta ponebantur ut omnia eis possent membra inspici. (2) uel quia Capadoces dicerentur habere studium naturale ad falsa testimonia

---

69(1) l. c. *etc.* M | e.¹] et R (u.²—u.⁵ *om.*) | anseruum decineribus M | iocineribus R : intimis TB | stupris *om.* M | eum MTB *73(1)* f. s. r. a. i. o. t. p. u. M *73(2)* tractum est RTBVin | mulierum LU | dicuntur U *73(3)* § tremat LU *73(4)* sacerdotes—quibus *om.* M | et RTBVin : uel LU | f aciebant M *73(5)* pingues R *75(1)* a. l. M | s unt *om.* U | relinqueret U : derelinquat B | sese RTB *75(2)* causa lucri U *75(3)* a. e. s. o. l. m. M | o. l. m. R | m. *om.* LU | ac RTBVin : hac ML : haec U *76(1)* nec MT | a. c. r. p. p. c. r. d. M : a. o. r. p. c. o. R : alter c. r. p. r. r. LU | ei LU | ei omnia m embra possent U *76(2)* capadoces *Jahn* : capadocas MLURTBVin | dicerentur MLU : dicerent RTBVin | naturale *om.* U

proferenda, qui nutriti in tormentis a pueritia eculeum sibi facere dicuntur ut in eo se inuicem torquerent et, cum in poena perdurarent, ad falsa testimonia se bene uenundarent. (3) legitur et *plausisse*, quoniam uenales antequam in catasta imponantur cantant uniuersi more gentis suae.

78 § FECI IAM TRIPLEX IAM MIHI QVARTO IAM D. R. I. R. feci et rem meam duplicaui in triplo et in quadruplo. (2) ecce iam duplex est mihi facta res familiaris. (3*) in rugam* allegoricos dictum a uestibus quod ad rugam plicentur.

79 § DEPVNGE VBI SISTAM id est pone modum cremento substantiae et dic quousque substantiam augeam.

80 § INVENTVS CHRISIPPE TVI FINITOR ACERVI Chrisippus philosophus Stoicus syllogismum soriten uocauit, quem per adiectionem et detractionem ex acerui frumentarii similitudine ostendit. (2) ergo poeta hoc dicit: quantacumque auaro abundantia crescat substantiae, non satiatur et sic in infinitum cupiditatis desiderium extendit, ut qui eius auaritiae finem uoluerit ponere, facile uideatur etiam syllogismum Chrisippi definire.

EXPLICIT CORNVTVS IN PERSIVM

76(3) legitur et plausisse RTBVin : plausisse ut MLU | castra ponantur M | cantent U   *78(1)* t. i. m. q. iam d. r. i. r. M | i. d. r. i. r. R | et in quadruplo *om.* M | in² *om.* LU   *78(2)* facta est mihi res familiaris U : mihi res familiaris facta est T BVin   *78(3)* ad] in LU   *79(1)* depinge LUTBVin | s. M   *80(1)* c. t. f. a. M | soriten RTVin (σωρίτην) : siroten MLU | quae L | additionem L U | exaceruatum frumentarii habere (habere frumentarii U) similitudinem L U   *8 0(2)* crescit R TBVin | i n UTVin : *om.* MLRB | auaritiam L | imponere MVin | diffinire R | EXPLICIT CORNVTVS IN PERSIVM U : EXPLICIT R : COMMENTVM CORNVTI IN PERSIO satirico more composito EXPLICIT. SAPIENS CERNETVR FOVE EXPLICAT COMMENTVM CORNVTI L : *om.* M

TESTIMONIA ET ADNOTATIONES

Adn. (1)—1.23(4): Initium Commenti perditum est; quae in codicibus traduntur aliunde suppleta sunt. Cf. Zetzel.[1]

Adn. (2-3): Diomedes 485.30K=Porph. Hor. Ep. 1.11.12; Ps. Acro Hor. Serm. 1 Praef.; Philarg. Expl. I in Verg. Buc. 5.73; Festus 416.13L (cf. Paulus); Euanthius de Comoedia II 5; Isid. Etym. 8.7.8.

Prol. 1(1-2): Hyginus Astron. 2.18.1; Paulus Fest. 235.8L; DS Aen. 10.163; Probus Geo. 3. 10-12; schol. Arat. 205 (p.376.11 Maass); Recensio Interpolata Arati Latini (218-19 Maass); schol. Stat. Theb. 4.60-61.

Prol. 2(1-2): Serv. Aen. 7.641; Serv. Geo.3.43; Serv./DS Aen. 10.163; Philarg. Expl. in Verg. Buc. 6.30 (cf. sim. apud. schol. Bern. Verg. Buc. 6.29, 30); schol. Stat. Theb. 7.347; schol. (et schol. L) Juv. 7.64; Isid. Etym. 14.8.11 =Rab. Maur. de uniu. 13.1 (PL 111.636B); schol. Bern. Lucan 3.173; Adn. Lucan. 3.173; schol. Stat. Theb. 1.62-64; Vib. Sequ. #288, p. 47 Gelsomino; Macrob. Sat. 1.18.3; Gl. Ansil. CI 231.

Prol. 2(3): Cf. 6.10(2).

Prol. 5(1): CGL 4.414.4, 533.4; Gl. Ansil LA 231=Abol LA 53; Gl. Abba LA 62.

Prol. 12(1): CGL 4.508.6; Gl. Ansil. DO 82; Gl. Abol. DO 3; Gl. AA D856.

1.1(7): Serv. Aen. 5.673, 6.269, 10.82; Nonius 326.17M; CGL 4.525.51; Gl. Abavus IN 8, 9.

1.4(5): Schol. Juv. 1.100(1).

1.6(2): Donatus, Ter. Ad. 350(3); schol. Bemb. Ad. 350; schol. Stat. Theb. 5.343.

---

[1] Auctoris nomine citantur: A. Berger, Encyclopedic Dictionary of Roman Law (1953); R. Maltby, Lexicon of Ancient Latin Etymologies (1991); A. Otto, Die Sprichwörter und sprichwörtlichen Redensarten der Römer (1890); J. Zetzel, Marginal Scholarship and Textual Deviance (2005).

1.6(4): Cicero, de Orat. 2.160; Varro, de Vita P.R.fr. 75 =Nonius 180.29M; Serv. Aen. 12.725; Porph, Hor. Epist. 2.1.72; Isid. Etym. 16.25.5. Cf. ad Pers. 5.100(3).

1.6(6): Isid. Etym. 16.25.4 = Rab. Maur. de Vniu. 18.1 (PL 111.479D).

1.7(1): Pliny, NH 7.119; Hyginus fab. 221; Ausonius, Lud. Sept. Sap. 52-54; Ps. Acro Hor. Epist. 1.16.17; Stobaeus III 1.172 γ1.

1.9(4): Festus 178.15L; Serv. Buc. 8.29.

1.11(1-3,5-8): Porph. Hor. C. 3.12.2-3; Ps. Acro Hor. C. 3.12.2-3.

1.11(12): Serv. Aen. 9.425.

1.12(4-5, 9): Serv. Aen. 6.596, 8.219; Lact. Div. Inst. 6.15.4, de Opific. dei 14.4, 7; Isid. Etym. 11.1.127, Diff. 2.17.66 (PL 83.80B); Schol. Juv. 10.33; Myth. Vat. 2.105.

1.12(10): Plin. NH 11.205.

1.12(12-13): Prisc. 2.121.15-18K; Cledonius 5.37.19K; Ars anonyma Bernensis (Remigius?), Anecd. Helv. 76.7 Hagen.

1.12(15): Serv. Geo. 2.386; Gl. Abstr. CA 86.

1.13(8): Quintil. 9.4.54; Serv Aen. 6.646, 9.773, 11.599, Buc. 6.27, 9.45; Terent. Maur. 1630; Victorinus, Gramm. 6.41.27K; Augustin. de Musica 3.1.2.

1.13(10): Cicero, de Oratore 3.184-185, Brutus 34, Orator 149, 164-5, 198.

1.14(6): Serv. Aen. 1.57, 8.403; Porph. Hor. C. 4.12.1; Ps. Acro, Hor. C. 4.12.1; Isid. Etym. 11.1.7.

1.15(3): Schol. Juv. 6.27; schol. Stat. Theb. 1.484.

1.15(6): Caper, Orthog. 7.93.8K.

1.15(9): Schol. Juv. 11.85(1); Philarg. Expl. I Buc. 5.67, schol. Bern. Buc. 5.67; Gl. Ansil. RE 48, 49 = Isid. Diff. 1.485 (PL 83.58C).

1.16(3,6): Serv. Geo. 3.82; Porph. Hor. Serm. 2.2.21; Ps. Acro Hor. Serm. 2.2.21; Isid. Etym. 12.1.51, Diff. 1.35 (PL 83.14B); cf. ad 3.98(3).

1.17(3,12): Serv. Aen. 5.217, 7.699, 8.402, Buc. 6.33, Geo. 2.200; Don. Ter. Ad. 729; Nonius 334.18M; Gl. Ansil. LI 478, Gl. Abol. LI 22.

1.17(4): Quintil. 1.8.2.

1.18(5): Isid. Etym. 9.5.3 = Rab. Maur. de Vniu. 7.2 (PL 111.185D).

1.20(4): Serv. Buc. 1.57 = Philarg. Expl. I; schol. Bern. Buc. 1.58; Isid. Etym. 12.7.62 (codd. TU); Gl. Ansil. TI 231.

1.20(7-9): Varro LL 5.55; Liv. 1.13.8; Serv. Aen. 5.560; Ps. Acro Hor. Ars 342; Paulus Fest. 106.13L; Ps-Ascon. 2Verr 1.14 (227.25Stangl); Joh. Lydus, Mag. 1.19; cf. Maltby s.vv. Luceres, Ramnes, Titienses, Titus.

1.21(2,4-5): Schol. Juv. 6.196.

1.23(3): *acherunticus senex*] cf. Plautus, Merc. 290f.

1.24(3): Schol. Juv. 10.144. Cf. Vulg. 1Cor.4:7=Galat.5:9, *modicum fermentum totam massam corrumpit.*

1.24(4): Isid. Etym. 20.2.18.

1.24(5): Seneca, NQ 2.6.5; Isid. Etym. 17.7.18=Rab. Maur. de Vniu. 19.6 (PL 111.513C).

1.26(2): Cf. ad 1.16(3).

1.28(2): Cic. TD 5.103; Plin. Ep. 9.23.5; Aelian., VH 9.17.

1.29(12): Serv. Aen. 4.200, 6.43, 7.93; Ps. Acro Hor. C. 2.13.34, 2.16.33, 3.8.14, 4.1.15.

1.30(1), 31(2): Serv. Aen. 11.657.

1.32(1,4): Serv./DS Aen. 4.262, Buc. 4.42; schol. Juv. 3.283(1); Paulus Fest. 104.18L; Isid. Etym. 17.9.98; Gl. Ansil. LE 111, Gl. Abol. LE 6, Gl. Abavus LE 11, PA 13.

1.32(2): DS Aen. 4.263.

1.33(1): Nonius 460.26-29M.

1.34(2): Hyginus fab. 59, 243.6; Serv. Buc. 5.10; Philarg. et sch. Bern. Buc. 5.10; Myth. Vat. 1.159, 2.214.

1.34(3): Hyginus fab. 15; schol. Stat. Theb. 5.29; Myth. Vat. 2.141.

1.35(2): Gl. Ansil. TE 312.

1.39(3): DS Aen. 3.22; Isid. Etym. 14.8.21.

1.42(1-2): Vitruv. 2.9.13; Plin. NH 16.198; Serv. Aen. 7.178; Ti. Donatus 7.178; Porph. Hor. AP 332; Ps. Acro, Hor. AP 332; Isid. Etym. 17.7.33; Marcellus, de medicam. 31.21.

1.45(4): Sen. Ep. Mor. 42.1; Plin. NH 10.3-5; Tacitus, Ann. 6.28; Solinus 33.11f.; Comm. Bern. Lucan. 6.680; Isid. Etym. 12.7.22.

1.45(5): cf. Otto s.v. avis 2.

1.47(4): Varro, LL 5.80; Serv. Aen. 6.600, 10.176; DS Geo. 1.120; Isid. Etym. 11.1.126; Gl. Ansil FI 11, FI 12, FI 14, Gl. Abol. FI 19, Gl. Abauus FI 4 (=Gl. Abstr. FI 1), FI 5; Walafrid Strabo, Glossae Rabani de partibus humani corporis, PL 112.1577D.

1.49(1): de uestimento excusso cf. Acta Apost. 18:6.

1.50(4): Cf. 1.4(6).

1.50(5): Plin., NH 25.60; Isid. Etym. 17.9.24; Gloss. Abba ELE 11, cf. Thes. Glossarum s.v.

1.50(7): Val. Max. 8.7 ext 5; Plin. NH 25.51; Gellius 17.15.1.

1.51(2): Schol. Juv. 6.203.

1.52(3-4): Plin., NH 13.91-103; schol. Juv. 1.137(1).

1.52(9): Porph, Hor. Serm. 2.3.8; Ps. Acro Hor. Serm.2.3.8; CGL 5.616.33.

1.56(4): Hieron. Epist. 52.11.4 (CSEL 54.435.3) = Symphosius Amalarius, Regula Canonicorum 1.94 (PL 105.885C); excerpta ex epistulis Hieronymi (Ps-Hieron. ad Monachos) PL 30.316B. De uersu Graeco (παχεῖα γαστὴρ λεπτὸν οὐ τίκτει νόον), cf. CAF 3.613, fr. 1234; Galen 5.878K. Cf. etiam Otto s.v. venter 1.

1.56(5): Isid. Etym. 11.1.136; Caper, 7.101.14K; Marcellus, de medicam.12.56; Gl. Ansil. AQ 7.

1.58(1), 1.59(2-3): Hieron. Epist. 125.18.1 (CSEL 56.137.8)

1.58(3-5): Varro, de Vita P.R. fr. 33 (=Nonius 152.11M); Serv. Aen. 1.179, 9.4; DS Geo. 1.267; Festus 210.32L; Isid. Etym. 15.6.4 =Rab. Maur. de Vniu. 14.25 (PL 111.405D), cf. etiam Isid. 17.3.5; Gl. Ansil. PI 266.

1.60(3): Plin., NH 16.85; Isid. Etym. 17.7.45.

1.61(3): Isid. Etym. 11.1.27; Gl. Abstr. OC 3.

1.62(3): Varro LL 7.2; Frontinus de limitibus 11.9; Hyginus Grom. 132.5; Paulus Fest. 244.24L; Serv. Buc. 9.15; Isid. Etym. 15.4.7=Rab. Maur. de Vniu. 14.21 (PL 111.397C).

1.63(4): Serv./DS Geo. 2.277; Porph. Hor. Serm. 1.5.32-33; Ps. Acro Hor. Serm. 1.5.32, AP 294.

1.66(1): Heiricus, Schol. Vita. S. Germani, Allocutio 15, 24; 1.86.

1.71(2): Serv. Geo. 4.335.

1.71(4,6,9): Varro LL 6.15; Propert. 4.1.19; Serv. Geo. 3.1; Paulus Fest. 248.17L; Myth. Vat. 3.2.6; Charis. 73.6B.

1.71(9): Varro, Antiqu. rer. diuin. fr. 8h Cardauns.

1.73(7-8): Cic. Sen. 56; Plin. NH 18.20; Serv. Aen. 6.844; Comm. Bern. Lucan. 10.153; Adn. Lucan. 10.153; Oros. 2.12; Myth. Vat. 1.223; Ampelius, Liber Memorialis 18.4; Joh. Lydus, Mag. 1.32.

1.76(4): Solinus 11.8; Hesych. B1176.

1.76(9): Macrob., Sat. 1.18.9.

1.77(2-7): Serv. Buc. 2.24; schol. Stat. Theb. 3.205, 4.570, Achill. 12; Hyginus fab. 7, 8; Myth. Vat. 1.97, 2.74; 'Probus' Buc. 2.23sq.; Apollodor. 3.5.5; Schol. Ap. Rhod. 4.1090.

1.78(1): Charis. 434.26B; Gl. Ansil. AE 274, ER 293; Gl. Abauus AE 28, ER 23, MI 22; Gl. Abstr. AE 8, ER 8, ER 14.

1.79(2): Isid. Etym. 20.8.5.

1.81(2-6): Plin. NH 33.35-36 (Iunius Gracchanus, fr. 1); Paulus Fest. 505L; Nonius 49.1M; CGL. 4.575.47, 5.395.27, 631.59; Gloss. Abba TO39, Gloss. AA T470.

1.85(2): De Pedio Blaeso cf. Tac. Ann. 14.18.

1.85(3,6): Isid. Etym. 2.21.5 = Gl. Ansil. AN 476; Gl. Ansil. AN 475.

1.87(2-3): Schol. Juv. 2.21; CGL 5.616.40.

1.89(1): Phaedrus 4.23.24-27; Porph. Hor. C. 1.5.12-13; Ps. Acro Hor. C. 1.5.14, Serm. 2.1.33, AP 19; schol. Juv. 14.301(1-2).

1.92(4): de varia lectione *arcaismos/sarcasmos*, cf. app. crit. ad Serv. Aen. 2.541, 9.442; de *s arcasmo* et *astismo*, cf. Serv. Aen. 2.547. de uersu spondaico, Diomedes 1.498.13K; Mar. Victorin. 6.72.4K.

1.94(2-3): Plin. NH 9.29; Gell. 16.9; Hyginus fab. 194.1-3, Astr. 2.17.3; schol. German. Arat. 165.1-12Breysig; DS Buc. 8.55; Philarg. et schol. Bern. Buc. 8.56; Probus Buc. 8.56; Myth. Vat. 1.95, 2.172.

1.95(3): Cic. Leg. 2.68.

1.95(4): Quintil. 9.4.65.

1.98(1): cf. ad 1.35(2).

1.99(10): Plin. NH 7.191, 8.4; Serv./DS Aen. 3.125; schol. Juv. 14.193; schol. Stat. Theb. 7.181; Solinus 52.4; Mart. Cap. 6.694; Isid. Etym. 9.3.32, 15.1.6; Myth Vat. 3.12.3.

1.99(6-7): Schol. Stat. Theb. 4.660.

1.100(1-2): Hyginus fab.185; DS Aen. 4.469; schol. Stat. Theb. 1.11, 1.168-169; Myth. Vat. 2.83.

1.101(2-3): Porph. Hor. C. 1.18.11; Ps. Acro Hor. C. 1.18.11; Gloss. Ansil. BA 178, Gloss. Abauus BA 20; Myth. Vat. 3.12.2.

1.101(6): Plin. NH 16.146; Serv. Buc. 3.39; Gloss. Ansil. CO 2202, 2203.

1.101(7): DS Buc. 8.3; Schol. Bern. Geo. 3.264; Gloss. Plac. L 13.

1.102(2-3): Serv. Aen. 7.389; Porph. Hor. C. 2.11.17-18; Ps. Acro Hor. C. 2.11.17.

1.104(2): Diomedes 1.472.6K.

1.105(1): Cf. Otto, s.v. udum.

1.107(1): cf. ad 1.35(2).

1.107(4): Ter. Andr. 68; Otto, s.v. veritas 3.

1.108(1,6): Cic. Or. 154; Festus 382.22L = Paulus 383.9L, 462.5L; Nonius 177.21M; Donatus Ter. An. 85(1), Eun. 312(4), 799(3), Hec. 7 53(3); s chol. B emb. T er. H aut. 3 69, E un. 3 11; s chol. Ter. 108.16 Schlee.

1.109(2): Paulus Fest. 90.9L; Don. Ter. An. 597(4), Ad. 282(2).

1.110(2): Serv. /DS Buc. 5.56; Porph. Hor. Serm. 1.4.85, Epist. 2.2.60, 2.2.189; Ps. Acro Hor. Serm. 1.4.85.

1.112(6-7): Serv. Aen. 5.85; Isid. Etym. 12.4.1.

1.114(6): Cic. N.D. 2.134; Paulus 83.28L.

1.114(7): CGL 2.33.9, Gloss. Philox. GE 47.

1.114(8): Solinus 1.71; Isid. Etym. 11.3.7; Gloss. Philox. DE 312.

1.119(2): Fest. 128.24L = Paulus 129.13L; cf. Otto, s.v. mu.

1.119(3): G loss. A nsil. CL 1 5, C L 1 6, G loss. Abauus CL 2 , G l. Abstr. CA 96.

1.119(5-9): Hyginus fab. 191.1-2; Lact. Plac. Narr. in Ovid. Met. XI, fab. 4-5 (691Magnus); Fulgentius Mit. 3.9 (73Helm); Myth. Vat. 1.90, 2.116, 3.10.7; Suda M1036; schol. Arist. Plutus 287f.

1.120(3-4): Cf. Vita Persi (ed. Clausen 1956) 57-60.

1.121(2): Schol. Juv. 8.221(1). *Troica* commemorantur Serv. Aen. 5.370, Geo. 3.36; Myth. Vat. 2.197, 3.11.24.

1.123(3): Cic. Rep. 4.12 = Augustin. C.D. 2.9; XII fr. VIII, 2 Crawford.

1.129(1): Schol. Juv. 1.66(2).

1.129(2): Isid. Etym. 20.4.5.

1.131(3): Apul. Apol. 16; Mart. Capella 6.579; Hieron. Comm. in Ezech. I 4:1/2.

1.132(2): Gell. 1.8 (de Demosthene).

1.132(5): Schol. Juv. 6.117(2).

2.1(2-3): Phylarchus, FGrHist 81F83; Pliny, NH 7.131; Porph. Hor. C. 1.36.10, Epist. 2.2.189; Ps. Acro Hor. C. 1.36.10, Serm. 2.3.246; Frag. Bob. de nomine 7.543.10K; Marginalia ad Comm. Einsidlense in Donatum, Anecd.Helv.240.7, 10 Hagen.

2.1(6): Porph. Hor. C. 3.23.18.

2.1(8): Cf. Vita Persi (ed. Clausen, 1956) 18.

2.2(1): Varro, LL 6.48.

2.5(2): Don. Ter. Eun. 123(2-4), 316(1), 325(2-3); Porph. Hor. Serm. 1.1.61.

2.5(4): Paulus Fest. 17.4L; P s. Acro Hor. C. 3.8.2; Gloss. Virg. Cod. Bern. 16, A 36; Gloss. Ansil. AC 94 = Gossl. Abstr. AC 23.

2.8(1): Porph. Hor. C. 2.5.22-24.

2.9(5-8): Nonius 26.19M; Isid. Etym. 19.31.11 = Rabanus de Vniu. 21.22 (PL 111.581CD), 20.8.2 = Rab. Maur de universo 22.7 (PL 111.602C) = Gloss. Ansil. BU 36; Gloss. Ansil. BU 35. Cf. ad 5.31(1,2).

2.9(6): Cf. Otto, Sprichw. s.v. bulla.

2.10(2): Porph. Hor. Serm. 2.6.12-13.

2.10(3): Cf. ad 4.29(1).

2.13(3): Festus 400.27=Paulus 401.7L; Donatus, Ter. Phorm. 230(1); Schol. Ter. 130.12Schlee; Eugraphius Ter. Phorm. 229; Schol. Bern. Lucan. 2.475; Isid. Etym. 9.3.49.

2.13(4): Hieron. Adv. Jovin. 1.15.

2.14(2-3): Porph. Hor. Serm. 2.3.69.

2.15(1): Serv. Aen. 8.69; Schol. Juv. 6.522.

2.18(2, 8): Ps-Ascon. 1Verr. 29 (216.6St); 1Verr. 39 (219.27St.); de Staieno, Gutta et Bulbo, cf. Cic. Cluent. 73-76, 99-103.

2.18(8): Praetor tutelarius a Marco Aurelio creatus; cf. Berger s.v.

2.24(5): Seneca NQ 2.53.2; Serv./DS Aen.2.696; Isid. de natura rerum 30.4.

2.24(6): CGL 5.656.21.

2.26(5, 9-10): Gell. 16.6; Paulus Fest. 30.17L; Macrob. Sat. 6.9.1-7; Serv. Aen. 4.57, 6.39; Porph. Hor. Ars 471; Ps. Acro Hor. C. 3.23.14, Ars. 471; Adn. L ucan. 1.608; Isid. Etym. 12.1.9 = Rab.

Maur. de univ. 7.8 (PL 111.201D); Anon. de Differentiis 7.523.29K; Nonius 53.13M.

2.29(3-5): Plin. NH 11.200.

2.31(4): Don. Ter. Phorm. 623.

2.32(3): Isid. Etym. 11.1.70.

2.32(4): Ps. Acro Hor. Epod. 8.18; Schol. Juv. 7.112(1).

2.36(1): Sen, Ep. Mor. 119.9.

2.36(3): Ps. Acro Hor. AP 301; Probus Vallae Juv. 1.109.

2.41(4): CGL 4.187.49, 5.517.45, 612.39; Gloss. Abol. TU 16, Gloss. AA T509.

2.44(4-5): Porph, Hor. Serm. 2.3.25-26; Ps. Acro Hor. Serm 2.6.15; cf. ad 5.112(2).

2.44(8), 46(4): Varro, RR 2.5.6; Serv. Buc. 3.30; Isid. Etym. 11.2.16.

2.46(6): Plin. NH 11.204; Isid. Etym. 11.1.130; Walafrid Strabo, Glossae Rabani de partibus humani corporis, PL 112.1577D.

2.48(2): Festus 202.22L; Serv. Aen. 3.224; Gloss. Abstr. OP 3, 17.

2.48(3-4): Paulus Fest. 75.17L; Isid. Etym. 6.19.24 = Rab. Maur. de Vniu. 5.9 (PL 111.130A).

2.52(3): Serv. Aen. 1.174 = Prisc. 2.515.23K; Isid. Etym. 19.7.1 = Rab. Maur. de Vniu. 20.44 (PL 111.558D).

2.53(1): Schol. Juv. 14.228; Gloss. Ansil. LE 400, 405, Gloss. Abauus LE 29, 32, Gloss. Abol. LE 11, Gloss. Abstr. LE 23; Heiric, Schol. Vita S. Germ. 1.155.

2.53(2): Serv. Aen. 2.54, DS Aen. 2.388; Serv. Buc. 1.16 = Schol. Bern., Philarg.; Schol. Stat. 11.444; Nonius 331.17M; Gloss. Ansil. LE 406, Gloss. Abauus LE 32; Gloss. Abol. LE 15, Gloss. Abstr. LE 23.

2.55(2): Plin. NH 33.101.

2.56(1): *Egistus* pro *Egyptus* inuenitur e.g. schol. Stat. Theb. 1.324, Freculph. Lexov. Historiae 1.2.18.11.

2.56(3): Cicero, N.D. 2.6; Val. Max. 1.8.1; Florus 1.28; Minucius Felix 7.3; Lact. Inst. 2.7.10; Epist. Senecae ad Paulum 7.

2.57(1): Ps. Acro Hor. Serm. 1.10.33.

2.57(2): Columella 8.5.16; Plin. NH 10.157; Ps. Acro Hor. Epist. 1.1.108.

2.59(1): Cic. Parad.Stoic. 1.11.

2.59(2, 4): Macrob. Sat. 1.7.21; Serv. Aen. 8.319; DS Aen. 8.357; Isid. Etym. 16.18.3-5.

2.59(3): Porph. Hor. C. 1.31.10-11; Ps. Acro Hor. C. 1.31.11.

2.59(5): Varro, LL 5.183; Isid. Etym. 15.5.3.

2.59(6): Isid. Etym. 10.67.

2.60(2-4): Val. Max. 4.4.11; Pliny, NH 34.34; Apuleius, Apol. 18; cf. ad 2.59(3).

2.64(2): Plin. NH 12.85.

2.64(6-7): Serv. Geo. 2.466; schol Bern. Geo. 2.466; Isid, Etym. 17.8.12 = Gloss. Ansil. CA 836; Gloss. Ansil. CA 832-835, 837; Gloss. Abstr. CA 107.

2.65(1-3): Plin. NH 9.105

2.65(3): Vitruv. 7.13.1; Serv./DS Buc. 4.44; Non. 549.15M; Isid. Etym. 12.6.50, 19.28.4; Gloss. Plac. M 10.

2.65(4): Varro, LL 5.54, 130; DS(V) Geo. 3.306; Isid. Etym. 19.27.1 = Gloss. Ansil. VE 105; Gloss. Ansil. VE 104.

2.66(2): Comm. Bern. Lucan. 10.139.

2.66(3): Ps. Acro Hor. Epod. 8.14.

2.68(6): Porph. Hor. Serm. 1.5.65-66; Ps. Acro Hor. Serm. 1.5.65-66; cf. ad 5.30(2), 31(1).

2.71(4): Val. Max. 8.15.5; Florus 1.8; Gellius 9.11; Ampelius, Liber Memorialis 22.3; Orosius 3.6 = Freculph. Lexov. Historiae 1.4.17.32.

2.73(2),75(1): Schol. Stat. Theb. 2.247.

2.74(1): Adn. Lucan. 6.546.

2.74(2): Gloss. Abstr. GE 8.

3.1(1):   Gloss. Abavus NE 26.

3.1(9-11): Serv. Aen. 4.341, 5.19; schol. Bern. Geo. 3.325; Serv. in Don. 4.416.19, 428.22K; Pompeius, Comm. in Don. 5.136.2K; Prisc. 3.148.20K.

3.3(3):   Serv. Geo. 2.96; Brev. Exp. Geo. 2.96; Ps. Acro Hor. Epod.4.13; Isid. Etym. 20.3.6.

3.3(4): Adn. super Lucanum 10.163.

3.6(1): Varro, RR 2.2.11.

3.8(1): Gl. Abavus BI 15a.

3.8(1-2): Serv. Geo. 4.335; Ps. Acro Hor. Serm. 2.3.141.

3.9(2): Varro, RR 2.1.14; Plin. NH 8.167; schol. Juv. 7.160; Isid. Etym. 12.1.40.

3.10(1,4): Schol. Juv. 7.23.1; Isid. Etym. 6.11.2,4; cf. ad 3.95(2).

3.10(7): Priscian. 2.77.19K.

3.15(4): Serv. Aen. 5.213.

3.15(6): CGL 5.620.47.

3.23(1,3): Ps. Acro Hor. AP 22.

3.23(2): DS A. 1.220, 5.254; CGL 5.260.51; Gloss. Ansil. AC 93, Gloss. Abstr. AC 25.

3.25(1): PaulusFest. 108.17L.

3.25(2): Isid. Etym. 20.4.12 = Rab. Maur. de Vniu. 22.5 (PL 111.601A), 20.6.5.

3.26(2): DS Aen. 3.134.

3.26(3): Serv. Aen. 6.715.

3.28(4): Val. Max 2.2.9.

3.28(5): Plin. NH 35.6; Isid. Etym. 9.6.28.

3.31(1): Serv. Aen. 1.210; Porph. Hor. Epod. 1.34.

3.33(1): cf. ad 2.9(5-8).

3.39(1): Cic. Verr. 2.4.73; Porph. Hor. C. 3.1.17-18; Ps. Acro Hor. C. 3.1.17-18; schol. Juv. 6.486.1, 8.81; Myth Vat. 1.218.

3.48(2): Serv. Aen. 8.302; DS Aen. 1.388, 4.294; Non. 290.11M, Gloss. Ansil. DE 1340, DE 1341, DE 1347 Gloss. Abol DE 13.

3.48(4): Suet. Aug. 71.3.

3.48(6): Porph. Hor. C. 2.7.25-26; Ps. Acro, Hor. C. 2.7.25.

3.49(1): Isid. Etym. 18.66.

3.50(4): Festus 194.12L; Isid. Etym. 20.6.5.

3.53(2): Isid. Etym. 8.6.8.

3.56(1-7): Lactantius, Inst. 6.3.6-8; Serv. Aen. 6.136; Martianus Capella 2.102; Isid. Etym. 1.3.7; Heiricus, Schol. V. S. Germani 1.82; Rab. Maur. Comm. in Ecclesiasticum 10:31 (PL 109.1122CD).

3.60(5): Schol. Juv. 2.63.

3.63(3): Cf. ad 1.50(5).

3.64(1): Cf. Otto s.v. mons 1.

3.64(4): Porph. Hor. Serm. 2.3.161; Ps. Acro Hor. Serm. 2.3.161.

3.67(1): Cic. Leg. 1.22; Acad. Pr. 21; Gell. 4.1.12; Martianus Capella 4.349; Prisc. 3.135.5K; [Sergius] Explan. in Don. 4.489.24K; Audax 7.324.2K.

3.73(3): Serv. Aen. 12.753, Geo. 2.146=Brev. Exp.; Isid. Etym. 14.4.20,22.

3.73(4): Gell. 4.1.2; Serv. Aen. 1.703; Donatus Eun. 310(3); Cledonius 5.40.8K.

3.75(2): Serv. Aen. 3.486, 6.512, 12.945; Nonius 32.15M; Isid. Etym. 15.11.1 = Rab. Maur. de Vniu. 14.28 (PL 111.408C); Gloss. Ansil. MO 343, Gloss. Dub. Placidi M 16; cf. Maltby s.v. monumentum.

3.77(1): Isid. Etym. 10.146.

3.78(1): Serv. Aen. 7.695; Isid. Etym. 5.1.3; Freculph. Lexov. Historiae 1.4.10.

3.78(2): Cic. de Orat. 3.56.

3.78(4): Mela 1.91; Isid. Etym. 8.6.12.

3.80(2): Porph. Hor. Serm. 2.5.92; Ps. Acro Hor. Serm. 2.5.92; Gloss. Ps.-Placidi O 1.

3.82(1-2): Serv. Geo. 2.49.

3.88(4): Serv. Aen. 6.201, 7.84, Geo. 4.31; Gloss. Ansil. GR 125.

3.89(1): Cf. ad. 1.108(1,6).

3.90(2): Columella 3.8.5; Plin. NH 14.64.

3.95(2): Serv. Aen. 7.26; Non 549.19M; Isid. Etym. 19.28.8; Gloss. Ansil. LU 426, 428, 431; Abauus LU 30; cf. ad 3.10(1,4).

3.97(1): Serv. Aen. 4.323; DS Aen. 1.679; Nonius 378.33M; Gl. Ansil. RE 1611.

3.97(2): Isid. Etym. 10.264; cf. Otto s.v. tutor.

3.98(2): Schol. Juv. 1.143.

3.98(3): Porph. Hor. C. 2.2.15-16; Ps. Acro Hor. C. 2.2.15; cf. ad 1.16(3).

3.99(2): Serv. Aen. 7.84; Porph. Hor. C.3.18.1.

3.103(1): Hyginus fab. 274.21-22; Serv. Aen. 5.138, 11.192; schol. Stat. Theb. 6.121.

3.103(2): Serv./DS Aen. 1.727, 6.224, 11.142-143; Donatus. Ter. Andr. 88.

3.108(1): Celsus, Med. 2.6.6.

3.109(2): Serv. Aen. 3.36, 3.546, DS Aen. 4.555; Prisc. 3.71.14K; CGL 4.462.30, 5 63.9; G loss. Ansil RI 1 42, G loss. Abav. RI 1 2, Gloss. Abol. RI 2, 4.

3.115(2): Cf. ad 1.16(3), 3.98(3).

4.1(3): Isid. Etym. 17.9.71.

4.1(4-6): Schol. Juv. 13.185.

4.6(5): DS Geo. 4.201; Isid. Etym. 9.2.84; Gloss. Ansil. QVI 216, QVI 225, QVI 226, Gloss. Abauus CI 39, CU 35, QVI 22, Gloss.Abstr. QVI 16, QVI 17; cf. ad 5.75(4).

4.10(2, 5, 7): Cf. ad 1.6(4,6).

4.13(1): Heiricus Schol. V. S. Germani, Invoc. 74.

4.13(2-4): Martial. 7.37.1-2; Isid. Etym. 1.3.8, 1.24.1; Remigius ad Sedul. Carm. Pasch. 1.347; Gloss. cod. Admunt. 472 (cf. O. Skutsch ad Ennii Annales, Spuria 10).

4(14(4): Porph. Hor. C. 2.19.30.

4.16(2-4): Porph. Hor. Serm. 2.3.83; Ps. Acro Hor. Serm. 2.3.83; cf. ad 1.50(5).

4.16(2): Plin. N H 2 5.52; G ell. 1 7.15.7; Porph. H or. A P 3 00; P s. Acro, Hor. AP 300.

4.20(3): Porph. Hor. Epist. 1.13.14.

4.20(4): Isid. Etym. 19.22.24.

4.20(7-8): Gloss. Ansil. VE 349, VE 350, VE 352, Gloss. Abauus VE 46, Gloss. Abstr. VE 38: Gloss. Plac. V 4.

4.23(2,5): Seneca de Ira 2.28.8; Phaedrus 4.10; Porph. Hor. Serm. 2.3.299; Ps. Acro Hor. Serm.2.3.299.

4.23(7-9): Zopyrus physiognomon] Cicero, TD 4.80, de Fato 10; Joh. Cassian. Coll. 13.5.3; Max. Tyr. Diss. 25.3; Alex. Aphrod. ap. Euseb. Praep. Evang. 6.9.22; Origen. c. Celsum 1.33.

4.23(9): Ratherius Veron. Praeloquia 5.26 (p.162 Reid).

4.25(6): Schol. Juv. 9.55(1); cf. Otto, s.v. milvus 4.

4.28(7-8): Varro LL 6.25; Serv./DS Geo. 2.382-3; Br. Exp. Geo. 2.382; Porph. Hor. Serm. 2.3.25-26; Ps. Acro Hor. Epist. 1.1.49-51; Isid. Etym. 15.16.12 = Rab. Maur. de. Vniu. 14.32 (PL 111.414A), 15.2.15 = Rab. Maur. de Vniu. 14.1 (PL 111.384AB); Gloss. Ansil. CO 525, CO 526, Gloss. Plac. C 45; Heiricus, Schol. V. S. Germani 1.81.

4.29(1): Isid. Etym. 20.6.6; cf. ad 2.10(3).

4.32(2): Ps. Acro Hor. Serm. 1.1.104.

4.35(1): Isid. Etym. 17.2.5 = Rab. Maur. de Vniu. 19.1 (PL 111.503D).

4.37(1): Ps. Acro Hor. C. 3.29.4.

4.39(1): Plin. NH 17.87; Serv. Geo. 2.189; Gloss. Ansil. FI 182.

4.47(2-3, 9): Festus 448.33L; schol. Bob. Cic. Sest. 18 (128.11St.); Porph. Hor. Epist.1.19.8; Ps. Acro Hor. Serm. 2.6.35.

4.47(16): Paulus Fest. 507.26L; Nonius 187.24M; Gloss. Ansil. VI 26, VI 27 (= Gloss. Abstr. VI 3), Gloss. Abol. VI 32, VI 50; Gloss. Abstr. VI 2.

4.51(4-5): Ps. Acro Hor. Serm 2.3.25; schol. Juv. 4.153(1), 8.182(2).

5.3(2): Cic. Leg. 2.41; Porph. Hor. C. 1.6.8, 2.1.9-10; Isid. Etym. 8.7.6, 18.45.

5.4(1): Isid. Etym. 1.39.9.

5.7(2): Serv. Geo. 3.11, 3.291; Porph. Hor. C. 1.12.3-4; cf ad Prol. 1(2).

5.8(2): Hyginus fab. 45; Serv. Aen. 4.602; Serv./DS Buc. 6.78; schol. Bern. Buc. 6.78; 'Probus' Buc. 6.78; Porph. Hor. C. 4.12.7-8; Ps. Acro Hor. C. 4.12.5; schol. Juv. 6.644; schol. Stat. Theb. 5.120-122; Myth. Vat. 1.4, 2.217.

5.8(3,5): Hyginus fab. 88.1, 244.4; Serv. Aen. 11.262; Ps. Acro Hor. C. 1.16.17; schol. Stat. Theb. 4.306; Comm. Bern. Lucan. 1.544; Myth. Vat. 1.22, 2.147.

5.10(3): DS Aen. 8.403.

5.11(2): Serv. Geo. 1.388; Isid. Etym. 12.7.44.

5.11(4): Priscian 2.433.10K.

5.11(5): Heiricus, Schol. V. S. Germani 1.273.

5.16(1): Heiricus, Schol. V. S. Germani 1.47.

5.19(2): Nonius 368.26M; Schol. Juv. 3.213.

5.22(2): Cf. Vita Persi (ed. Clausen, 1956) 19-20.

5.22(3): Cic. Leg. 1.34, Am. 92, Off. 1.56; Donatus, Ter. Ad. 804; Porph. Hor. C. 1.3.8; Ps. Acro Hor. C. 1.3.8.

5.30(1): Cf. Vita Persi (ed. Clausen, 1956) 12-15.

5.30(2): Macrob. Sat. 1.6.10; Isid. Etym. 19.24.16; Heiricus, Schol. V.S. Germ. 1.92, 1.95.

5.30(3): Serv. Aen. 2.489; Gloss. Ansil. PA 889-892.

5.31(1): Porph. Hor. Epod. 5.12-13, Serm. 1.5.65-66; Ps. Acro Hor. Serm. 1.5.65-66; Ps. Ascon. 2 Verr. 1.152 (254.23St.); cf. ad 5.30(2).

5.31(2): Paulus Fest. 32.23L; schol. Juv. 5.164; Gloss. Abol. BV 8; cf. ad 2.9(5-7).

5.34(2): Cf. ad 3.56(1-7).

5.34(3-4): Cf. ad 4.28(6-8).

5.41(1): Serv. Aen. 1.745, Buc. 9.52, Geo. 2.332; Philarg Expl I, II et schol. Bern. Buc. 9.52; Gloss. Abstr. SO 18, TRE 3; Beda de Orthog. 7.290.1K = 'Albinus', Orthog. 7.309.23K.

5.42(1): Serv./DS A. 3.8, 3.537, 9.242; Donatus. Hec. 822(2), Ad. 9; schol. Bemb. et Eugr. Hec. 822; Charis. 272.13B.

5.45.(4): Porph. Hor. C. 2.17.17-18; Ps. Acro Hor. C. 2.17.17.

5.47(1): Cf. ad 1.6(4,6).

5.47(2): Isid. Etym. 3.71.29.

5.50(1-2): Serv. Aen. 4.610, Geo. 1.335; DS Aen. 4.92; Porph. Hor. C. 2.17.22-24; Ps. Acro Hor. C. 2.17.22; Myth.Vat. 3.9.5.

5.54(5): Isid. Etym. 17.8.8 = Rab. Maur. de Vniu. 19.7 (PL 111.525B).

5.55(2): Porph. Hor. Epist. 1.19.17-18.

5.58(1): Ps. Acro Hor. Epist. 1.1.31.

5.70(1): Isid. Etym. 20.12.2 = Gloss. Ansil. RE 315.

5.73(6-7): Serv. Geo. 1.74; Isid. Etym. 20.14.12; Gloss. Ansil. FA 402, FA 404, Gloss. Abstr. FA 69.

5.75(3): Paulus Fest 149.2L; Isid. Etym. 9.4.48.

5.75(4): Porph. Hor. C. 2.7.3; Ps. Acro Hor. C.2.7.3; Diomedes 1.327.30K; Servius, Comm. in Donatum 4.432.22K; Frag. de dubiis nominibus 5.588.21K; cf. ad 4.6(5).

5.76(2): Paulus Fest. 23.18L; DS Aen. 3.470; Porph. Hor. Serm. 2.8.72; Ps. Acro Hor. Serm. 2.8.72; CGL 5.583.7; Gloss. Abauus AG 2, AG 3.

5.77(1): Ps. Acro Hor. Serm. 1.2.12.

5.79(1): Donatus Ter. Eun. 317; Charisius (Romanus) 311.14B; Gloss. Ansil. PA 325.

5.83(1): Cic. Parad. 34, Off. 1.70.

5.88(1): Iustin. Inst. 1.3.1, Dig. 1.5.4.

5.88(4): *Masurius Albinus*] cf. Macrob. Sat. 3.6.11.

5.95(1): Serv. Aen. 1.39; DS Aen. 6.1; Ps. Acro Hor. Serm. 1.2.44; schol. Stat. Ach. 1.444; Nonius 61.12 M; Isid. Etym. 19.1.15 = Rab. Maur. de Vniu. 20.39 (PL 111.555A); Gloss. Ansil. CA 499-500.

5.95(4): Isid. Etym. 3.21.7.

5.100(3): Cf. ad 1.6(4,6).

5.102(3): H yginus fab. 2 .5; Paulus F est 2 79.2L; L actantius, I nst. 1.21.23; Serv. Aen. 5.241, 5.823, Geo. 1.437=Br. Exp. Geo. 1.437; 'Probus' Geo. 1.437; Ps. Acro Hor. AP 123; schol. Stat. Theb. 1.12, 2.383,7.421; Myth. Vat. 2.79.

5.108(1): Cf. ad 2.1(2).

5.112(2): Serv. Aen. 6.714; cf. ad 2.44(4-5).

5.119(3): Quintil. 8.5.20; cf. Otto, s.v. digitus 13.

5.122(4): Sen. Contr. 3 pr.16; schol. Juv. 6.63.

5.122(6): Cf. ad 1.13(8).

5.126(1): Isid. Etym. 20.16.7.

5.135(2): Isid. Etym. 17.7.36; Gloss. Abol. HE 10.

5.135(4): Gloss. Ansil. LV 1, LV7.

5.137(5): Isid. Etym. 9.4.31; CGL 2.569.29, 3.478.46, 5.592.13.

5.144(3): Plin. NH 25.153; Scribonius Largus, Composit. 179; Marcellus, de Medicamen. 1.38; schol. Juv. 7.206.

5.147(1-3): Porph. Hor. Serm. 2.3.143; Ps. Acro Hor. Serm 2.3.143.

5.147(5): Nonius 545.1M.

5.151(2): Donatus, Ter. Ad. 591(1); Porph. Hor. C. 1.11.8.

5.163(1): Nonius 395.32M.

5.169(3): Serv. Aen. 7.421, 11.104, Geo. 3.371; DS Aen. 2.85; Isid. Etym. 19.5.4; Gloss. Ansil. CA 838, 839, KA 104; Gloss. Abstr. K A 6 , G loss. Abol C A 2 , G loss. Abauus C A 1 01, G loss. Plac. C 29, 'Albinus' Orth. 7.299.2K

5.175(1): Gaius, Inst. 4.16.

5.177(2): Porph. Hor. Serm. 2.3.182; Ps. Acro Hor. Serm 2.3.182.

5.177(4): Paulus Fest 2.16L; S erv. A en. 2.202, 5.128, 6.312; Br. Exp. et schol. Bern. Geo. 2.522; Isid. Etym. 14.8.34 = Rab. Maur. de Vniu. 13.13 (PL 111.372A).

5.179(4): Hieron. in Matth. II 14:6.

5.182(1): Isid. Etym. 20.4.5.

5.184(5): Suet. Aug. 76.2.

5.185(2): Ovid. Fast. 5.421-22; Apuleius, de Deo Socratis 15; Ps. Acro Hor. Epist. 2.2.209; Augustinus, C.D. 9.11; Martianus Capella 2.162-3.

5.186(1): Serv. Aen. 8.696; Isid. Etym. 3.22.12 = Rab. Maur. de Vniu. 18.4 (PL 111.500A); Lupus. Ferrar. Epist. 20.41.

5.189(4): Celsus, Med. 7.31; Nonius 26.9M.

6.1(4): Serv. Aen. 8.720.

6.1(5): Cf. ad 6.10(2-3).

6.2(2): Serv. Aen. 7.713; schol. Stat. 9.615; Gloss. Ansil. TE 672 = Abstr. TE 49.

6.3(2): Cf. ad 1.13(8).

6.3(3): Schol. Bern. Geo. 3.64; Gloss. Ansil. MA 787, MA 843, Gloss. Abstr. MA 41, MA 44, Gloss. Abauus MA 69.

6.3(4): Serv. Aen. 6.120; Porph. Hor. C. 1.17.18; Ps. Acro Hor. C. 1.17.18; Nonius 313.24M; Isid. Etym. 3.22.4; Gloss. Ansil. FI 109, Gloss. Abol. FI 12, Gloss. Abstr. FI 4, Gloss. Sim. FI 110, FI 113.

6.6(1): Cf. Vita Persi (ed. Clausen, 1956) 8-9.

6.9(2): Quintil. 1.7.19.

6.10(2): Serv. Aen. 3.68; Porph. Hor. epist. 2.1.51; Ps. Acro Hor. Epist. 2.1.50.

6.10(3): Ps. Acro Hor. C. 1.28.10, Epod. 15.21; schol. Stat. Theb. 3.485-486.

6.18(3-4): Isid. Etym. 8.9.27.

6.19(3): Charis. 38.25B; Isid. Etym. 20.3.20.

6.22(3): Varro, LL 9.55; [Sergius] Expl. in Donatum, 4.494.21K; Pompeius, Commentum 5.161.23K.

6.25(3-4): Cic. Sen. 51; Columella 11.2.60; Septimius Serenus fr. 3 Courtney; Festus 192.8L; Nonius 42.11M, 61.24M (Varro, RR 1.31.1); Isid. Etym. 17.2.4 = Gloss. Ansil. OC 17 = Rab. Maur. de Vniu. 19.1 (PL 111.503CD).

6.30(2): Festus 111.6L; DS Aen. 4.254; Caper, de Verbis dubiis 7.110.14K; Gloss. Ansil. ME 462, Gloss. Abol. ME 26.

6.32(1): Cf. ad 1.89(1).

6.45(1): Serv. Aen. 2.504, 7.183.

6.47(1): Serv./DS Geo. 3.204; Porph. Hor. Epist. 2.1.192; Ps. Acro Hor. Epist. 2.1.192; Gloss. Ansil. ES 12 = Abauus ES 2, Abstr. ES 1.

6.52(2-6): Dig. 38.10.10.14.

6.52(2): Gaius, Inst. 2.8.5; Paulus Fest. 13.8L; Isid. Etym. 9.6.18 = Gloss. Ansil. AM 239 = Rab. Maur. de Vniu. 7.4 (PL 111.191B); Gloss. Ansil. AM 238, Gloss. Abauus AM 27, Gloss. Abstr. AM 18.

6.52(3): Don. Ter. Hec. 459; Isid. Etym. 9.6.16, 9.6.24; Gloss. Ansil. PA 850.

6.52(4): Gloss. Abauus PR 151.

6.56(2-4): Hyginus fab. 251.3; Serv/DS Aen. 6.445, 7.761; Schol. Stat. Theb. 5.434; Lact. Plac. Narr. Ov. XV 45 (719Magnus); Myth. Vat. 1.46, 2.128.

6.56(5-6): Festus 128.15L.

6.57(3): Serv. Aen. 8.268; Dig. 38.10.10.16.

6.59(1): DS Geo. 1.8; Minucius Felix, Oct. 21.7; cf. Otto s.v. terra (2).

6.62(2): Cf 5.112(2).

6.69(1): Gloss. Ansil. SI 384, Gloss. Abol. SI 1.

6.73(2): Serv. Aen. 3.483; Isid. Etym. 19.29.7 = Rab. Maur. de Vniu. 21.22 (PL 111.580A)

6.80(1): Cicero, Acad. Pr. 49.

INDEX ORTHOGRAPHICVS

Post lemmata quibus in textu usi sumus indicauimus codices qui orthographiam aliam alicubi tradunt. Minutias illas quas ubique in codicibus manuscriptis medii aeui invenias omisimus quales sunt *e* pro *ae, habund-, -ti-* pro *–ci, adm-* pro *amm-*.

Accium: Actium R
acerra: acera M
acidum: accidum L
acinarius: acinnarius U
adulesc-: adolesc- R, M
adulationis: adolationis M
Aegyptii: egiptii R
afferre: affere R
allegoricos: allegoricus L
Amphionem: Anfionem ML; Amfionem U
amphorae: amforae M; anforae U, MLU
antemnarum: antennarum MLU
Antiopa: Antiope MR; Anthiopa U
antipophora: antipofora MLU, LUR, ML; antipofera M
aperire: apperire U
Apollini: Apolloni M
apologorum: apollogorum U
apostropham: apostrofam MU
Appennin-: Apenin- M; Apennin- R
appetitorum: apetitorum U
Appiae: Apiae M
approbare: aprobare M
arcana: archana MLU
Archesilas: Archesilaus L *ante corr.*
Aristophanes: Aristofanes ML; Aristofones U
Arreti-: Areti- LU, M, MLU; Arretiti- R
aruspices: auruspices U
assentiat: asentiat M

assertio: asertio U
atauum: adauum M; attauum RL
atque: adque U
Atti-: Acti- M; Ati- L
Bacch-: Bach- MLU, MLR
balbutire: balbuttire M
Batillus: Battillus L
bidental: bitental U
bombisonae: bombissonae L
brattea: bratea M
Briseus: Brisseus R
byrrum: birrum LU
cachinn-: chachinn- U; cahinn- L; cachin- R
Calandrus: Callandrus M
calidum: kalidum M
Callirhoen: Calliroen MLU
Camillos: Camilos R
caput: capud U
cartae: carthe LU
caules: kaules MLU
cellarius: celarius M
chiragr-: ciragr- R
cromatiarii: cromatiari M
Chrisipp-: Crisipp- MLU; Crysipp- MLU
cibo: cybo MLU
cithar-: citar- MLU; cytar R
Cleanthes: Cleantes R; Deanthes U
comedendos: commedendos LU
comitiales: commitiales U
compita: competa R
consumuntur: consummuntur LU

INDEX SCRIPTORVM

INDEX NOMINVM RERVM VERBORVM

Verba Persii raro, aliorum qui in Commento citantur scriptorum numquam in hoc indice afferuntur.

extremitas 1.93(1)
extrinsecus 1.7(1), 3.30(1)

Fabianus arcus 4.47(9)
faber 1.63(5), 1.66(1)
fabrilis 5.10(3)
fabula 1.60(2), 5.19(2), 5.91(1)
facete 2.21(5)
facinus Prol 12(1)
faex 5.147(4), 6.19(3)
faenerator 2.14(2), 4.47(1), 4.47(2),
    4.47(4), 4.47(9), 4.47(11)
Falerna regio 3.3(3)
Falernum uinum 3.3(2), 3.3(4)
falsitas 5.137(2)
familiaris 3.24(2), 2.44(3), 3.28(1),
    5.185(5)
familiaritas 1.108(2)
famulus 1.77(5), 3.7(3), 3.90(1)
fas 1.61(2), 6.25(2)
fascinare 2.32(5), 2.34(1)
fascinum 2.31(5), 2.32(4), 2.32(5)
fastidium 3.111(1), 3.111(4)
fauces 1.17(9), 1.17(10)
fauus 1.76(4)
fauoraliter 1.83(2)
febris 3.82(4), 3.111(6)
Fedra (= Phaedra) 6.56(2)
felicitas 2.37(1), 2.62(1), 3.39(1),
    3.56(4), 3.56(7)
fel 1.12(4), 1.12(5), 1.12(9)
fenix (= phoenix) 1.45(4), 1.45(6)
fermentum 1.24(3), 1.24(4), 1.24(10),
    1.37(1)
feruor 4.6(2)
festinus 5.169(1)
fetura 2.44(6)
fibra 1.47(5)
fides 1.56(1), 2.3(1), 4.46(1), 5.79(2),
    5.80(1)
figere 5.111(1), 6.45(1)
figulus 3.23(1)
figura 1.2(3), 1.9(3), 1.11(10), 1.85(2),
    1.85(4), 1.85(7), 1.88(3), 3.28(1),
    5.52(3)
figuraliter 1.107(2)

figurare 3.56(1), 5.14(4)
figurate 3.1(12), 3.23(3)
filix 4.39(1)
fiscalis (panis) 3.111(2)
fistula 1.119(8)
Flaccus 1.24(10); v. Persius
fletus 1.17(12)
Floralia 5.177(2)
foca (= phoca) 6.56(3)
focus 1.71(4), 3.26(1), 6.1(3)
foenum 6.38(4)
follis 4.23(6), 5.10(1), 5.10(3)
foramen 1.6(6)
fornax 2.66(4)
fortuna 1.128(3), 3.30(1)
fraus 5.117(1)
frequentatio 1.108(3)
frigus 1.108(4), 3.115(1), 3.117(1),
    5.144(3), 6.6(1)
frons 1.47(3), 1.47(4), 2.32(1)
frugalitas 3.24(2), 3.78(3), 6.16(2)
frustra 2.50(2), 3.111(3)
fulgur 2.26(6), 2.26(10)
fuligo 3.13(1)
fulmen 2.24(1), 2.24(5), 2.26(2),
    2.26(3), 2.26(5), 2.26(9)
Fuluia Sisennia 6.6(1)
funus 2.21(4), 3.103(5), 3.105(2),
    6.33(1)
furor 1.99(2), 1.99(7), 1.100(1),
    1.101(8), 1.114(5), 3.41(2),
    5.144(1)
φυσιόλογος 4.23(7)
fustis 1.123(3)

Gabinus cinctus 5.31(3)
galea 2.71(4)
gallina 2.57(2)
Galli 2.41(4), 2.71(4)
garrulitas 1.79(2)
garum 1.43(3)
gausape 4.37(4)
Gemini (sidus) 5.48(1), 5.48(2),
    5.48(3), 5.48(4), 5.48(5), 5.51(2)
gemitus 2.50(2)